현대 정치철학의 모험

현대 정치철학의 모험
Copyright ⓒ 2010 홍태영, 장태순, 최정우, 조영일, 장진범, 양창렬, 홍철기, 강병호

이 책의 저작권은 지은이들과의 독점계약으로 도서출판 난장에 있습니다.
저작권법에 의해 한국 내에서 보호를 받는 저작물이므로
어떤 형태로든 무단전재와 복제를 금합니다.

현대 정치철학의 모험

홍태영, 장태순, 최정우, 조영일, 장진범, 양창렬, 홍철기, 강병호

일러두기

1. 인명, 지명, 작품명은 국립국어원이 2002년 발간한 『외래어 표기 용례집』을 따랐다. 단, 이미 관례적으로 쓰이는 표기는 그대로 따랐다.

2. 해외 정기간행물이나 단체의 이름은 관례적으로 쓰이는 표기법이 있는 경우를 제외하고는 뜻을 풀이해 옮겼고, '찾아보기'의 해당 항목에 원어를 밝혔다. 단, 그 뜻이 불분명하거나 다른 설명이 필요한 경우에는 그 이름을 원어 발음대로 표기했다.

   예) *The Economist* → 『이코노미스트』, *The Socialist Register* → 『사회주의 연감』
      Cronaca Sovversiva → 『크로나카소베르시바』

3. 본문에서 인용된 모든 해외 저작이나 글의 경우, 해당 국역판이 있는 경우에는 국역판을 기준으로 서지사항과 쪽수를 달았다(국역판이 있는 경우 원서명은 생략했다). 그러나 원문과 뉘앙스의 차이가 있다거나, 번역에 문제가 있다고 판단된 경우에는 국역판을 그대로 따르기보다는 글쓴이(들)가 부분적으로 수정해서 인용했다.

4. 단행본·전집·정기간행물·팸플릿·영상물·음반물·공연물에는 겹낫표(『 』)를, 논문·논설·기고문·단편·미술 등에는 홑낫표(「 」)를 사용했다.

기획의 말
현대, 정치철학, 모험

2008년 봄과 여름의 길거리를 수놓았던 촛불은 사그라졌다. 그러나 그 촛불은 현재 '공화국'에 대한 논의, 87년-97년-08년 '체제 논쟁,' 그리고 '급진민주주의'에 대한 토론을 낳았다. 이런 촛불의 흔적 또는 촛불효과는 신자유주의라는 반(反)정치를 넘어서는 '정치(철학)의 귀환'으로 규정할 수 있을 듯하다.

    서구 유럽에서 정치(철학)의 귀환은 베를린 장벽과 소련의 붕괴, 나아가 맑스주의의 위기 속에서 나온 것이었다. 이 귀환은 맑스주의의 경제주의적 경향을 레오 스트라우스나 한나 아렌트 식의 '정치'의 자율성론으로 비판하고 존 롤즈, 마이클 샌들, 찰스 테일러, 로버트 노직, 알래스데어 매킨타이어 같은 영미 정치철학자들의 이론을 수용하는 형태를 띠었다. 이처럼 서구 유럽, 특히 프랑스에서 정치(철학)의 귀환은 결국 철학이 곧 정치라고 봤던 루이 알튀세르, 장-프랑수아 리오타르, 질 들뢰즈, 미셸 푸코, 자크 데리다 등 이른바 '68사상가들'을 결산하며 정치철학의 고유한 영토를 확보하기 위한 시도였다.

이와 달리 지금 이 땅에서 정치(철학)의 귀환은 여러 가지 한계에도 불구하고 자발적인 대중운동이 지성계에게 사유할 것을 요청, 심지어 명령하는 상황으로부터 나온 것이라는 점에서 보다 건설적이다. 그리고 여기에서의 귀환은 하나의 철학적 조류에 또 다른 조류를 대립시키는 것이 아니라, '지금 여기'라는 (컨)텍스트로부터 출발한다는 점에서 건강하다. 하지만 반신자유주의 연합이든, 반MB 연합이든, 또 그밖에 어떤 구체적인 전략을 사유하든 간에 우리가 잊지 말아야 할 촛불의 교훈은 이것이다. 즉, 정치란 (국가에 무언가를 '요구'하는 것인 동시에, 제대로 된 '국가' 자체를 요구하는 것이라는 이중의 의미에서) 국가에 대한 요구를 초과한다는 것, 민주주의는 일종의 합의나 체제가 아니라 갈등·경합·투쟁·계쟁·봉기의 과정에 다름 아니라는 것. 우리가 지금 소개하는 철학자들은 바로 이런 공통의 지평 위에 서 있다.

정치철학이라는 단어를 처음으로 사용한 아리스토텔레스는 바람직한 국가형태가 무엇인지를 찾기 위해 부단히 노력했다. 어떤 권력이 정당하며, 누구에게 권력이 돌아가야 하는가 등 아리스토텔레스가 던진 질문은 지금까지도 정치철학의 주된 물음이다. 그러나 아리스토텔레스 자신이 『정치학』에서 평등/불평등의 문제가 정치철학의 난제라고 밝히고 있다는 사실은 자못 의미심장하다. 이는 체제에 대한 고민의 가장자리야말로 정치철학의 아포리아가 자리하는 곳임을 보여주기 때문이다. 권력의 정당성과 배분이라는 문제의 가장자리에 위치해, 정치 또는 정치적인 것이란 무엇인지를 묻기. 기존의 정치 개념(권리, 정의, 자유, 평등, 인민주권

등)을 처음부터 다시 생각하기. 바로 이것이 여덟 명의 철학자를 통해 우리가 던지고자 하는 메시지이다. 따라서 이 모음집은 구체적인 지침을 제공하는 하나의 전략서가 아니라, '지금 여기'라는 (주)텍스트를 읽기 위한 (곁)텍스트, 그러나 늘 곁에 두고 사유하며 곱씹을 것을 요구하는 (곁)텍스트이다.

✗ 현대 유럽의 철학은 '마르틴 하이데거'의 영향, 그리고 그와의 대결을 피할 수 없다. 이와 마찬가지로 현대 유럽의 정치철학은 '칼 슈미트'의 영향, 그리고 그와의 대결을 피할 수 없다. 의회민주주의나 대의민주주의에 대한 급진적인 비판을 모색하는 사상가들이라면 더욱 그렇다.

대표제나 정당제로 환원되지 않는 민주주의를 사유하고 대표의 원리, 법, 규범, 제도 등에 맞서 인민의 권력이나 다중의 역량의 우위를 강조하려는 사상가들은 원하든 원하지 않던 슈미트의 '제정하는 권력' 대 '제정된 권력'이라는 문제틀의 자장 안에 있다. 이 짝패는 가깝게는 베네딕트 데 스피노자의 능산적 자연과 소산적 자연, 멀게는 아리스토텔레스의 잠재태와 현실태까지 거슬러 올라가는 것인 바,[1] 이는 제1철학과 무관한 정치철학만의 고유한 주제와 대상을 확보하려드는 일부 정치

---

1) 홍철기, 「칼 슈미트와 스피노자」, 『진보평론』(제25호/가을), 2005, 176~192쪽; 조르조 아감벤, 박진우 옮김, 『호모 사케르: 주권권력과 벌거벗은 생명』, 새물결, 2008. 특히 「잠재성과 법」을 참조할 것.

철학자들의 눈가림과는 달리 정치철학의 핵심에 언제나 존재론이 자리하고 있음을 보여주는 것이다.

인민의 힘이 제정된 권력에 한정되지 않는다고 주장하는 사상가들이 가장 먼저 부딪치는 물음은 '권리'(그 중 가장 문제적인 권리는 '저항권'이다)를 정초하는 것은 무엇이냐는 질문이다. '힘이 곧 권리'라는 단순한 등식이 아니라, "각자의 권리는 주어진 조건 속에서 실제로 행위하고 사유할 수 있는 모든 것을 포함한다"(에티엔 발리바르)고 가정할 때, 우리는 각자 또는 인민의 힘이 뻗어나갈 수 있을 만큼 뻗어나갔을 때 발생하는 '폭력'의 문제와 마주쳐야 한다. '권리'와 '폭력'에 대한 상이한 성찰은 현대 정치철학자들의 입장을 변별할 수 있는 리트머스 시험지로 쓰일 수 있는 것이다.

슈미트는 의회/대의민주주의가 본디 대표의 원리(대표자가 정치체를 인격적으로 대표한다는 것)와 동일성의 원리(지배자와 피지배자, 통치자와 피통치자, 명령권자와 복종자 사이의 동일성) 사이의 모순된 결합이지만,[2] 오늘날 정치적 통일체의 동질성과 구성원의 동족성 덕분에 그 모순이 봉합된다고 말했다. 여기서 우리는 두 가지 교훈을 끌어낼 수 있다. 첫째, 국가의 차원에서 정치적으로 인정되는 '인격'persona은 하나뿐이다. 이는 오로지 왕만이 인간으로서의 신체와 주권자로서의 신체라

---

[2] 지배자와 피지배자가 동일해지는 순간은 투표할 때 뿐(장-자크 루소)이고, 명령권자와 복종자가 한 몸을 이루는 형상은 '자기계발하는 주체'(서동진)이다.

는 두 신체를 가질 수 있음을 전제한다. 둘째, 슈미트가 바라본 동일성의 원리, 곧 민주주의는 이미 동일하거나 '비슷한 자들'끼리의 통치, 심지어 "동족결혼"(알랭 바디우)일 뿐이다. 그러나 비슷하다고 간주된 자들 사이에 균열 또는 나눔이 있으며, 왕이 아니라 인민들도 자신의 정치적 인격을 만들어 정치 무대에 오를 수 있는가라는 물음이야말로 오늘날 정치철학이 숙고하고 있고, 또 숙고해야 하는 문제이다. 현대 정치철학자들에게서 자주 발견되는 '탈정체화,' '주체화' 같은 개념은 이런 문제를 반영하는 것이다.

마지막으로 독자들은 이 책에서 '정치' 또는 '정치적인 것'을 정의하는 다양한 방식(특히 클로드 르포르, 자크 랑시에르, 에티엔 발리바르, 샹탈 무페 등)을 조망할 수 있다. 이에 앞서 우리는 슈미트가 적과 동지의 구별을 '정치적인 것'으로 규정했음을 떠올릴 필요가 있다. 그러나 슈미트가 제시한 정치적인 것의 개념에서 사라지는 것은 바로 '내전'이다. 국가와 국가 사이의 피/아 적대는 앞서 얘기한 정치적 통일체의 동질성과 구성원의 동족성 위에 세워지는 것이다.

일찍이 플라톤은 『국가』 제5권(470b~471a)에서 전쟁polemos과 내분/내란stasis를 구분했다. 전자가 헬라스인들과 이방인들(이들은 자연적으로 '적'이다)의 적대라면, 후자는 헬라스인들간의 적대이다. 서구 정치철학의 정초자는 내분/내란을 '병'으로 간주했고, 고대 그리스의 다른 텍스트들에서 내란은 '집안싸움,' '형제간의 싸움'에 비유됐다. 흥미롭게도 내분/내란이 어차피 자연적으로 '친구'(슈미트 식으로 말하면 동지)인 자들 사이의 적대라는 이유로 플라톤은 그것을 "화해하게 될 사람들로서" 불화하는 수준으로 축소시키고자 무던 애를 썼다. 불화가 있더라도 국토를 유린하지 말며, 가옥을 불태우지 말도록 하는 법을 제정해야 한다며 말이다. 플라톤에서 슈미트에 이르기까지 지배적인 정치철학에서 내전이 억압된 이유(플라톤이 내분/내란을 끝까지 '전쟁'이 아니라고 부인하는 것은 징후적이기까지 하다)는 형제들이야말로 "가장 확실한 친구인 동시에 최악의 적"이기 때문이다.

자연적으로 친구인 자들(출생하는 동시에 동일한 국적을 갖게 되는 국민들) 사이에 나눔과 균열을 드러내 밝히는 것이 오늘날 정치철학의 과제인 것과 마찬가지로, 주권자가 결정하거나 원활하게 통치하기 위해 오늘날 도처에서 발생시키고 있는 예외상태에 마침표를 찍기 위해서는 내전에 대한 사유가 필수적이다. 바로 이런 맥락에서 오늘날 갈등, 불화, 경합이야말로 곧 정치라는 단언을 이해해야 할 것이다.

지금 선보이는 여덟 명의 철학자는 우리와 동시대인이다. 그렇지만 그들의 핵심 주장은 적게는 몇 년, 많게는 수십 년 지난 것이 대부분이다. 이제와 이들의 사유를 소개한다는 것은, 그것도 본격적인 연구서가 아니라 입문서의 형태로 소개한다는 것은 어찌 보면 지성사적으로 늘 뒤처져서 남들 뒤꽁무니 따르기에 바쁜 우리 모습에 대한 자조적인 반응을 불러일으킬 수도 있다. 아니면 유행하고 있거나 유행할, 하지만 결국 사라질 운명에 처한 일군의 신상품을 풀어놓는다는 냉소적인 반응을 불러일으킬 수도 있다.

허나 무엇보다도 푸코가 「계몽이란 무엇인가?」에서 '근대'를 하나의 태도, 그것도 '비판적 태도'로 규정했듯이 우리 역시 '현대' 또는 '동시대'를 하나의 태도로 볼 수 있지 않을까? 이 책에서 다루고 있는 거의 모든 철학자는 오늘을 사유하기 위해 과거의 텍스트를 읽었다. 이것은 오늘과 거리를 둔다는 점에서 시차적^{時差的}이며, 과거의 텍스트를 다른 시각으로 읽는다는 점에서 시차적^{視差的}이다. 요컨대 현대/동시대는 이 이중의 시차를 경유함으로써만 우리에게 온전히 주어진다. 이와 마찬가지로 독자들이 이 모음집의 텍스트를 그 맥락에서 떼어내 자유롭게 인용할 때, 다시 말해서 이 텍스트들이 경전들에 대한 단순한 주석이 아니라 '지금 여기'를 이해하기 위한 (곁)텍스트가 될 때 이 모음집에 수록된 정치철학은 비로소 현대적일 수 있을 것이다.

이 모음집에 참여해주신 글쓴이들의 약력에는 대부분 '과정'이라는 꼬리말이 붙어 있다. 그러나 학계와 사회의 끝자락 또는 가장자리에 있는, 이 '과정 중의' 사람들이야말로 지금, 여기에서 필요한 새로운 '모험'을 감행하기에 가장 적합한 이들이 아닌가. 이제는 당신의 차례이다.

기획위원
김상운·양창렬

차례

기획의 말 5

1 클로드 르포르
정치적인 것의 발견과 현대 민주주의의 모색(홍태영) 15

2 알랭 바디우
진리와 평등으로서의 정의(장태순) 53

3 자크 랑시에르
감성적/미학적 전복으로서의 정치와 해방(최정우) 83

4 가라타니 고진
교환 X로서의 세계공화국(조영일) 119

5 에티엔 발리바르
도래할 시민(권)을 위한 철학적 투쟁(장진범) 167

6 조르조 아감벤
K(양창렬) 211

7 샹탈 무페
경합적 다원주의로서의 급진민주주의(홍철기) 249

8 악셀 호네트
인정투쟁, 사회적 갈등의 도덕적 구조와 논리(강병호) 283

더 읽을 만한 책들 323
글쓴이 소개 341
찾아보기 343

1 클로드 르포르
정치적인 것의 발견과 현대 민주주의의 모색
홍태영(국방대학교 국제관계학부 교수)

Claude Lefort

1924년 4월 21일 프랑스의 파리에서 태어남. 카르노고등학교 재학 중이던 1941년 모리스 메를로-퐁티에게서 레온 트로츠키의 사상을 소개받음. 1943년 앙리4세고등학교로 학적을 옮긴 뒤 제4인터내셔널 프랑스 지부인 국제공산당에 가입해 '클로드 몽탈'(Claude Montal)이라는 가명으로 활동함. 1946년부터는 '피에르 쇼리외'(Pierre Chaulieu)라는 가명으로 활동하던 코르넬리우스 카스토리아디스와 의기투합해 당내 비판노선('쇼리외-몽탈' 경향)을 주도했고, 1948년에는 카스토리아디스와 동반 탈당해 '사회주의냐 야만이냐' 그룹을 만듦. 그 뒤 1958년 카스토리아디스와 결별하기까지 노동자평의회 운동을 전개함. 1949년 철학 교수자격시험에 합격하고 1971년 소르본대학교에서 마키아벨리 연구로 박사학위를 받은 뒤 잡지 『텍스튀르』(*Texture*, 1972~75), 『리브르』(*Libre*, 1975~79), 『과거-현재』(*Passé-Présent*, 1982~85) 동인으로 활동함. 1989년 사회과학고등연구원(EHESS) 교수에서 은퇴한 뒤(1976년부터 재직), 현재는 EHESS 산하 레이몽아롱정치연구소 소속으로 활동 중임.

최근 정치 자체, 혹은 사회 속에서 정치가 맡고 있는 역할에 대한 관심이 확대되고 있는 것은 아이러니하게도 신자유주의라는 반反정치의 사유가 득세하고 있기 때문이다. 요 몇 년간 다양한 이슈와 함께 등장했던 촛불시위는 한국 사회에서 그간 실종되어버린 듯한 '정치'의 새로운 실천을 보여주는 것이었다. 신자유주의적 세계화 속에서 경쟁, 자기계발, 스펙, 비정규직, 88만원세대 등으로 상징화된 경제의 논리와 반정치의 흐름을 뚫고 나온 '촛불'은 말 그대로 '정치'의 의미를 새롭게 만들었다. 단지 국회나 청와대 등에서 이뤄지는 제도화된 정치가 아니라 주체들이 형성되는 공간으로서의 정치, 그리고 다양한 주체들이 만들어내는 공간으로서의 정치가 등장한 것이다.

그런 의미에서 근대 민주주의의 형성, 발전, 그리고 전환의 계기들 속에서 중심에 놓여 있던 '정치'의 의미를 새롭게 조명하고 민주주의의 새로운 모색을 위한 개념으로서 '정치적인 것'[1]이라는 개념을 풍부하게 한 프랑스의 정치철학자 클로드 르포르의 사유를 추적해보는 것은 의미 있는 작업일 것이다. 상당히 오래 전에 르포

---

[1] '정치적인 것'(le politique)이라는 개념은 자연스럽게 칼 슈미트와 한나 아렌트를 떠올리게 한다(칼 슈미트, 김효전 옮김, 『정치적인 것의 개념』, 법문사, 1992; 한나 아렌트, 이진우 옮김, 『인간의 조건』, 한길사, 1996). '친구와 적의 구분'을 '정치적인 것'으로 정의한 슈미트의 틀은 르포르에게서도 엿보인다. 하지만 르포르의 '정치적인 것'이라는 개념은 근대 민주주의의 특성, 특히 알렉시스 드 토크빌의 민주주의혁명 개념과 결합되어 있는 반면에 슈미트나 아렌트의 경우는 그렇지 않다. 비록 르포르가 아렌트를 많이 참조하지만 유사성만큼 차별성도 드러난다. 최근 급진민주주의를 제기하고 있는 샹탈 무페의 논의 속에서도 '정치적인 것'의 개념이 적극적으로 이용되고 있다(샹탈 무페, 이보경 옮김, 『정치적인 것의 귀환』, 후마니타스, 2007). 무페는 슈미트의 논의뿐만 아니라 르포르의 논의까지 충분히 활용하고 있다.

르의 정치이론을 다룬 박사학위 논문이 제출된 적이 있고, 르포르의 민주주의론 혹은 정치적인 것의 개념을 간단하게 소개한 글들도 있지만,[2] 르포르의 사상이 한국에 본격적으로 소개된 적은 없다. 그러나 최근 르포르에 대한 관심이 다시 불고 있는 듯하다. 특히 국내에서 인기를 끌고 있는 슬라보예 지젝과 자크 랑시에르 등이 르포르의 '빈 공간$^{lieu\ vide}$으로서의 권력'이라는 개념에 주목하고 있고, 에티엔 발리바르 역시 '인권의 정치'라는 개념을 발전시키는 와중에 르포르에게서 시사점을 얻은 바 있기 때문에 르포르에 대한 관심은 어찌보면 당연하다고 하겠다.[3] 물론 이처럼 다른 사상가들의 단편적인 언급을 통해 르포르에 대한 관심이 증대되긴 했지만, 아직까지 한국에서는 르포르를 어떤 맥락에서 이해해야 하는지 본격적으로 논의가 진행되고 있지는 않다.

프랑스에서는 지젝이나 랑시에르 같은 좌파 학자들의 관심 이전에 오히려 자유주의 지식인들의 관심이 꾸준히 존재해왔다. 르포르에 대한 학위논문이나 단행본은 물론이고 그의 논의를 둘러싼 콜로키움도 개최된 적이 있는데,[4] 그 관심의 대상 역시 주요하게는

---

2) 장원석,『끌로드 르포르의 정치이론 연구: 프랑스 신좌파의 포스트모더니즘화 경향과 관련하여』, 서울대학교 정치학 박사학위 논문, 1993 ; 이동수, 「포스트모더니즘과 한국 현대 정치사회의 이중성」,『정치사상연구』(제3집/가을), 2000 ; 홍태영, 『국민국가의 정치학: 프랑스 민주주의의 정치철학과 역사』, 후마니타스, 2008.
3) 슬라보예 지젝, 이성민 옮김,『까다로운 주체: 정치적 존재론의 부재하는 중심』, 도서출판b, 2005 ; 자크 랑시에르, 양창렬 옮김,『정치적인 것의 가장자리에서』, 길, 2008 ; Jacques Rancière, *La Haine de la démocratie*, Paris: La Fabrique, 2005 ; Étienne Balibar, "Qu'est-ce qu'une politique des droits de l'homme," *Les frontières de la démocratie*, Paris: La Découverte, 1992.

정치적인 것의 개념이었다. 그런 가운데서 영미권의 경우 르포르의 책들이 번역됐고, 그에 대한 연구도 서서히 진행되고 있다.

르포르를 논의하기에 앞서 주목할 만한 사건이 하나 있다. 2002년 3월 콜레주드프랑스에 '정치적인 것의 근현대사'Histoire moderne et contemporaine du politique라는 강좌가 만들어지고, 르포르의 지도 아래 학위논문을 썼던 피에르 로장발롱이 담당 교수로 취임한 일이다. 로장발롱은 정치적인 것의 의미를 추적하는 동시에 그것이 역사와 정치철학에 어떤 의미를 주면서 결합되는가를 중심으로 취임 강연을 했다.5) 이 취임 강연뿐만 아니라 이전의 다른 글들에서도 로장발롱은 르포르에게 정치적인 것의 개념을 빚지고 있음을 수차례 밝힌 바 있다. 어쨌든 정치적인 것의 개념이 근대 민주주의와 관련한 논의의 중심에 들어온 것은 분명한 듯하다.

로장발롱은 또 다른 한 사람에게 진 빚을 언급하고 있는데, 바로 프랑수아 퓌레이다. 1970년대 후반부터 프랑스혁명에 대한 자유주의적 해석을 대표하는 역사학자로 알려진 퓌레는 프랑스혁명과 이후의 역사를 사회경제사적 방법을 통해 해석한 소르본 학파에 맞서 문화사, 정치사, 지성사 중심의 방법으로 해석했다.6) 비록

---

4) Hugues Poltier, *La découverte du politique*, Paris: Michalon, 1997; *Passion du politique: La pensée de Claude Lefort*, Genève: Labor et ides, 1998; Bernard Flynn, *The Philosophy of Claude Lefort: Interpreting the Political*, Northwestern University Press, 2006; Claude Habib et Claude Mouchard, dir., *La démocratie à l'oeuvre: Autour de Claude Lefort*, Paris: Esprit, 1993.
5) 이 취임 강연은 이듬해 단행본으로 출판됐다. Pierre Rosanvallon, *Pour une histoire conceptuelle du politique*, Paris: Seuil, 2003.

지금은 고인이 됐지만, 퓌레의 이와 같은 프랑스혁명사 해석은 1980년대 이후부터 현재까지 대세를 이루는 듯한 느낌을 주고 있는데 르포르, 퓌레, 로장발롱은 모두 파리의 사회과학고등연구원에 둥지를 틀고 작업을 진행한 사이이다.7)

1980년대 이후 이데올로기의 새로운 변화, 즉 자유주의의 새로운 전개 속에서 이들의 영향력은 더욱 커지는 듯하다. 그런 의미에서 본다면, 프랑스의 지식인이자 정치철학자로서 르포르가 걸어온 지적 여정을 살펴보는 것은 전후 프랑스의 정치적·이데올로기적 지형 변화를 살펴보는 의미 있는 작업이기도 하다. 르포르의 사

---

6) 20세기 초반부터 오랫동안 프랑스혁명사 및 그 이후 역사의 해석은 주로 맑스주의의 영향을 받은 사회경제사적 방법(장 조레스, 조르주 르페브르, 알베르 소불 등)에 근거해 이뤄졌다. 그러나 1970년대 후반 이후 퓌레, 모나 오주프, 피에르 노라, 마르셀 고쉐, 로장발롱 등의 작업이 르포르와의 친밀성 속에서 이뤄지며 자유주의적 해석이 주류를 형성하고 그 방법론에 있어서도 정치사 위주의 역사, 그리고 상징적인 것과 관련해 문화사가 주류를 형성하기 시작했다. François Furet et Mona Ozouf, dir., *Dictionnaire critique de la Révolution francaise*, Paris: Flammarion, 1988; Marcel Gauchet, *La révolution des pouvoirs: La souveraineté, le peuple et la représentation 1789~1799*, Paris: Gallimard, 1995; Serge Berstein et Pierre Milza, dir., *Axes et méthodes de l'histoire politique*, Paris: PUF, 1998; 노서경, 「1980년대 이후 프랑스의 '정치사 복원'에 대한 보고와 비평」, 『서양사연구』(28집), 서울대학교 서양사연구회, 2001.
7) 르포르, 퓌레, 로장발롱 등 프랑스 자유주의 지식인들의 지적·인적 네트워크에 대해서는 다음을 참조하라. Michael S. Christofferson, *French Intellectuals Against the Left: The Antitotalitarian Moment of the 1970s*, New York: Berghan, 2004; Wim Weymans, "Freedom through Political Representation?: Lefort, Gauchet and Rosanvallon on the Relationship between State and Society," *European Journal of Political Theory*, vol.4, no.3, 2005; Andrew Jainchill and Samuel Moyn, "French Democracy between Totalitarianism and Solidarity: Pierre Rosanvallon and Revisionist Historiography," *Journal of Modern History*, vol.76, no.1, (March) 2004.

유 역시 프랑스의 지적·이데올로기적 지형에 따라 변해왔기 때문이다(이 글의 전개도 그런 여정을 따라가는 방식으로 이뤄질 것인데, 반드시 시간적 순서를 따르지는 않을 것이다). 르포르의 문제제기들, 무엇보다도 정치적인 것의 의미를 통해 제시한 근대 민주주의의 이해, 그리고 인권의 정치를 통한 민주주의의 새로운 모색 등은 현재의 우리에게도 시사점을 줄 수 있을 것이다.

1. '정치적인 것'의 발견

1) 사회적인 것의 현상학에서 정치적인 것에 대한 사유로

1924년 파리에서 태어난 르포르는 카르노고등학교의 마지막 시절(1941~42)부터 모리스 메를로-퐁티와 인연을 맺고, 그 시기부터 현상학에서 일정 부분 영향을 받았다.[8] 활동가로서의 경력은 1943년 국제공산당Parti Communiste Internationaliste에 가입해 트로츠키운동에 가담하면서 시작했는데, 혁명에 대한 믿음이 강하게 작동하던 시기였다. 1945년 10월, 메를로-퐁티는 장-폴 사르트르와 잡지 『현대』의 첫 호를 발간했다. 당시 메를로-퐁티는 프롤레타리아혁명에 대한 기대감과 맑스주의의 진실성을 강하게 지지하는 모습을 보이고 있다.[9] 하지만 르포르는 트로츠키의 스탈린 비판이 불충분하다

---

[8] 르포르의 간략한 개인사에 대해서는 다음을 참조하라. Jacques Julliard et Michel Winock, dir., *Dictionnaire des intellectuels français*, Paris: Seuil, 1996; Poltier, *Passion du politique*. 특히 1장을 참조할 것.

고 판단해 1949년 코르넬리우스 카스토리아디스와 잡지『사회주의냐 야만이냐』를 창간하고 동명의 집단을 이끌었다.[10]

당시 메를로-퐁티 현상학의 영향 속에 있었던 르포르는 맑스주의를 역사철학이나 법칙이라기보다는 비판철학이나 실천철학으로서 이해했다. 메를로-퐁티의 제자로서 르포르는 실존주의적 현상학의 눈을 통해 칼 맑스를 읽었다. 따라서 인류의 역사를 자연과학적 모델에 따른 원인과 결과의 필연적 관계로 이해하기를 거부하고 인간을 세계 속에 체현된 주체로 인식했다. 인간을 자신의 고유한 세계의 근원이자 자신의 고유한 삶의 작자로서 이해하는 실존주의적 현상학의 영향 때문에 역사 변화의 기계주의적·자동주의적 시각을 거부했던 것이다. 결국 기계주의적·자동주의적 시각이란 주체를 제거, 즉 역사를 주체 없는 과정으로 이해하는 것이었기 때문이다. 역사를 불연속적이고 다원적이라고 본 르포르는 다양한 형태의 역사적 사회가 다양한 실현가능성을 다양한 방식으로 표현하고 발전시킬 수 있다고 생각했다.

1950년대 씌어진 르포르의 초기 저술에서 중심이 되는 문제는 "상이한 형태의 사회를 어떻게 인식할 것이며, 각각의 사회는 어떤 방식으로 통일성을 유지하고 있는가?"라는 문제였다. 르포르는 한편으로 클로드 레비-스트로스가 인간을 구조 속에서 사물화시킨다

---

9) Maurice Merleau-Ponty, "Pour la Vérité," *Les Temps modernes*, vol.1, no.4, (Janvier) 1946 ; *Sens et non-sens*, Paris : Gallimard, 1996. 재수록.
10) 르포르는 메를로-퐁티를 통해『현대』에 관여했고, 메를로-퐁티 역시 르포르를 통해『사회주의냐 야만이냐』(*Socialisme ou Barbarie*)에 영향력을 행사했다.

고 비판하고, 다른 한편으로는 개인의 능력을 지나치게 특권화시키다고 사르트르를 비판했다.[11] 사르트르의 극단적인 주관주의는 공산당과 노동자계급을 일치시키는 가운데 당과 프롤레타리아트에 대한 물신주의를 가져온다는 것이었다. 그러면서 메를로-퐁티를 따라『현대』와 결별한다.[12]

르포르는 동일한 사회적 공간에 속하는 다양한 사회적 현상이 어떻게 서로 얽혀 있으면서 통일성을 이루고 있는지를 이해하려는 자신의 문제의식과 마르셀 모스가 '총체적인 사회적 사실' fait social total이라는 개념을 통해 이해하려고 했던 것을 연결시킨다.[13] 르포르는 모스가 "사회적 현상을 인과관계에 의해 판단하는 것이 아니라 주어진 사회의 경제적·법률적·예술적 특질을 연결시키고 그것들이 어떻게 동일한 의미 속에서 합치되는지를 설명하려" 했다는 점을 강조한다.[14] 예컨대 모스에 따르면 원시사회의 경우 포틀래치 potlatch 같은 호혜적 증여의 원리가 사회와 개인의 단절을 사라지게 하면서 상호주관성의 공간을 구성한다.[15] 이에 비해 르포르는 근대 사회에서 상호주관적 관계를 형성시키는 것은 '노동'이라고

---

11) Claude Lefort, "L'échange et la lutte des hommes," *Les Temps modernes*, vol.6, no.64, (Février) 1951; *Les Formes de l'histoire*, Paris: Gallimard, 1978. 재수록.
12) 1950년 한국전쟁을 계기로 메를로-퐁티는 사르트르뿐만 아니라 스탈린주의와도 결별했다. 메를로-퐁티는 소련 사회주의를 비판하면서(『휴머니즘과 테러』, 1947) 당시의 입장을 후회하고 사유를 전환하게 된다.
13) Poltier, *Passion du politique*, p.48.
14) Lefort, "L'échange et la lutte des hommes," p.15.
15) Lefort, "L'échange et la lutte des hommes," p.15; 마르셀 모스, 이상률 옮김, 『증여론』, 한길사, 2002.

봤다. 당시의 르포르는 『사회주의냐 야만이냐』를 통해 맑스주의적 방식으로 '사회적인 것' le social에 대한 이해를 추구하고 있었기 때문이다. 아무튼 어떻게 다양한 사회적 구성요소가 결합되어 사회적 단일성을 이뤄내고, 또한 그것을 통해 한 사회가 다른 사회와 어떻게 구별되는가라는 르포르의 문제설정은 계속 지속된다.

    1958년 『사회주의냐 야만이냐』를 떠나면서 르포르는 사실상 혁명 투쟁에 대한 신념을 포기한 것으로 알려진다. 무엇보다 혁명적 과정이 제한된 특정 집단에 의해 이뤄지는 것을 더 이상 신뢰하지 않았고, 그것은 소비에트 권력이 보여주듯이 관료주의적 타락으로 이어질 것이라고 확신했다.[16] 소유관계의 전환에도 불구하고 소련에서는 자본주의의 특징인 지배와 착취관계가 보존됐다고 르포르는 봤다. 소련에서 노동자들은 생산의 지도에 있어서 전적으로 낯선 존재이며, 국가장치에 노동력을 제공할 뿐 아무런 관계를 맺지 못하면서 민주주의를 실현하고 있지 못했다는 것이다.[17] 따라서 르포르는 소련을 '국가자본주의'로 간주했는데, 더 나아가 트로츠키주의를 비판하며 그들과도 결별하게 된다. 주요 논점은 스

---

16) 카스토리아디스는 혁명조직의 필요성을 강조하면서 르포르의 탈퇴 이후에도 조직을 장악하고 활동을 지속한다. 하지만 서서히 르포르와 유사한 문제의식 속에서 1965년 『사회주의냐 야만이냐』의 40호를 마지막으로 출간하고, 1966년 조직을 해체했다. 1970년대의 전체주의 논쟁에서도 둘은 다시 만난다. 물론 약간의 차이에도 불구하고 카스토리아디스와 르포르 둘 모두 맑스주의의 역사주의적 경향에 대한 거부에서 출발해 새로운 모색을 행한다. 카스토리아디스에게 중요한 점은 역사적 필연성과 맑스주의 이론의 완결성이 아니라 인간의 의미작용, 실천, 혁명적 열정이다. 코르넬리우스 카스토리아디스, 양운덕 옮김, 『사회의 상상적 제도 1』, 문예출판사. 1994. 국역판에는 원서의 1부만 수록되어 있다.

탈린주의의 탄생이 레닌과 트로츠키로 대표되는 볼셰비즘에 내재되어 있다는 것이었다. 이와 같은 소련 사회에 대한 비판은 1970년대 전체주의에 관한 논의 속에서 다시 출현하게 된다.

이 시점을 전후해 르포르의 사유에서 전환이 발생한다. 우선 그 계기는 1961년 스승이자 동료였던 메를로-퐁티의 죽음과 함께 그의 유고집 편집을 책임지게 되면서 메를로-퐁티를 꼼꼼히 읽게 된 것이다.[18] 또 다른 계기는 1956년부터 니콜로 마키아벨리를 독해하며 준비한 자신의 박사학위 논문을 1972년 8백여 쪽이 넘은 책으로 출간하게 된 것이다.[19] 메를로-퐁티와의 친밀함 속에서 현상학적 시각으로 마키아벨리의 저작을 읽어갔던 르포르는 15년이 넘는 기간 동안의 독해를 통해 '사회적인 것'의 정치적 차원을 고려하게 된다. 이 기간 동안에 르포르는 에드가 모랭과 함께 『논쟁』 *Arguments*을 발행하기도 했고, 레이몽 아롱의 세미나에 참여하기도

---

17) Claude Lefort, "Organisation et parti," *Socialisme ou Barbarie*, no.26, (Novembre-Décembre) 1948; *Éléments d'une critique de la bureaucratie*, Genève/Paris: Droz, 1971. 재수록.
18) 르포르는 메를로-퐁티의 유고집 『보이는 것과 보이지 않는 것』(1964)을 출간한다. 『행동의 구조』(1942), 『지각의 현상학』(1945)을 통해 인간중심주의를 벗어버린 새로운 존재론을 모색한 메를로-퐁티는 기본적으로 인간의 몸을 포함한 세계를 바라본다. 메를로-퐁티가 보는 세계는 인간의 몸을 중심 삼아 유기적으로 하나가 되어 '서로 정보를 주고받는' 또 하나의 거대한 몸이다. 모리스 메를로-퐁티, 류의근 옮김, 『지각의 현상학』, 문학과지성사, 2002. 또한 다음을 참조하라. 조광제, 「모리스 메를로-퐁티」, 『현대 철학의 흐름』, 동녘, 1996; 홍광엽, 『불확정성과 탈중심성』, 소화, 1998.
19) Claude Lefort, *Le Travail de l'œuvre Machiavel*, Paris: Gallimard, 1972. 이하 이 책에서의 인용은 본문의 해당 구절 뒤에 '(*TM*, 쪽수)'로만 표기한다.

했다. 그리고 1968년 혁명을 환호하면서 카스토리아디스, 모랭과 함께 『돌파구』La Brèche라는 책을 공동 집필했다.[20]

1961년 메를로-퐁티의 죽음을 추모하며 나온 『현대』의 특별판에서 르포르는 형이상학과 실재론의 대립을 극복하기 위한 노력을 제시한 바 있다.[21] 르포르는 의식과 사유가 세계에 대한 우리 경험의 구성부분임을 제시하면서 의식철학philosophie de la conscience을 제기한다. "사유pensée는 하나의 사건évenement"이다. 즉, 사유란 주어진 시간에 어떤 공간에서 발생하는 무엇인가이다. 그것은 이미 존재하는 내적 필연성에 종속되는 것도 아니며, 그 내용 역시 잠재적인 것의 전개도 아니다. 르포르는 에드문트 후설을 따라 이렇게 말한다. "비어 있는 것le vide이 철학하는 인류의 일이 되며, 사유는 이 열려 있는 것béance을 측정하면서 시작된다."[22] 비어 있다는 의미는 사유를 규정짓는 세계의 자연적 질서 같은 것은 없다는 의미이며, 우리의 지식과 이념의 형성을 설명할 수 있는 인간적 본성이나 즉자적 이성 같은 것도 없다는 의미이다. 이런 부재를 통한 사유를 르포르는 비결정의 사유pensée de l'indétermination라고 칭한다.[23]

메를로-퐁티를 꼼꼼히 읽으면서 정교화된 르포르의 의식철학은 정치에 대한 사유에서도 곧바로 반영되어 나타난다. 「정치와 정

---

20) Claude Lefort (en collaboration avec Edgar Morin et Cornelius Castoriadis), *La Brèche*, Paris: Fayard, 1968.
21) Claude Lefort, "L'idée de l'être brut et d'esprit sauvage," *Les Temps modernes*, vol.17, no.184-185, (Octobre) 1961; *Sur une colonne absente: Ecrits autour de Merleau-Ponty*, Paris: Gallimard, 1978.
22) Lefort, "L'idée de l'être brut et d'esprit sauvage," p.11.

치에 대한 사유」[24]라는 글을 통해 정치에 대한 좁은 이해를 넘어서 정치, 역사, 사회, 우리 시대의 진실 등과 같은 개념이 결합된 것으로 이해되는 정치를 사유한 르포르는 아직 '정치적인 것'의 개념을 정교화하는 데 이르지는 못했지만, 유사한 의미에서 "인간의 활동을 정렬시키는 원칙," "공존을 조정하는 원칙" 등의 개념으로 정치를 이해하기 시작한다.[25]

정교화된 정치적인 것의 개념은 이제 마키아벨리에 대한 독해를 통해 형성된다. 마키아벨리의 독해로부터 르포르는 크게 두 가지 테제를 이끌어낸다. 하나는 '사회적인 것'을 구성하는 것으로서의 권력 혹은 정치적인 것의 의미라는 문제이고, 다른 하나는 정치의 토대로서의 사회적 분할이라는 문제이다.

먼저 전자의 문제를 살펴보자. 마키아벨리에게 정치는 인간 본성의 좋고 나쁨에서 출발하지 않는다. 그래서 마키아벨리를 토머스 홉스의 후계자로 보는 것은 오독이다. 마키아벨리의 핵심 개념인 비르투virtù는 정치적 관계, 더 구체적으로는 신민과 군주를 연결시키는 관계에 근거해 이해할 때 가능하다. 정치적 행위자의 행동은 "특정한 의미를 얻게 되는 사회 가운데" 위치할 때 그 의미를 얻게 되기 때문에 군주의 행위 역시 그 "정치적 관계와 사회적 관계 모두를 포괄할 때" 이해된다는 것이다(TM, 380~381).

---

23) Lefort, "L'idée de l'être brut et d'esprit sauvage," p.18.
24) Claude Lefort, "La politique et la pensée de la politique," Les lettres nouvelles, no.32, (Février) 1963; Sur une colonne absente: Ecrits autour de Merleau-Ponty, Paris: Gallimard, 1978. 재수록.
25) Lefort, "La politique et la pensée de la politique," pp.45~46.

두 번째 문제인 정치의 토대와 관련해 르포르는 마키아벨리가 정치의 영역이 두 개의 계급, 즉 귀족과 인민의 분할로 인한 대립에서 발생한다고 봤으며, 그곳에 바로 군주권력의 기원이 있다고 강조했다(*TM*, 382). 물론 르포르는 마키아벨리가 단지 군주권력에만 한정해 그 문제를 얘기한 것은 아니라고 말한다. "군주의 개인적인 권력이나 제도의 무명권력 모두 계급투쟁을 조절하기 위해 제3자로서 개입한다"는 것이다(*TM*, 473~476). 요컨대 권력은 사회의 외부에 존재하며 개별 계급으로부터 일정한 거리를 두면서 존재한다. 그리고 계급들간의 투쟁을 조절하면서 분열된 사회를 구성해내는 것이 바로 권력의 역할이다.

물론 여기서 권력에 의해 만들어진 사회의 통일성은 공동체 구성원들의 조화로운 통일을 의미하는 것은 아니다. 계급들 사이의 불화는 결코 제거될 수 없다. 사회의 제도화로서 권력은 "사회체가 분해되지 않도록 정체성, 즉 상상적 공동체를 체현하는 심급"이 된다(*TM*, 434). 권력의 고유한 역할은 바로 구성원들로 하여금 정체성과 공동의 역사를 알게 하는 것이다. 권력이 없는 경우 사회도 역사도 존재할 수 없으며, 귀족에 의한 "직접적이고 통제 없는 지배"만이 존재하게 될 뿐이다(*TM*, 474).

사회의 분할에 대해 언급한 뒤 르포르는 군주가 기본적으로 귀족보다는 인민에 근거해야 하며, "법과 자유의 기초는 인민의 욕망에 있다"는 점을 강조한다(*TM*, 475).[26] 법과 자유가 사회적 분할에 기원이 있지만, 보다 근본적인 것은 법과 자유가 귀족들의 억압에서 벗어나려는 인민의 욕망의 결과물이라는 사실이다. 그러므로 공화국의 제도는 계급투쟁에서 제3자의 역할만을 하는 것이 아니다. 예를 들어서 법률의 힘이 드러나는 호민원Tribunat은 권력이 한 사람에 의해 점령되는 것을 막는 곳이며, 귀족의 오만에 대해 제어장치 역할을 하는 곳이다(*TM*, 476). 공화국은 역사적 사회로서 존재했으며, 그것은 사회적인 것의 기초인 비결정과 창조création에 열려진 사회이다.[27]

계급투쟁에 해결책이 있다는 생각은 '화해된 사회'라는 표상에 근거한다. 윤리적 이념으로서의 국가라는 헤겔의 생각, 국가의 단일성이나 공산주의 사회에 대한 맑스주의의 관념 등이 모두 이에 해당된다. 르포르는 이런 전망에 대해 국가의 존재이유는 계급투쟁을 조정한다는 데 있다는 관념을 대립시킨다. 정치사회를 구성하는 계급들 사이의 투쟁에서 등장한 권력은 그 투쟁이 파멸에 이르는 것을 방지하면서 유지되도록 하는 목적만을 갖는다.

이렇듯 마키아벨리의 독해 속에서 르포르가 이끌어낸 두 가지 기본적인 사유는 우선 정치사회라는 관념, 그리고 사회적 분리의 불해소성이라는 관념이다. 마키아벨리의 결정적인 기여는 권력과 사회적 분리의 절합을 인식하는 방식을 제시한 데 있다. 맑스에게

---

[26] 마키아벨리의 『군주론』(1513)과 『로마사 논고』(1513~1519)의 차이는 익히 알려져 있다(출판 시기는 『군주론』이 1532년으로 『로마사 논고』보다 1년 뒤에 나왔다). 즉, 『군주론』이 군주에 대한 조언의 성격이라는 목적에서 씌어진 탓에 군주의 비르투가 중심에 놓였다면, 『로마사 논고』는 마키아벨리의 공화주의 입장이 두드러진다. 르포르의 마키아벨리 독해에서도 인민의 욕망이 법과 자유의 근원이라는 점을 강조하는 것은 『로마사 논고』를 읽으면서이다.

[27] Poltier, *Passion du politique*, p.157.

서 계급의 대립은 정치적 관계 이전에 존재한다. 반대로 마키아벨리에게 사회적 분리는 정치권력의 확립과 동시적인 것이다.

2) 정치적인 것의 개념

마키아벨리의 독해에서 얻어낸 정치적인 것에 대한 개념을 통해 르포르는 우리 시대를 재해석하고자 한다. 경제적·법률적·미학적 관점이 아닌 정치적 관점을 통해 우리 시대, 즉 근대 사회를 해석하려는 작업인데 르포르의 탐구는 정치적인 것이라는 시각을 통해 근대성의 총체를 이해하려는 시도이다(다음 절에서 보게 될 전체주의에 대한 르포르의 정치적 해석 역시 근대성의 특수성을 이해하기 위한 특권화된 접근방식이다. 전체주의 역시 근대성과 분리되어 이해할 수 없는 역사적 사실이기 때문이다).

사실 르포르의 이런 지적 행보에는 맑스에 대한 비판과 맑스와의 단절이라는 의도가 깔려 있다. 마키아벨리의 독해로부터 얻은 주요 사실 중 하나는 사회 속에서 정치적 관계가 경제적 관계로 환원되지 않는다는 점이다. 계급의 지배관계 역시 착취관계로부터 직접적으로 유추되지 않는다. 이렇듯 정치적인 것에 대한 르포르의 관념은 분명 맑스를 겨냥한 것인데, 우선 르포르는 맑스가 사회적 장champ social의 상징적 차원을 인식하지 못했다고 비판했다. 맑스의 경우 "상징적인 것le symbolique의 질서," 즉 "사회적 형상들이 서로와의 관계에 의해 동일시되고 절합하는 대립들의 체계, 사회적 행위자들이 표상과 맺는 관계"를 부정했다는 것이다.[28] 르포르는 "권력의 상징적 성격을 인식해야 할 필요성"을 강조하며, 정치적 분석은 새로운 형태의 당(파)이 출현함으로써 상징적 질서에 어떤 변화가 일어나는지를 물을 때 이뤄진다고 말한다.[29]

'상징적인 것'은 주체가 자신의 행위에 의미를 부여하기 위해 이 세계를 기호와 표시를 통해 파악하려는 새로운 이름이다. 상징적인 것은 일종의 '집단적 정교화'의 산물이다(ID, 124). 르포르에 따르면 사회는 상징적 장치의 출현과 함께 발생한다. 즉, 상징적 체계가 구성되지 않고서는 사회가 존재할 수 없다. 다양한 개인들로 구성된 사회는 공통의 지표를 통해 동일한 세계에 대한 소속감과 사회적 공간의 단일성을 보장받는다. 그런 의미에서 사회적 공간과 상징적 세계는 엄밀하게 결합되어 있다.

'사회적 공간'의 제도화는 사회적 공간의 독자적인 출현을 의미하는데, 이것은 곧 상징적 형태의 구체화를 의미한다. 제도화의 계기 속에서 개인들과 그들의 실천이 분화·절합되는 원칙이 제기된다. 르포르는 사회적 공간의 형성이란 사회적인 것에 의미를 부여하는 것 mise en sens 인 동시에 그것의 연출 mise en scène 임을 강조한다.[30] 의미를 부여한다는 것은 사회적 공간이 실재적인 것과 상상적인 것, 진실과 거짓, 정의로운 것과 부정의한 것, 합법적인 것과 금지된 것, 정상적인 것과 병리적인 것의 구분이 단일한 양식에 따라 절합되면서 인식가능한 공간으로 전개된다는 것이다.

---

28) Claude Lefort, *Les Formes de l'histoire*, Paris: Gallimard, 1978, p.290.
29) Claude Lefort, *L'invention démocratique*, Paris: Fayard, 1981, pp.97~98. 이하 이 책에서의 인용은 본문의 해당 구절 뒤에 '(*ID*, 쪽수)'로만 표기한다.
30) Claude Lefort, *Essai sur le politique*, Paris: Seuil, 1986, p.20. 이하 이 책에서의 인용은 본문의 해당 구절 뒤에 '(*EP*, 쪽수)'로만 표기한다.

르포르는 정치적인 것을 상징적 차원과 동일시한다. 다시 말해서 사회는 실재와의 거리 속에서 상징적인 것에 의해 구성된다. 르포르에 따르면 "사회적인 것의 상징적 차원이 드러나는 것은 정치적인 것이라 불리는 형태 속"에서인데, 그 상징적 차원을 드러낸다는 것은 "정치적인 것의 흔적을 찾는 것이며, 사회적인 것의 상징적 차원에 주의를 기울이는 것"이다(*EP*, 13~14). 사회는 자신의 '정치적 정의définition'를 포함하고 있으며, 그 정의를 통해 다른 사회와 구별된다(*EP*, 256). 이것은 사회란 공존의 양식을 정의하는 상징적 원칙에 의해 존재할 수 있으며, 이 원칙은 상징적 축으로 정의된 권력 속에서 이해될 수 있다는 것을 의미한다. 권력은 무엇보다도 상징적 축이며 사회 구성원들끼리의, 그리고 사회 구성원과 그렇지 않은 사람들과의 관계가 교직되는 원칙을 드러내는 장소이다. 권력은 사회로 하여금 스스로 드러나게 한다. 그로부터 다양한 사회적 절합들이 공통의 공간 속에서 이해되며, 사실의 조건들이 현실화되고 정당화되는 것이다(*EP*, 113~114). 따라서 권력 속에서 사회는 자신의 고유한 통일성과 근본적인 근거점을 드러낸다. 그것을 통해 법, 권력, 지식과의 관계 같은 세계의 경험이 정렬된다(*ID*, 122~124; *EP*, 112~114). 그런 의미에서 정치적인 것은 "사회적 삶의 특정한 부분을 의미하는 것이 아니다. 그것은 어떤 원칙의 관념, 혹은 인간들이 그들 사이 그리고 세계와 맺는 관계에 대한 발생적 원칙의 총체를 의미한다"(*EP*, 8).

정치적인 것에 대한 이 새로운 개념화 작업을 통해 르포르는 정치적인 것을 이해하기 위한 작업으로서 정치철학을 특권화한다.

앞서 언급했듯이 정치적인 것 le politique은 사유의 대상인 반면에 정치 la politique는 과학의 대상이다. 과학의 변별적 특징은 주관적인 확신의 의지이다. 즉, 정치(과)학 science politique의 주된 점은 정치체계의 모든 모델화에 전제되는 경험적 관찰에 있다. 그러나 객관적 실재에 대한 연구임을 표방하는 과학으로서의 정치(과)학은 근대 사회에 대한 부분적 지식만을 갖고 있을 뿐 그 사회의 특수성을 묻지 않은 채 당연시한다. 반면에 정치적인 것에 대한 사유는 근대 사회의 영역들을 분화시키는 원칙의 기원에 대해 질문한다. 정치학이 정치적 체계의 객관적 지식에 매달린다면, 정치적인 것에 대한 사유는 정치적·경제적·종교적 영역의 분화가 구성하는 사건들을 이해하려고 한다. 요컨대 정치적인 것에 대한 사유가 묻고 있는 것은 영역들의 분화를 명령하는 원칙에 대한 것이다.

정치학이 '실재적' 특징을 갖는 것들에 관심을 가진다면, 정치적인 것에 대한 사유는 사회적 공간을 제도화하는 원칙들을 드러내는 것이다. 따라서 그 기원을 찾기 위해서 실재적인 것을 넘어서야 한다. 실재와 표상의 간극이 존재하며, 사회는 실재가 아니라 상징적인 것의 질서 속에서 제도화되기 때문이다.[31] 따라서 정치적인 것을 사유한다는 것은 경험적이거나 규범적인 것이 아니라 상징적인 것이라고 명명한 것들을 드러내는 작업이다.

---

31) 상징적인 것, 혹은 실재를 넘어선 표상의 세계에 대한 이와 같은 이해는 르포르가 메를로-퐁티로부터 받아온 것이다. Alain Caillé, "Sciences sociales et philosophie politique," *La démocratie à l'œuvre: Autour de Claude Lefort*, dir. Claude Habib et Claude Mouchard, Paris: Esprit, 1993.

철학자는 체제와 사회형태 속에서 계급, 집단, 조건을 분화시키고 그들의 관계를 설정하는 방식, 그리고 동시에 공존의 경험이 정렬되는 기능을 하는 표식들, 즉 경제적·법률적·미학적·종교적 표식들의 구분방식이 합당한 이유를 갖도록 하는 내재화의 원칙을 찾는다(*EP*, 257).

사회의 상징적 축은 세계와 상징적인 것의 관계를 결정짓는 원칙들의 총체와 동일하다. 한 사회를 이해한다는 의미는 그 사회의 제도와 그 제도를 발생시키는 원칙을 이해한다는 의미이다. 그런 의미에서 르포르는 사회에 대한 역사적 차원의 이해를 강조하고 '정치사'의 의미를 부각시킨다.[32] 르포르가 말하는 정치사는 상징적인 축으로 간주되는 권력을 중심에 놓으면서 권력의 결정-형체화détermination-figuration에 영향을 미치는 전환들을 이해하고 분석한다(*EP*, 126). 이렇듯 근대 사회에 대한 정치적 정의라는 개념을 통해 르포르는 제요소의 분화와 절합의 원칙, 사회 속에서 인간들이 공존하는 형태에 대한 원칙을 파악하고자 했던 것이다.

---

[32] 로장발롱의 작업 역시 프랑스혁명 이후의 정치사 작업을 통해 프랑스 근대 민주주의의 역사를 분석하는 것이라고 할 수 있다. 로장발롱은 "민주주의는 역사를 갖는다"(la démocratie a une histoire)라고 말할 수 있을 뿐만 아니라, "민주주의가 하나의 역사이다"(la démocratie est une histoire)라고 말해야 한다고 주장하기까지 한다(Rosanvallon, *Pour une histoire conceptuelle du politique*, p.17. 또한 다음을 참조하라. Pierre Rosanvallon, *Le Modèle politique français: La société civile contre le jacobinisme de 1789 à nos jours*, Paris: Seuil, 2004). 그런데 사실 정치사에 대한 이런 강조는 전체주의 논쟁 등을 거치면서 친밀해진 퓌레의 작업에서도 이미 두드러진다.

2. 민주주의와 근대성

1) 민주주의혁명

상징적인 것과 정치사를 통해 근대 사회를 이해하려는 작업 속에서 르포르는 지난 세기 이래 근대 사회의 역사를 '민주주의혁명'과 동일시한다. 즉, 토크빌을 따라서 '민주주의혁명'이라는 개념으로 민주주의 사회의 도래를 근대성과 일치시킨다. 민주주의혁명을 근대성 자체와 일치시킨다는 의미는 민주주의가 더 이상 초월적인 것에 근거하지 않음을 의미하는 것이다. 이것은 르포르가 '부르주아 민주주의'라는 표현을 기각하면서 근대성 자체를 민주주의로 이해하려는 시도에서 비롯된 것이다(*EP*, 35).[33] 이렇게 부르주아 민주주의라는 용어를 기각함으로써 르포르는 "민주주의적 논리로부터 유래된 것과 지배의 논리로부터 유래된 것"[34]을 구분하자고 제안한다. 르포르는 민주주의를 권력분할 모델 등 제도나 체계의 차원에 의해 정의하는 것이 아니라(지배의 논리), 인간의 공존방식을 질서지우는 틀에 의해 정의하려 한다(민주주의적 논리). 요컨대 민

---

33) 토크빌의 민주주의 개념에 대한 해석은 다양하게 존재해왔다. 특히 1970년대 프랑스 지식인들이 전체주의에 대해 치열한 논쟁을 벌이는 가운데 토크빌의 민주주의 개념뿐만 아니라 민주적 전제정(despotisme démocratique)이라는 개념 역시 주목을 받는다. Marcel Gauchet, "Tocqueville, l'Amérique et nous : Sur la genèse des sociétés démocratiques," *Libre: Politique, anthropologie, philosophie*, no.7, (Mars) 1980 ; 홍태영, 『국민국가의 정치학』, 특히 4장(「토크빌과 민주주의의 역설」)을 참조할 것.
34) Claude Lefort, *Un homme en trop: Reflèxions sur l'archipel du Goulag*, Paris: Seuil, 1975, p.198.

주주의는 자유주의 국가와 동일시될 수 없으며, 정부의 형태가 아닌 사회의 형태forme de société이다.

르포르는 인격적 권력pouvoir personnel과 비인격적 권력pouvoir impersonnel을 구분한다(*EP*, 38).35) 비인격적 권력은 비가시성에 의해 어디에나 편재하는 권력으로서 표상되며 인간들에 대한 지배력을 강화한다. 르포르는 민주주의적 권력이 인격적 권력인 군주권력을 파괴하고 등장했지만, 민주주의적 권력이 비인격적 권력(즉, 인격적 권력의 부재)만으로 환원되지는 않는다고 말한다. 그것은 왕의 신체를 통해 형상화됐던 공동체의 본질이 이제는 동일한 빈 공간을 통해 등장함을 의미하기 때문이다. 군주제에서는 권력이 군주의 인격 속에 체화되고, 군주는 자신의 신체 속에서 왕국의 질서의 원칙을 응축하고 있다. 르포르에 따르면 근대 사회는 해방운동이, 가령 프랑스 인민들이 루이 16세의 목을 쳤듯이 권력을 새롭게 위치지움으로써 시작됐다. 바로 이 과정이 민주주의의 확정과

---

35) 흔히 이 부분은 칸토로비치(Ernst Hartwig Kantorowicz, 1895~1963)의 '왕의 두 신체'라는 개념과 유비되어 언급되곤 한다. 하지만 르포르는 칸토로비치에 의존하지 않고 다른 맥락에서 이야기를 전개하고 있다. 칸토로비치는 왕이 보통 인간으로서의 자연적 신체(the body natural)와 공공선을 구현하는 정치적 신체(the body politic)라는 두 개의 신체를 가지는데 이것들은 왕에 의해 하나로 결합된다고 말한다. 따라서 왕의 자연적 신체가 사라져도 주권국가의 영속성 혹은 신성성은 유지될 수 있다는 것이다. 이런 칸토로비치의 논의는 사실상 근대 국가 형성의 형이상학적 비밀을 풀어주는 역할을 했다(Ernst H. Kantorowicz, *The King's Two Bodies: A Study in Medieval Political Theology*, Princeton, N.J.,: Princeton University Press, 1957). 그러나 르포르는 칸토로비치와는 다른 맥락에서 논의를 펼치고 있다. 무엇보다 르포르에게 비인격적 권력의 등장은 근대 국가의 특징이면서 동시에 민주주의적 과정으로 파악되고 있기 때문이다.

정이며, 민주주의혁명이다. 따라서 민주주의의 혁명적 특징은 권력의 장소가 빈 공간이 된다는 것(EP, 27), 즉 그 어떤 통치자도 권력을 전유할 수도 체화할 수도 없게 된다는 것이다. 이런 빈 공간의 출현과 정치적 자유의 제도화가 결합되면 그 과정 속에서 누구의 권력도 아닌 민주주의적 권력이 탄생한다(EP, 268).

이렇게 탄생한 민주주의의 특이성 가운데 하나는 "상징적인 것le symbolique과 실재적인 것le réel의 분리가 이뤄진 체제"라는 점이다(EP, 39). 전통 사회에서는 군주와 사회가 하나의 몸이었기에 상징적인 것과 실재적인 것의 분리가 부정됐다. 그러나 민주주의는 권력과 사회가 서로 거리를 유지할 수 있게 만들었다. 이제 사회는 자신의 자율적인 영역을 갖게 되며, 권력은 법이 허용하는 범위에서만 자신의 행위를 옮길 수 있는 것이다. 어떤 경우에도 민주주의 사회에서는 권력과 사회의 동일시가 발생하지 않는다.

군주제의 권력이 세계를 질서짓는 근원을 초월적 근거에서 찾았다면, 민주주의의 권력은 초월적 근원으로 나아가지 않는다. 민주주의적 권력의 장소는 인민주권이라는 표상에 근거한다. 즉, 인민이 주권자이다. 그러나 그 어떤 개인도, 계급도, 집단도 그 권력에 결정된 형상을 부여하거나 현실화시킬 수 없다(르포르가 특정한 계급을 강조하는 '부르주아 민주주의'라는 표현을 기각하는 이유도 이 때문이다). 민주주의적 권력은 형상화될 수 없는 것이다. '빈 공간'이라는 지칭은 적극적인 결정화結晶化가 없는 사회, 하나의 공동체의 형상 속에 표상될 수 없는 사회라는 것과 일치된다"(EP, 266). 사회질서는 결정될 수 없으며, 결정화된 형태 속에 정지할 수 없다.

그러므로 민주주의의 탄생은 상징적 질서의 변동을 의미하며, 권력의 새로운 위상을 증언한다. 이처럼 르포르의 독창성은 민주주의를 권력에 의해 결정된 형태가 아니라 특정한 상징적 특성으로 제기한다는 점에 있다.[36]

인간 사회의 초월적 근거가 상실되고 확실성에 대한 지표가 사라짐은 '비결정'이라는 개념으로 정리된다. 빈 공간으로서 민주주의적 권력은 좋은 사회라는 환상, 완벽하게 완성된 사회 모델의 존재라는 믿음에 대한 포기이다. 르포르는 토크빌이 제시한 민주주의의 모호성에 주목한다. 조건들의 평등으로 정의된 민주주의는 우선 개인에 대한 확정이라는 결과와 동시에 무명의, 그리고 주권적인 힘에의 종속이라는 결과를 가져온다. 민주주의 사회는 권력을 합체할 수 없고désincorporé, 전유할 수 없는inappropriable 빈 공간으로 만들면서 결국 법률, 지식, 권력의 근본이라는 것이 불확실하다는 점을 보여준다. 따라서 비결정성의 의미는 "사물, 역사, 사회적 삶과 타인의 작업, 불화와 모순, 파편들을 세밀하게 점검하는 것이다. 그것이 바로 의미의 비결정성의 표시이며, 우리로 하여금 지식의 불가능성과 패쇄의 시련에서 벗어나게 하는 것이다."[37]

근대 사회에서는 이렇게 정치권력이 사회의 '내부'에 한정된다. 즉, 정치권력의 기원은 사회이며, 그 권력이 행사되는 공간 역시 그 사회이다.[38] 권력의 새로운 위치는 이제 사회질서가 인간에

---

36) Caillé, "Sciences sociales et philosophie politique," p.57.
37) Lefort, *Les Formes de l'histoire*, p.9. 이렇듯 형이상학적 해체의 전략을 취하지 않는다는 의미에서 르포르에게 포스트모더니즘은 전혀 보이지 않는다.

외재적인 어떤 힘의 작품이 아니라 그 자체의 고유한 결과라는 것을 보여준다. 정치권력은 더 이상 초월적인 힘에 대한 순응에 기대 자신의 존재나 행위를 정당화할 수 없다. 정치적인 것과 신화적·종교적인 것과의 분리가 발생함으로써 이제 권력은 법, 지식, 자기 정당화의 기초를 제공할 수 없다. 그것들은 권력으로부터 정당성을 부여받을 수 없는 것이다. 사회적인 것에 대한 지식으로서 사회과학이 탄생하는 것은 이런 배경에서이다. 사회과학은 권력에 대해 지식의 고유성이라는 근대적 원칙을 확정한다.

2) 전체주의와 민주주의

『민주주의적 발명』의 서문에서 말하고 있듯이, 르포르는 "전체주의에 대해서 묻지 않고서는 우리 시대의 정치적 삶에 대한 인식에 한 발짝도 다가설 수 없다"는 확신 속에서 전체주의를 이해하고 사유한다. 그만큼 전체주의는 르포르의 정치철학을 이해하는 데 중심적인 주제이다. 르포르에게 전체주의는 단순한 하나의 정치체제 이상의 것이었다. 근대성의 거대한 정치적 사실들을 경제적 혹은 법률적이 아니라 정치적으로 해석한다는 기획을 갖고 있었던 르포르에게 전체주의는 근대성의 특수성을 이해하는 데 특권화된 우회로였다. 다시 말해서 전체주의란 근대성과 분리될 수 없는 독특한 역사적 계기로서, 전체주의에 대한 이해가 곧 근대성에 대한 이해라고 생각했다. 따라서 민주주의를 말하면서 그리스를 말하지 않

---

38) Lefort, *Les Formes de l'histoire*, p.283.

을 수 없다고 했던 아렌트와 달리 르포르에게서 고대 민주주의에 대한 언급은 거의 찾아볼 수 없다.

르포르에게 민주주의와 전체주의는 정반대의 위치에 놓여 있다. "수세기 동안 달려오고 자신 앞에 미래가 놓여 있는" 민주주의 혁명에 맞서 전체주의의 반혁명은 "새로운 인간을 창조하고, 분열 없는 사회의 건설이라는 신화를 만들어내고, 분쟁을 제거하고, 개인과 집단을 거대한 강제의 망 속에 종속시키면서 사회적 관계를 경화시키는 시도"였다(*ID*, 29~30). 마키아벨리 독해에서 도출한 '사회적 분리의 불해소성'을 누구(특정한 인물이나 세력)에 의한 권력 영유의 불가능성으로 해석한 르포르는 이런 인식을 통해 민주주의와 전체주의를 비교한다. 사회주의 대 자본주의라는 대립구도보다는 민주주의 대 전체주의라는 대립구도를 통해 동구와 서구의 나라들을 보기 시작했고, 그 가운데서 근대 민주주의에 대한 개념을 정리했던 것이다.

1950년대에 『사회주의냐 야만이냐』를 통해서 르포르가 행한 소련 비판은 트로츠키의 『배반당한 혁명』(1936)의 연장선상에서 이뤄졌다. 소련은 사회주의가 아니라 지시자와 행위자라는 새로운 분업체계를 만들어낸 관료자본주의이며, 관료제란 새로운 기생계급이고, 이런 분업체계와 새로운 지배계급을 철폐하고 파괴하는 것이 새로운 혁명의 과제라고 제기한 것 등이 당시 작업의 주요 내용이었다.[39] 르포르는 이 과정에서 전체주의를 기생계급으로서의 관료제에 고유한 정치체제와 동일시했다. 이런 규정과 더불어 르포르는 더 구체적으로 전체주의를 묘사했는데, 1956년에 쓴 글의 제목이 말해주듯이 이것은 스탈린 체제를 넘어선 '스탈린 없는 전체주의,' 즉 더 일반화된 전체주의에 대한 정의였다.

우선 르포르는 전체주의를 단순히 정치적 현상으로 규정한 것이 아니라 "총체적인 사회적 현상"으로 규정했다.[40] 이것은 전체주의 권력의 특징에서 유추되는 것이다. 전체주의 권력은 하나의 권위 속에 권력이 집중되고, 지시의 통제 속에 모든 활동이 부과되고, 반대파의 제거를 통해 개인과 집단이 통제되는 특징을 갖고 있다. 전체주의의 또 다른 특징은 전체주의 정당에서 나온다. 당과 국가의 일치, 당-국가의 출현은 지극히 새로운 현상이다. 르포르는 전체주의 정당을 새로운 경제적 관리의 필요성과 새로운 역사적 해결방식의 정교화가 작용하는 장소로 파악했는데,[41] 이렇게 정치권력이 급격히 확대되면 독자적인 영역으로서의 정치는 실종된다. 이렇듯 1950년대 르포르의 소련 사회주의 비판은 사회화의 양식에 대한 비판, 즉 공산주의의 관점에서 사회화의 오류, 관료제, 새로운 지배집단의 출현을 비판한 것이었다.

그러나 전체주의에 대한 논의가 재개된 1970년대에 이르러[42] 르포르는 사회화 자체를 문제시하며, 이를 통해서 민주주의와 전

---

39) Miguel Abensour, "Réflexions sur les deux interprétations du totalitarisme chez Lefort," *La démocratie à l'œuvre: Autour de Claude Lefort*, dir. Claude Habib et Claude Mouchard, Paris: Esprit, 1993.
40) Claude Lefort, "Le totalitarisme sans Staline," *Socialisme ou Barbarie*, no. 19, (Juillet-Septembre) 1956; *Éléments d'une critique de la bureaucratie*, Genève/Paris: Droz, 1971, p.158.
41) Lefort, "Le totalitarisme sans Staline," p.175.

체주의는 사회적인 것의 상이한 제도화 양식이라는 결론을 내린다. 요컨대 기존의 소련 비판이 공산주의의 시각에서 이뤄졌다면, 이제는 공산주의·맑스주의와 단절하고 민주주의의 시각에서, 그리고 정치적인 것의 시각에서 비판이 이뤄지는 것이다.

르포르는 앞서 언급한 정치적인 것이라는 개념을 통해 전체주의를 새롭게 정의하는데, 이것은 민주주의의 특징인 '비결정성'이나 '빈 공간'으로서의 권력 같은 개념에 비추어 전체주의를 새롭게 보는 것이다. 민주주의가 권력을 위한 계급끼리의 투쟁 속에서 존재하고, 권력이 그런 영속적인 투쟁의 공간으로 작용한다면, 전체주의는 투쟁의 부정을 통한 사회화의 양식이다. 전체주의에서는 일자/하나로서의 인민peuple-Un과 사회적인 것의 총체로서의 당에 대한 표상이 일치된다. 결국 그것은 르포르가 '일인 통치자' Egocrate

---

42) 1950년대에도 아렌트를 위시로 브레진스키와 프리드리히 등의 전체주의 분석이 있었지만 냉전 분위기 속에서 별 영향력은 없었다. 한나 아렌트, 박미애·이진우 옮김, 『전체주의의 기원』(1951), 한길사, 2006 ; Zbigniew Brzezinski and Carl Joachim Friedrich, *Totalitarian Dictatorship and Autocracy*, Cambridge : Harvard University Press, 1956. 이미 아롱의 『민주주의와 전체주의』(1965)가 있었지만, 프랑스 지식인들 사이에서 전체주의 논쟁이 촉발된 것은 1972년 아렌트의 『전체주의의 기원』이, 1974년 알렉산드르 솔제니친의 『수용소 군도』(1973)가 프랑스어로 속속 출간된 것이 계기가 된다. 이후 오랫동안 프랑스 지성계를 지배했던 맑스주의 역시 루이 알튀세르의 "드디어 맑스주의의 위기가"라는 표현처럼 한계를 드러내면서 맑스주의의 이름으로 행한 것들(특히 스탈린주의)에 대해 맑스주의적 설명을 제시하지 못했다. 그런 까닭에 전체주의에 대한 설명이 정치적인 것의 자율성을 확보하면서 정치철학의 개념을 통해 이뤄진 것은 당시의 성과로 평가됐다. Luc Ferry et Évelyne Pisier-Kouchner, "Le totalitarisme," *Traité de science politique, 2: Les régimes politiques contemporains*, dir. Madeleine Grawitz et Jean Leca, Paris : PUF, 1985.

라고 부르는 전능한 권력(자)의 출현으로 표상된다. "표상들의 연쇄는 …… 인민에서 프롤레타리아트로, 프롤레타리아트에서 당으로, 당에서 지도부로, 결국 지도의 일인 통치자로의 동일시를 발생시킨다. 각각의 경우 하나의 조직은 전체인 동시에 전체를 구성하고 제도화하는 분리된 부분이다"(ID, 174~175). 이렇듯 전체주의는 근대 권력의 '빈 공간'을 채우려는 시도이다.

근대성의 형성과정을 민주주의혁명으로 이해한 르포르는 그 혁명의 일탈이 전체주의라고 파악한다. 다시 말해서 전체주의란 단순한 우연이 아니라 민주주의의 정치적 매트릭스에 내재된 것으로서(ID, 104), '민주주의적 모험'에 가능한 하나의 귀결점이라는 것이다. 따라서 전체주의는 민주주의의 연장선상에서, 그러니까 민주주의에 대한 인식과 그것의 모호성에 근거해 인식할 수 있다. "전체주의는 그것이 민주주의와 맺은 관계를 포착하는 조건 속에서 분명히 인식될 수 있다. …… 전체주의는 민주주의로부터 발생했다. 전체주의는 민주주의를 전복하는 동시에 그것의 특징을 환상적으로 확장한다"(ID, 178).

전체주의는 민주주의의 근원인 비결정성을 제거하면서 사회에 단일성을 부여한다. 예를 들어 시민이라는 비결정의 형상에 프롤레타리아트 혹은 아리안족을 대치시키는 등 공동의 정체성을 통해 사회를 하나로 형성시킨다. 인민의 실제적 동일성을 요구하는 것은 그것의 단일성을 확정하는 것과 분리될 수 없다. 요컨대 프롤레타리아트는 인민이며, 당은 프롤레타리아트이며, 정치국은 당이며, 결국 일인 통치자는 정치국이다. 스탈린은 "국가는 나다"가 아니라 "사회는 나다"라고 말한다. 이렇게 본다면 전체주의는 민주주의혁명을 통해 분리된 것들을 다시 복원시키는 근대적 시도라고 할 수 있다. 전통 사회에서 상징적인 것과 실재적인 것의 분리가 부정된 것은 세계의 변화에 있어서 인격적 권력을 부정한다는 의미였다. 그러나 전체주의 사회에서 상징적인 것과 실재적인 것의 분리가 부정되는 것은 사회적인 것을 제도화하는 권력과 인간의 권력을 동일시한다는 의미인 셈이다. 그런 까닭에 '일자/하나로서의 인민'이라는 표상은 정치적 적대자나 불순세력을 철저하게 배제시키도록 한다. 타자는 동지 아니면 적일 뿐이다. 따라서 테러는 이들의 전체주의 논리 속에 이미 내재되어 있는 것이다.[43]

3) 인권의 정치

전체주의가 인간의 권리를 침해하면서 건립된 것이라면, 인간의 권리는 민주주의와 불가분의 관계를 갖는다. 왜냐하면 인간의 권리는 민주주의적 공적 공간의 구성요소가 되는 것이기 때문이다. 흔히 전체주의 국가에서 인간의 권리를 침해해온 사건들은 "공적인 생각이나 말을 자신의 틀에 맞추는 것이며, 공적 공간을 포위해 권력의 사적인 공간으로 전환시키는 것"이었다(*ID*, 59). 인간의 권리를 공적 공간의 구성요소로 파악하는 르포르는 인간의 권리가

---

43) 이렇듯 르포르는 전체주의 체제에서 테러(terreur)를 본질적인 것으로 본다. 이와 달리 카스토리아디스는 관료주의적 권력이 노동자계급에 대한 착취를 완전하게 하고, 자기 스스로를 방어하려는 수단이 바로 테러라고 파악한다. Cornelius Castoriadis, *La Société bureaucratique*, Paris: Bourgois, 1990.

개인들 각자에게 부착된 권리로 이해되는 것을 비판한다. 요컨대 인간의 권리를 기존의 주류적 전통과는 달리 자연주의적 관점이나 소유적 관점에서 읽기를 거부한 것이다.

인간의 권리를 개인의 권리로 좁게 이해하면 민주주의를 단순히 개인과 국가의 관계로 환원시키게 된다. 그래서 르포르는 1789년의 「인간과 시민의 권리선언」(이하 인권선언)에 나타난 조항들이 개인 자체에 부가된 권리라는 의미에서의 '개인적 자유'라기보다는 '관계의 자유'라고 본다. 즉, 자유는 민주주의적 개인들 사이의 관계를 형성시키는 관계형태의 자산이다. 인권선언 4조가 말하는 자유는 사회적 공간이 권력에 대해 권리들의 자율성을 향유한다는 의미이자, 어떤 것도 그 공간을 지배할 수 없다는 의미이다. 그리고 11조 역시 근대 민주주의 사회의 시민으로서 나 자신은 나의 생명과 재산에 위협을 느끼지 않으면서 의견을 말하고 표현할 수 있는 권리를 의미한다.[44] 르포르는 이런 권리들의 근원과 목적이 개인과 그 존엄성에 대한 보호라기보다는 개인들끼리의 공존형태, 특히 권력의 전능함이 인간 상호간의 관계를 침탈할 수 있을 것이라는 우려에서 비롯된 특정한 공존형태에 대한 정치적 개념이라고 봤다. 따라서 이런 권리들은 국가로부터 자율적인 시민사회의 존

---

44) 인권선언 4조와 11조는 다음과 같다. "자유는 타인에 대해 해를 끼치지 않는 모든 것을 할 수 있는 것을 의미한다. 따라서 각 개인의 자연권 행사는 사회의 다른 구성원에게 동일한 권리의 향유를 보장한다는 경계를 가질 뿐이다. 이 경계는 법률에 의해서만 결정될 수 있다"(4조), "생각과 의견의 자유로운 소통은 인간의 가장 중요한 권리 중 하나이다. 법률이 이런 자유의 남용이라고 정하는 경우를 제외하고 모든 시민은 자유롭게 말하고, 쓰고, 출판할 수 있다"(11조).

재와 분리될 수 없다. 민주주의적 권력은 "권력의 영역, 법률의 영역, 그리고 인지의 영역 사이의 분리"를 공언한다.

18세기에 형성된 인간의 권리는 사회 위에 군림하는 권력의 표상을 붕괴시키는 자유의 요구로부터 출현한 것이다. 인간의 권리는 권리와 권력의 얽힘을 해체시키며 등장한 것으로서, 오히려 권력이 권리에 순응해야 함을 의미한 것이다. 예를 들어 저항권은 시민 고유의 일이지 결코 국가에 그것의 보장을 요구할 수 있는 것이 아닌 것이다. "인간의 권리는 권리와 권력의 탈구를 의미한다. 권리와 권력은 동일한 축 속에 응축되지 않는다. 권력이 스스로를 정당화하려면 권력은 권리에 순응해야 한다"(*EP*, 43).

여기에서 르포르는 권력에 대한 권리의 선차성을 이야기하고 있다. 기독교 군주국가의 경우 왕은 다양한 기존의 권리(단적으로 성직자, 귀족, 도시, 조합 등의 권리)를 존중했고, 그런 권리와의 협약이 군주제를 구성했다. 반면에 근대 사회에서 "권리는 권력에 대해 일종의 외재성을 형상화한다"(*ID*, 66). 더 구체적으로 말하면, 권리의 기초의 외재성이란 권력이 권리에 어떤 영향도 미칠 수 없게 만드는 것을 의미한다. 이렇게 인간의 권리는 생각, 의견, 말, 글의 소통과 순환에 있어서 법이 정하는 특정한 경우를 제외하고는 그것을 종속시킬 수 있는 어떤 권력이나 권위도 존재할 수 없음을 의미한다.[45] 물론 르포르는 정치적 자유의 행사를 위한 새로운 권리의 발생이 국가의 규제적 힘을 증가시킬 수 있음을 인정한다(*EP*, 49). 그래서 르포르는 공적 영역에서 이뤄지는 여론과의 동의가 새로운 통제수단으로서 필요하다고 주장한다.[46]

권리는 민주주의적 공간을 형태짓는 계기이다. 민주주의 사회는 가장 기본적인 인간의 권리라는 규칙에 의해 움직이는 공론장을 구성한다. 인간의 권리는 개인에 있지 않다. 민주주의 사회의 구성원으로서 개인은 법률의 보호를 받게 된다. 사상, 표현, 집회의 자유 등은 개인의 속성이 아니라 관계의 자유, 간단히 말해서 민주주의적 공론장의 속성을 형성한다. 인간의 권리는 민주주의 속에서만 전개될 수 있다.[47] 인간의 권리는 인간적 관계를 형성하고 그 형태가 정치적 범위를 형성할 때 정당한 형태를 갖는 셈이다. 권리는 법률 역시 문제시한다. 법률에 의해 형성된 실증적인 권리가 법

---

45) 르포르의 이런 문제제기와 함께 권리와 권력의 관계가 쟁점이 됐다. 예를 들어 고쉐는 권리와 권력의 강한 연관성을 주장하면서 르포르의 '인권의 정치'를 비판한다. 즉, 권리는 권력을 통해서만 존재할 수 있으며, 역사적으로 그러했다는 것이다. 특히 고쉐는 프랑스혁명과 전체주의의 경험이 그것을 증명한다고 주장했다(Marcel Gauchet, "Les droits de l'homme ne sont pas une politique," *Le Débat*, no.3, (Juillet-Août) 1980; *La Révolution des droits de l'homme*, Paris: Gallimard, 1989). 발리바르 역시 인권의 정치를 통한 민주주의 경계의 확장을 주장하지만 그것은 보다 전복적인 의미에서이다. 현대 민주주의와 인권의 정치의 다양한 모색에 대해서는 다음을 참조하라. 홍태영, 「인권의 정치와 민주주의의 경계들」, 『정치사상연구』(제15집/1호), 한국정치사상학회, 2009.
46) 르포르에 따르면, 프랑스의 정치적 자유주의는 전제권력에 대한 비판과 더불어 형성됐다는 점에서 경제적 자유주의와 구별되는 것이다. 그 중에서 벵자맹 콩스탕이 인민의 절대적 주권을 비판하는 데 한정됐다면 토크빌은 한걸음 더 나아가 민주주의적이고 혁명적인 중용의 특징을 찾으려 했는데, 특히 사회권력(pouvoir social)이 그런 것이었다. Lefort, *Essai sur le politique*, pp.198~199.
47) 비결정의 정치철학을 추구하는 르포르는 '인간의 권리'에 대한 규범적 토대를 찾지 않는다. 그것은 메를로-퐁티의 몸(corps) 철학으로부터 받은 영향 때문이기도 하다. 이와 달리 뤽 페리와 알랭 르노는 동일하게 인권정치의 가능성을 보지만, 근대 자연권에서 그 규범적 토대를 찾고 있다. Luc Ferry, "De la critique de l'historicisme à la question du droit," *Rejouer le politique*, dir. Philippe Lacoue-Labarthe et Jean-Luc Nancy, Paris: Galilée, 1981; Luc Ferry et Alain

률을 문제시하는 것이 아니다. 그보다는 민주주의적 공론장을 구성하는 권리로부터 법률이 형성된다. 권리의 근원은 권력의 빈 공간 이외의 다른 것이 아니다. 이렇듯 르포르의 민주주의에 대한 방어는 권리의 지위에 대한 새로운 평가로 이어진다. 권리와 민주주의의 형태는 동일한 하나의 운동 속에서 제기된다. 인간의 권리의 출현은 새로운 공적 공간, 생각의 자유로운 순환과 소통의 공간으로서 등장한다. 따라서 르포르는 이렇게 말한다. "인간의 권리의 제도들을 인정하는 것은 공적 공간의 새로운 정당성 형태가 출현했음을 나타낸다"(*EP*, 42).[48]

3. 정치적인 것의 프리즘을 통해 본 근대 정치의 흐름

르포르라는 한 프랑스 지식인의 지적 여정을 추적하면서 그 문제설정problématiques의 변화를 살펴보는 작업은 동시에 프랑스 지적 맥락의 변화를 살펴보는 작업이기도 하다. 제2차 세계대전을 거치면

Renault, "Penser les droits de l'homme," *Esprit*, (Mars) 1983. 이들의 차이에 대해서는 다음을 참조하라. Dominique Leydet, "Phénoménologie du politique, normativité et droits de l'homme," *Canadian Journal of Political Science*, vol.26, no.2, (July) 1993.

48) 르포르가 맑스의 「유대인 문제에 관하여」("Zur Judenfrage," 1844)를 비판한 이유가 이 때문이다. 즉, 맑스는 '인간의 권리'를 부르주아지의 이기적 권리로만 이해했을 뿐 민주주의혁명의 과정과 인간의 권리가 가지는 실천적 능력, 특히 공적 공간에의 접근을 위한 새로운 양식으로서의 의미에 무지했다는 것이다. Lefort, *L'invention démocratique*, pp.52~62.

서 제기된 다양한 문제 중 하나는 '인간의 죽음'이었다. '아우슈비츠 이후' 우리는 무엇을 할 수 있을 것인가라는 테오도르 아도르노의 반문처럼 '주체'의 문제가 새롭게 제기됐고, 그 흐름이 포스트모더니즘이라는 사조를 이뤘다. 르포르는 전체주의의 문제에서 출발했다는 점에서 동일한 출발을 했지만, 다른 방식의 해결책을 택했다. 르포르는 마키아벨리, 토크빌이라는 독창적인 정치철학자들을 통해 근대 정치의 과정을 민주주의로 파악했고, 정치적인 것이라는 프리즘을 통해 근대 정치의 흐름을 이해하고자 했다.

정치적인 것의 발견, 인권의 정치를 통한 근대 민주주의의 활로 모색 등은 르포르가 주요하게 프랑스의 정치사를 들여다보면서 자신의 문제의식에 많은 영감을 받았다는 사실을 보여준다. 그러면서 르포르는 프랑스의 정치적 자유주의 전통을 영미의 경제적 자유주의와 구별해 강조한다. 프랑스의 정치적 자유주의는 전제권력에 대한 거부를 통해 형성됐고, 정치적 자유를 강조한다는 점에서 고유성을 가지고 있다. 그리고 그것의 구체적인 실현을 위해 사회적 권리와 공화주의적 연대 등을 추구해왔다.[49] 물론 정치적인 것을 통한 현대 민주주의의 다양한 모색은 아직도 진행형이다. 퓌레가 자신의 마지막 저서에서 "또 다른 사회를 건설하려는 사유가

---

49) 1980년대 신자유주의의 세계적 확산에 거슬러 프랑스에는 사회당 정권(프랑수아 미테랑)이 들어선다. 사실 1970년대 이후 프랑스 사회주의는 상당 부분 자유주의와의 친밀성을 보여왔고, 프랑스의 정치적 자유주의는 사회주의적 요구를 수용해왔다. 그것이 1980년대 사회당의 권력 장악을 가능케 한 '사회적 자유주의' 혹은 '자유사회주의' 경향일 것이다.

불가능하게 됐음"을 선언하면서 자유주의의 수용을 이야기했을 때, 르포르는 "비록 공산주의가 과거에 속하지만 공산주의의 문제는 우리 시대의 중심에 남아 있다"고 반박하며 퓌레와 분명한 선을 그었다.[50] 르포르가 제기한 정치적인 것의 개념 자체가 열려진 공간과 무한한 가능성을 제기한다.

이런 의미에서 르포르의 정치적인 것에 대한 사유와 인권의 정치를 통한 현대 민주주의의 새로운 모색은 신자유주의의 강세라는 현재의 상황에서 '정치'를 재고할 수 있는 계기를 마련해줄 뿐만 아니라, 세계화라는 상황이 가져온 국민국가 경계의 불확정 속에서 민주주의의 경계를 확장할 수 있는 실마리를 제공해준다.[51] 또한 자유주의를 정치적으로 확장하고자 하는 르포르의 독창적인 자유주의 해석 역시 프랑스의 정치사와 정치사상을 새롭게 보게 하는

---

50) François Furet, *Passé d'une illusion: Essai sur l'idée communiste au XXe siècle*, Paris: Calamnn-Lévy, 1995; Claude Lefort, *Écrire: A l'Epreuve du politique*, Paris: Calmann-Lévy, 1992; *La complication: Retour sur le communisme*, Paris: Fayard, 1999.

51) 이와 관련해 르포르(그리고 카스토리아디스)의 사유를 바탕으로 프랑스의 민주주의적 공화정(democratic republic)과 미국의 공화주의적 민주정(republican democracy)을 비교하며 '9·11 이후'라는 정세 속에서 미국 정치사의 재조명을 시도하고 있는 딕 하워드의 작업은 좋은 전범이 될 것이다. Dick Howard, *The Specter of Democracy*, New York: Columbia University Press, 2002. 무엇보다 2부("공화주의적 민주정 혹은 민주주의적 공화정") 전체를 참조하라. 한편 20세기 후반, 특히 1989년을 전후로 가속화된 '정치철학의 소멸(쇠퇴)'이라는 상황에서 르포르의 정치철학이 보여주는 함의가 무엇인지를 살펴본 논의로는 다음을 참조하라. Flynn, *The Philosophy of Claude Lefort*, pp.xii~xxx. 플린은 (사르트르에서 질 들뢰즈·펠릭스 가타리를 경유해 자크 데리다에까지 이르는) 현대 프랑스 사상가들에 의한 '철학의 정치화'와 르포르의 정치철학이 어떻게 다른지에 대해서도 흥미로운 지적을 하고 있다.

역할을 하고 있다. 정치적인 것의 문제는 현재의 사회질서가 결코 외부적으로 주어지거나 자연적으로 형성된 것이 아니라 구성원들의 정치에 의해 형성되고 변환되어가는 과정임을 보여준다. 그런 의미에서 정치적인 것의 문제는 우리 공동체의 형성, 즉 공동체 구성원의 공존양식에 대한 공동체 구성원의 적극적인 고민으로부터 형성된다. 정치적인 것의 역사는 근대 민주주의의 역사이며, 민주주의적 주체들의 역사인 것이다.

알랭 바디우
진리와 평등으로서의 정의
장태순(파리8대학교 철학과 박사과정)

Alain Badiou

1937년 1월 17일 모로코의 라바트에서 태어남. 1956년 파리 고등사범학교에 입학해 철학과 수학을 공부하던 중 1960년 통일사회당 창당에 투신해 알제리 식민지배 정책을 비판함. 1967년 루이 알튀세르가 조직한 '스피노자 그룹'에 잠시 몸담았다가 1968년의 파리 5월 이후 마오쩌둥주의에 경도됨. 1969년 정부가 만든 실험대학 파리8대학-뱅센느의 철학교수가 된 뒤 기존의 마오쩌둥주의 정당을 비판하며 프랑스맑스레닌주의공산주의자연맹(UCF-ML)을 결성했고, 질 들뢰즈와 격렬한 논쟁을 벌이기도 함. 레닌주의나 마오쩌둥주의에 근거한 현존 사회주의체제의 문제점을 깨달은 1985년부터는 UCF-ML의 동료들, 특히 실뱅 라자뤼스, 나타샤 미셸과 함께 '정치조직'이라는 단체를 결성해 반인종주의·불법체류자를 위한 운동을 전개하기 시작함. 1989~95년 파리의 국제철학학교 프로그램 디렉터, 1999~2005년 고등사범학교 교수(철학과장)로 재직한 뒤 현재는 2002년 자신이 주도해 만든 국제프랑스현대철학연구소(CIEPFC) 대표로 있음.

알랭 바디우의 철학에서 정치는 특별한 위치를 차지한다. 마오쩌둥주의자로 활동하던 1960~70년대에 바디우는 철학과 정치를 사실상 동일한 것으로 봤다. 이런 입장은 1980년대에 들어와 큰 변화를 겪었고, 『존재와 사건』[1] 이래로 바디우의 철학에서 정치는 과학, 예술, 사랑과 동등한 지위를 가지게 되었다. 하지만 실제로 바디우의 저작들 중에서 가장 큰 분량을 차지하는 것은 정치에 관한 사유이며, 심지어 어떤 연구자는 그동안의 변화에도 불구하고 정치에 관한 바디우의 사유에서 결정적인 개념들(순수함, 독특함, 유적임 등)은 초기부터 현재까지 거의 같은 모습을 유지하고 있고, 변한 것이 있다면 그것은 본질적인 내용이라기보다는 전략적인 측면이라고 보기도 한다.[2]

바디우가 생각하는 정치가 어떤 것인지를 살펴보기 위해서 가장 근본적인 질문으로 시작해보자. 만일 바디우에게 "당신이 생각하는 정치란 무엇인가?"라고 질문을 던진다면, 많은 좌파 사상가들처럼 바디우는 이렇게 대답할 것이다. "정치란 세상을 변화시키는 것이다." 흔히 말하듯이 정치가 더 나은 사회를 만들기 위한 것이라면, 좋은 지도자를 뽑아 정부를 잘 운영하는 것으로는 이 목표에 도달할 수 없다는 것이 바디우의 생각이다. 문제는 사회의 구조 자체에 있기 때문에, 이것을 변화시키지 않는 한 사실상 아무것도 달라지지 않는다는 입장인 것이다.

---

1) Alain Badiou, *L'Être et l'Événement*, Paris: Seuil, 1988.
2) Peter Hallward, *Badiou: A Subject to Truth*, Minneapolis: University of Minnesota Press, 2003, p.30.

이런 대답에 대해 두 가지 의문이 제기될 수 있겠다. 첫째, 왜 정치는 반드시 변화여야 하는가? 제도를 잘 운영하고 부분적으로 개선하는 것으로는 진정한 의미의 정치가 될 수 없는 것인가? 둘째, 이런 입장을 받아들인다고 할 때, 사회구조의 변화는 어떻게 가능한가? 이 두 가지 질문에 대답하기 위해서는 약간은 복잡한 사유의 과정을 따라가야 한다.

1. 바디우 철학의 몇 가지 핵심

정치에 관한 사유에서 바디우의 궁극적인 문제의식은 사회[3]의 근본적인 변화가 어떻게 가능한지를 밝히는 것이다. 이를 위해서는 먼저 '근본적인 변화'가 무엇을 의미하는지 이야기해야 한다. 우리는 어떤 경우에 한 사회가 근본적으로 변했다고 말할 수 있을까? 학교를 예로 들어보자. 고등학교의 경우 매년 학생의 1/3이 교체되지만 누구도 매년 학교가 변한다고 말하지는 않는다. 교직원들이

---

[3] 이 글에서 쓰는 '사회'라는 표현은 바디우의 개념어로는 상황(situation) 또는 세계(monde)에 해당한다. 그러나 이에 대한 상세한 논의는 이 글의 범위를 벗어나므로 생략한다. 우리의 관심인 정치 문제에서 상황이란 '외부의 영향을 거의 받지 않고 독립적으로 기능하는 사회 단위' 정도로 이해하면 충분하다. 예를 들어 '한국사회'는 하나의 정치적 상황이지만, '서울'이나 '학생 사회'는 외부의 영향으로부터 독립적이지 않으므로 정치적 상황으로 생각하기 힘들다. 이런 까닭에 실제로 정치적 상황은 국가 단위와 거의 일치한다. 물론 우리는 국가체제 자체가 상황은 아니라는 점에 유의해야 한다. 국가체제는 '상황의 상태'(État de la situation)라는 다른 개념에 해당한다.

모두 바뀐다면? 처음 얼마 동안은 변화가 있는 것처럼 보일지도 모르겠지만, 곧 예전의 모습으로 돌아갈 것이다. 교과과정, 입시제도, 교사의 업무와 지위, 사제관계 등이 그대로인 한, 학교는 근본적으로 변하지 않는다. 여기서 중요한 것은 구성원 개개인이 아니라 그들이 놓여 있는 자리이며, 그것을 결정하는 구조이다.

    사회의 경우도 마찬가지이다. 한 사회가 정치적으로 근본적인 변화를 겪으려면 대통령이나 장관, 국회의원들이 다른 사람으로 바뀌는 것으로는 충분하지 않다. 정부조직이 개편되고 새로운 법률이 제정된다면 좀 더 많은 것이 달라지겠지만, 이것 역시 근본적인 변화를 가져오기는 힘들다. 정치제도나 법체계 같은 것들은 그 아래에 숨어 있는 사회구조의 영향을 받고 있기 때문에, 약간의 변동이 있을지언정 구조 자체가 변하지 않는 한 궁극적으로는 큰 변화를 이끌어내지 못한다.

1) 사건: 변화의 시발점

그렇다면 사회구조의 변화는 어떻게 가능한가? 선한 의지를 가진 개인들의 노력만으로는 불가능하다. 외부의 힘에 의한 변화도 고려대상이 아니다. 바디우의 설명에 따르면 변화가 일어나기 위해서는 어떤 사건이 필요하며, 이 사건에 충실하려는 노력을 통해 어떤 새로운 것(진리)이 만들어지는 과정을 거쳐야 한다. 이 말을 이해하려면 '사건'과 '진리'에 대한 설명이 필요하다.

    먼저 변화를 위해서는 사건이 필요하다는 점을 이야기하자. 이것은 바디우가 존재를 바라보는 입장과 관련이 있다. 간략하게 말하면 바디우는 존재를 변하지 않는 것, 고정되어 있는 것으로 본다. 이 점에서 바디우의 존재론은 존재가 스스로 생성·변화한다는 질 들뢰즈의 사고방식과는 다르다. 이런 정적인 존재로 이뤄진 세상에서 변화가 일어나려면 어떤 예외적인 일이 일어나야 한다. 바로 이것이 사건이다.

사건은 그 사회의 기존 질서를 벗어나는, 따라서 기존의 언어로는 설명이 불가능한 독특한 일이며 사회의 규율과 질서를 뒤흔들 만큼 큰 충격을 주는 일이다. 하지만 사건은 존재하는 것이 아니라 발생하는 것이기 때문에 잠시 나타났다가 사라져버리고 그 후에는 모습을 찾아볼 수 없다. 사건은 사회에 엄청난 충격을 일으키지만, 사회 전체에서 일어나는 것이 아니라 사회 내의 특정한 지점(반드시 공간적인 의미는 아니다)에서 발생하는 것이다. 또한 사건은 미리 계획하거나 예측할 수 없는, 완전히 우연한 일이다.

바디우가 자주 언급하는 정치적 사건의 예는 파리코뮌이다. 잘 알려져 있듯이 이 사건은 1871년 3월 18일부터 5월 20일까지 파리의 의용군(국민방위대)을 중심으로 한 시민들이 파리를 점령하고 통치했던 일이다. 이런 일은 그 전까지의 프랑스 정치질서에서는 볼 수 없었던 일로서, 기존의 질서를 전복시켰다. 하지만 이 일은 60여 일 동안 벌어진 후 사라졌으며, 파리라는 특정 지역의 특정한 사람들을 통해 진행됐다. 코뮌의 시작("의용군의 대포를 압수하라"는 정부의 명령과 이에 대한 반발)과 전개과정은 미리 계획된 것도 아니며, 누구도 예상할 수 없었던 순전히 우연한 일이었다. 이런 의미의 사건은 역사 속에서 적지 않게 찾아볼 수 있다. 멀리는 로마

시대 스파르타쿠스의 노예반란, 프랑스대혁명, 러시아의 10월 혁명, 최근의 일로는 중국의 문화대혁명, 프랑스의 1968년 5월 등이 있다. 우리나라의 경우라면 동학농민운동이나 1980년 5월 광주를 사건으로 볼 수 있을 것이다.

2) '새로운 것'으로서의 진리 개념

사건은 변화의 출발점이지만, 존재하는 것이 아니므로 얼마 후에는 사라져버린다. 사건으로부터 진정한 변화가 일어나려면 사회 안에 사건의 흔적이 만들어져야 한다. 그리고 실은 이 흔적을 만드는 과정이야말로 바로 사회구조를 변화시키는 과정이다.

철학(존재론)적으로 볼 때, 사회 안에 사건이 남긴 흔적은 이전에 존재하지 않았던 하나의 새로운 것(집합체)의 형태로 나타난다. 이 새로운 것의 등장이 사회구조를 변화시킨다. 새로운 것이 겨우 하나 늘어났을 뿐인데 사회구조가 달라지는 까닭은 구조 자체가 개개의 요소와 매우 긴밀하게 연결되어 있기도 하지만, 이 새로운 것이 다른 요소들과는 다른 특징을 갖고 있기 때문이기도 하다. 무엇보다 이 새로운 것은 보편적이다. 이는 그 사회의 모든 구성원이 이 새로운 것에 참여할 수 있음을 의미한다. 또한 이 요소는 '평등성'이라는 특징도 갖고 있다. 거기에 참여하는 모든 구성원은 그 안에서 동등한 지위를 가진다.

바디우는 이런 새로움을 '진리'라고 일컫는다. 왜 새로운 것이 진리인가? 진리라는 말을 이렇게 사용하는 것은 이상하게 보일지도 모른다. 일반적으로 진리 또는 참이라는 개념은 언어와 실제 사실이 일치하는 경우를 가리키는 것이기 때문이다. 예를 들어 누군가가 "이 사과는 빨갛다"라고 말했을 때, 그 사람이 가리키는 사과가 빨갛다면 우리는 그 말이 참이라고, 즉 진리라고 말한다. 이런 관점에서 보면 새로운 것을 진리라고 부르는 것은 부적절해 보인다. 하지만 진리라는 말은 '진실', 다시 말해서 사물의 '참모습'이나 '진상'眞相이라는 의미로 쓰이기도 한다. 예를 들어 루트비히 반 베토벤에 관한 진리, 즉 베토벤의 참모습을 말해주는 것은 무엇인지 생각해보자. 우리는 베토벤에 관해 사실과 일치하는 많은 말을 할 수 있다. "베토벤은 남자이다.", "베토벤은 본 출신이다.", "베토벤은 빈에서 살았다.", "베토벤은 독신이었다"라는 말은 모두 사실과 일치한다. 하지만 그 어느 것도 베토벤의 참모습을 말해주지는 못한다. "베토벤은 음악가이다"라고 말할 때 우리는 비로소 베토벤의 참모습을 말했다고 할 수 있을 것이다.

이런 의미의 진리라는 말은 거짓에 반대되는 것이 아니라 개개의 사실을 넘어서는 어떤 것을 가리킨다. 베토벤의 예에서도 볼 수 있듯이 우리는 어떤 문제에 대해서 사실과 일치하는 수많은 말을 주고받을 수 있지만, 그 중에서 문제의 본질을 이야기해주는 말은 매우 드물다. 신문이나 방송은 사회에서 일어나는 일들에 관한 수많은 사실을 전달하지만 그것들은 사회의 진정한 모습을 보여주지 못하며, 많은 경우 오히려 진실을 가려버리는 역할을 한다.

그렇다면 어떻게 한 사회의 진리를 얻을 수 있을까? 상투적인 대답은 "개별 사실들을 종합해 분석하고, 그 속에서 새로운 생각을 끌어낸다"일 것이다. 그러나 사실 이것은 불가능하거나 무의미한 일이다. 언어라는 것은 세계 안의 사물이나 사태를 가리키는 것이며 그럴 때만 의미가 있다. 그리고 사회는 특정한 구조를 가지고 있고, 사회 구성원들의 말과 행동은 그 구조를 벗어나지 못한다. 따라서 한 사회 속에서 오가는 말들은 구조 안에서 어떤 자리를 차지하는 사물이나 사태를 가리키게 된다. 하지만 이런 말들 중에서 어떤 것도 구조 자체나 사회 전체를 가리킬 수는 없다. 한 사회 안에 살고 있는 사람은 그 사회의 개별 대상은 볼 수 있지만, 그 대상들을 나타나게 하는 구조나 사회 전체는 볼 수 없기 때문이다. 누군가가 그런 것에 대해 말한다고 해도, 그것은 지시대상이 없는 말이므로 무의미하다. 바디우는 천재의 영감이 세계의 진실을 말해줄 수 있다고 믿지 않으며, 이런 의미에서 철저한 유물론자이다.

한 사회의 참모습을 말하는 일이 가능하려면 그 말이 가리키는 지시대상이 필요하다. 이 대상은 그 사회 안에 있지만 사회 자체는 아니며, 사회의 특정한 대상이나 부분이 아니라 사회 전체를 반영하는 보편성을 띠고 있어야 한다. 앞서 말한 '새로운 것'이 바로 이런 특징을 가지고 있으며, 그런 까닭에 바디우는 이것을 진리라고 부르는 것이다. 바디우가 말하는 진리는 말이 아니라 실체이며, 기존의 사회체제를 벗어나는 새로움이자 사회를 근본적으로 변화시키는 것이다. 바디우에게 있어 진리를 추구하는 것과 새로움을 창조하는 것, 세상을 변화시키는 것은 모두 같은 일이다.[4]

---

[4] 바디우는 진리를 만드는 과정으로 정치 이외에도 과학, 예술, 사랑을 이야기한다. 이 네 가지는 서로 다른 대상을 다른 방식으로 다루지만, 진리를 만든다는 점에서는 같은 종류의 활동이다.

3) 주체와 진리

지금까지 이야기한 내용을 정리해보자. 바디우가 생각하는 진정한 정치는 사회를 변화시키는 것이다. 그런데 사회는 정적인 구조를 가지고 있어 그 자체로는 변하지 않는다. 그러나 이 구조를 뒤흔들 만한 일, 즉 사건이 일어날 수 있다. 그리고 이 일을 계기로 어떤 새로운 것, 즉 진리가 만들어지면서 사회는 변하게 된다. 그렇다면 이제는 진리가 어떻게 만들어지는지를 살펴봐야 한다.

앞서 말했듯이 사건은 일어난 후에 곧 사라져버린다. 하지만 사건은 사회 안에 적어도 하나의 흔적을 남기는데, 그것은 사건의 이름이다. 이름은 사건의 본질적 요소 중 하나로, 모든 사건은 스스로를 '사건'이라고 선언하지 않는 한 아무리 큰 규모의 일이라도 구조 내에서 이해될 수 있는 일상적 일로 간주된다('소요,' '폭동,' '사태' 등). 반면에 사건은 구조를 벗어나는 독특한 것으로 나타나며, 따라서 사회 구성원들은 이것을 전에 없던 새로운 이름('파리코뮌,' '68년 5월,' '80년 5월 광주' 등)으로 부른다. 그리고 이 이름은 사건이 사라진 후에도 사회에 남아 있게 된다.[5]

사건이 사라진 후에 이 사건의 독특함을 사회 속에서 이어가려는 움직임이 있을 수 있다. 이런 움직임은 사건의 이름을 씨앗으로 삼아("광주를 잊지 말자") 사회 내의 각 요소들(구성원, 제도, 행위,

---

[5] 사건의 이름에 대한 바디우의 생각은 『세계의 논리』에서부터 그 이전과 달라진다. 이제 사건의 흔적은 이름이 아니라, 세계 내에 존재했지만 나타나지 않았던 어떤 요소가 최고의 강도로 나타나는 현상이 된다. Alain Badiou, *Logiques des mondes: L'Être et l'Événement 2*, Paris: Seuil, 2006, pp.377~401.

말 등)이 사건과 관련이 있는지를 파악하려고 시도한다. 다시 말해서 이런 움직임에 참여하는 사회 구성원들은 자신들이 사회 속에서 마주치게 되는 이런저런 것들에 대해 그것이 사건이 일으킨 충격을 이어갈 수 있는 것인지 아닌지를 판단하는 것이다.

    이 판단과정을 바디우는 탐색enquête이라고 부르며, 판단의 기준을 충실성fidélité이라고 일컫는다. 탐색은 사회 내에서 사건에 충실한 요소와 그렇지 않은 요소를 가려내는 작업이다. 충실성을 판단하는 기준은 대개의 경우 탐색에 참여하는 구성원들에 의해 새로 만들어지며, 여기서 사건에 충실한 것으로 분류된 요소들이 바로 진리를 이루는 구성요소가 된다.6) 그러므로 진리는 탐색의 결과이며, 한 사회 속에서 사건에 충실한 요소들을 모은 집합체이다.

    여기서 이 과정은 완전히 우연하게 이뤄진다는 것에 주의해야 한다. 이 과정에 참여하는 개인이나 단체가 어떤 의도를 가지고 특

---

6) 충실성의 대표적인 예로 바디우가 들고 있는 것은 수학에서의 연역이다. 수학에서는 미적분이나 비유클리드 기하학 같은 새로운 공리체계의 등장이 '사건'에 해당하며, 이 공리로부터 연역을 통해 정리들을 증명하는 과정이 '탐색'에 해당한다. 수학은 모든 사건이 동일한 충실성의 규칙을 따르는 특수한 경우이다. 다른 진리 절차에서는 대부분의 경우 새로운 사건이 생기면서 충실성의 규칙이 새로 만들어진다. 바디우가 드는 충실성의 예로는 러시아 10월 혁명이라는 사건으로부터 비롯된 레닌주의와 트로츠키주의(이처럼 하나의 사건에서 둘 이상의 충실성의 절차가 생겨나는 것도 가능하다), 현대 미술에서 폴 세잔이라는 사건에 충실하려고 했던 파블로 피카소와 조르주 브라크의 작업(입체파 회화) 등이 있다. 사랑의 경우라면 연인들이 만남이라는 사건으로부터 시작된 두 사람의 관계를 계속해가는 모든 행위가 탐색의 과정이며 충실성을 따르는 것이다. 이런 각각의 탐색과정에서 '사건에 충실함'이라는 기준은 서로 다를 수밖에 없으며, 이것을 명시적으로 말하기도 쉽지 않다. 하지만 이것은 결코 자의적인 기준은 아니며, 이 과정에 참여하고 있는 이들에게는 분명할 뿐 아니라 연역의 경우처럼 엄격하기까지 한 것이다.

정한 요소를 선택해 충실성 여부를 검토하는 것이 아니라, 사회 속에서 우연히 마주치게 되는 것들과 사건의 관계를 조사하는 것이기 때문이다. 바디우는 이를 "진리는 우연으로 짠 피륙이며 우연은 주체의 재료이다"[7]라고 표현하기도 한다.

이렇게 진리가 만들어지는 과정에서 진리를 이루는 부분들을 바디우는 '주체'라고 부른다. 즉, 바디우가 생각하는 주체는 개인이나 의식과는 다르다. 정치에서라면 진리가 만들어지는 과정에서 개인이나 집단이 하는 행동과 발언 중 사건에 충실한 것들이 모여 주체가 된다. 따라서 진리를 만드는 작업에 참여하는 사람이라도 그 사람 자신이 곧 정치적 주체인 것은 아니다. 그 사람의 발언이나 행동 중 사건에 충실한 것만이 주체의 일부가 된다. 사회 속의 개인은 정치의 주체가 아니라 주체가 될 수 있는 존재이며, 자기 삶의 일부만이 주체를 이룬다. 정치적 행동은 집단적으로 이뤄지기 때문에 정치적 주체도 대부분 집단의 형태를 띠며, 그 집단의 개개인은 이 주체의 일부로 정치적 진리에 참여하게 된다.

이런 측면이 개인을 보잘것없게 만든다고 생각하는 사람도 있겠지만 반대급부도 있다. 한 개인은 동시에 여러 진리에 참여할 수 있으며, 그러므로 여러 주체가 될 수 있다. 예를 들어 정치적 활동을 하면서 사랑에 빠져 있는 젊은이는 정치적 주체의 일부이자 사랑의 주체의 일부인 것이다. 『세계의 논리』에서 바디우는 이런 각각의 진리가 만들어지는 영역을 '세계'라고 부르며, 한 개인이 속한

---

[7] Badiou, *L'Être et l'Événement*, p.432.

세계는 여럿이고 개인은 그 안에서 벌어지는 다수의 진리절차에 참여할 수 있다고 말한다.[8]

4) 바디우에 대한 몇 가지 오해
지금까지 바디우가 생각하는 사회의 변화과정을 살펴봤다. 여기서 몇 가지 주의해야 할 점이 있다.

첫째, 사건과 진리의 관계를 말할 때 반드시 유념해야 할 것이 있다. 사건은 진리를 만드는 과정의 시발점으로서 필수적이지만 그 자체가 진리는 아니라는 점이다. 바디우가 말하는 진리는 하나의 명제나 문장이 아니라 상황의 부분이며, 시간의 경과를 통해 만들어지는 것이다. 사건과 진리 중에서 더 중요한 것은 시간과 노력을 통해 만들어지는 진리이지 우연히 발생하는 사건이 아니다.[9]

사건이 우연한 일이라는 말은 사건을 의도적으로 발생시킬 수는 없다는 말이다. 바디우는 사건의 발생이란 "우연들의 우연"으로서, "이 우연[사건이라는 우연]이 우리에게 오는 것 그 자체가 이미 우연에 의한 것이다"[10]라고 말한다. 변화의 근원인 사건이 우연하다는 것은 변화에는 어떤 법칙도 없다는 의미이다. '역사발전의 필

---

8) Badiou, *Logiques des mondes*, p.536.
9) 바디우 본인도 지적하듯이, 영어권의 많은 해석자들이 이 점을 오해하고 사건과 진리를 동일시하고 있으며(슬라보예 지젝이 대표적이다), 이런 오해는 바디우의 진리 개념을 신비적인 것으로 만들어버린다. 슬라보예 지젝, 이성민 옮김, 『까다로운 주체』, 도서출판b, 2005, 206~219쪽. 바디우의 존재론을 개괄하고 있는 이 절의 제목이 "사건-진리"인 것은 지젝이 사건과 진리라는 두 개념을 (의도적으로) 동일시하고 있음을 보여주는 대표적인 예이다.
10) 알랭 바디우, 박정태 옮김, 『들뢰즈, 존재의 함성』, 이학사, 2001, 170~171쪽.

연적 법칙'이나 고전적 공산주의의 사적 유물론을 받아들이지 않는 바디우에게 사회를 변화시키기 위해 사건을 일으키려고 하는 것은 헛된 일이다. 어떤 일을 조직한다고 해도 그것이 사건이 된다는 보장도 없거니와, 그런 일을 계속한다고 해도 언젠가 사건이 일어난다는 희망조차 없기 때문이다.[11]

둘째, 사건을 일으킬 수 없다고 해서 사회변화를 추구하는 정치가 사건이 일어나기를 무작정 기다리는 것은 아니다. 변화를 위해 중요한 것은 앞으로 일어날 사건이 아니라 이미 일어났던 사건이다. 문제는 이미 일어났던 사건 중에서 어떤 것을 이어갈 것이며, 그것을 이어가기 위해 어떻게 해야 하느냐이지, 새로운 사건을 일으키기 위해 무엇을 해야 하느냐가 아니다. 사실 새로운 사건을 일으키기 위해 할 수 있는 것은 아무것도 없다. 굳이 할 수 있는 일을 찾는다면 그것은 이전의 사건을 이어나가는 일이다.[12]

바디우가 '용기'를 말하는 것도 사건이 아니라 진리와 관련해서이다. 바디우가 말하는 용기란 진리 앞에서의 용기, 진리를 계속

---

[11] 이와 비교해볼 만한 것이 사건과 변화에 관한 들뢰즈의 생각이다. 들뢰즈의 사건 역시 우연의 요소를 담고 있지만, 세계에서 사건이 일어난다는 사실 자체는 필연적이다. 즉, 현재의 사회질서가 아무리 공고해 보이더라도 그 아래에는 혼란과 무질서가 잠재되어 있으며, 이것은 규칙과 질서의 껍질을 깨고 모습을 드러낼 수밖에 없다. 이때 세상의 변화는 사건 자체로부터 나오며, 따라서 세상을 변화시키는 일은 사건 쪽에 서는 것, 삶을 선택하는 것(하나의 삶은 하나의 사건이다), 또는 (억압적인) 기존의 질서를 따르지 않고 우연을 불러들이는 것이다. 때로 이것은 아무런 선택의 여지가 없어 보이는 상황에서 새로운 선택지를 만들어내는 일이다. 그래서 들뢰즈는 "선택을 선택하라"라고 말하기도 한다. 들뢰즈와 바디우의 우연 개념과 사건 개념에 대한 비교로는 다음을 참조하라. 바디우, 『들뢰즈, 존재의 함성』, 152~171쪽; Badiou, *Logiques des mondes*, pp.403~410.

좇기 위한 용기이다. 한 사회의 진리를 만드는 것은 그 사회의 요소들을 진리에 속한 것과 아닌 것으로 나누는 작업이다.[13] 그리고 이 일은 사회 전체에서 한꺼번에 이뤄지는 것이 아니라 한 번에 한 군데씩 국지적으로, 그리고 점차적으로 행해진다. 사회 내의 한 지점에서, 또는 특정한 쟁점 앞에서 진리에 속하는 것과 아닌 것을 구분하고 이쪽이냐 저쪽이냐를 선택하는 일을 반복해야 하는 것이다. 바디우는 이런 구분과 선택이 이뤄지는 위치를 이야기하기 위해 '점'point이라는 개념을 들여온다. 결국 진리를 만드는 일은 점을 하나씩 다뤄가는 일이라고 말할 수 있다. 그런데 이렇게 점을 다루는 일은 매우 힘든 일이다. 무엇보다 진리라는 새로운 집합체가 세상의 기존 질서를 벗어나는 것이기 때문이다. 따라서 진리에 참여하는 이들은 많은 경우 점을 다루는 작업을 포기하고 싶은 유혹에 빠지게 되는데, 이럴 때 포기하지 않고 끈기 있게 버티는 것을 바디우는 용기라고 부른다. 그래서 바디우는 진리 앞에서의 용기를 "한 점을 붙들고 놓지 않는 것"[14]이라고 표현하기도 한다.

셋째, 앞서 말한 것처럼 진리는 세상을 변화시킨다. 그러나 이것은 어디까지나 세상을 '약간' 변화시킬 뿐이다. 기존의 세상에 진리라는 새로운 것, 그리고 그것과 관련된 몇 가지 요소들만을 추가

---

12) 『존재와 사건』에서 바디우는 '명명' 또는 '개입'이라는 개념을 통해 사건이 상황 속에 그 최초의 흔적인 이름을 남기게 되는 과정을 기술하는데, 여기서 이 과정을 가능케 하는 것이 이전의 사건에 충실하려는 노력이다.
13) 바디우가 진리를 만드는 일을 "다른 시간을 창조하는 일" 또는 "새로운 현재를 만드는 일"이라고 강조하는 것도 바로 이 때문이다. Badiou, *Logiques des mondes*, pp.51~87. 특히 1장 2절(58~62쪽)을 참조하라.

하는 것뿐이지, 기존의 사회질서를 완전히 무너뜨리고 새로 세운 다는 생각과는 거리가 멀다.[15]

　이 점은 바디우가 생각하는 변화가 대단히 제한적임을 말해준다. 바디우는 결코 한 번의 사건이나 하나의 진리가 세상을 완전히 뒤바꿀 것이라고 말하지 않는다. 오히려 기존 사회질서의 강력함을 강조하며, 그럼에도 불구하고 거기에서 벗어나는 어떤 것이 있음을 말하려고 한다. 바디우는 『세계의 논리』의 서문에서 현대의 지배적인 사고방식을 '민주주의적 유물론'이라고 부르며, 이를 "있는 것은 몸과 언어뿐이다"라는 명제로 표현한다.[16] 이에 대항하는 자신의 철학을 바디우는 '유물론적 변증법'이라고 부르는데, 이것은 위의 명제에 몇 단어를 더한 형태로 나타난다. "진리가 없다면, 있는 것은 몸과 언어뿐이다."[17] 몸과 언어로 이뤄진 이 세상의 구

---

14) 용기에 대한 바디우의 본격적인 설명은 다음의 책을 참조하라. Alain Badiou, *De quoi Sarkozy est-il le nom?: Circonstances 4*, Paris: Lignes, 2007, pp.95~102. 그러나 그 단초는 10여 년 전부터 싹트고 있었다. Alain Badiou, *Petit manuel d'inesthétique*, Paris: Seuil, 1998. 특히 1장과 9장 참조. 한편 '점'은 『세계의 논리』에서 대단히 중요한 개념으로서, 한 장("Théorie des points")을 할애해 상세히 다뤄지고 있다. Badiou, *Logiques des mondes*, pp.419~470.
15) 그러나 변화가 '약간'이라는 것은 존재론적으로 생각할 때 그렇다는 것이지, 실제로 한 사회의 구성원이 보기에 그렇다는 것은 아니다. 바디우가 '약간의 변화'의 대표적인 사례로 드는 프랑스혁명이 당시의 프랑스 사회를 얼마나 뒤흔들어 놓았는지 생각해보라. 바디우의 이런 입장은 사회질서를 완전히 재구성할 수 있다고 믿는 고전적인 좌파의 사고방식을 경계하기 위한 것이지, 혁명과 같은 급격한 사회변화에 반대하는 것은 아니다. 바디우가 추구하는 것은 개혁이 아닌 혁명이며, 진정한 정치는 '해방의 정치'나 '혁명의 정치'라는 이름으로 불린다.
16) Badiou, *Logiques des mondes*, p.9.
17) Badiou, *Logiques des mondes*, p.12.

조는 지배적이며 공고하다. 이 사실은 누구도 부인할 수 없다. 다만 여기에는 그것으로부터 벗어나는 어떤 것, 바디우가 진리라고 부르는 것이 있을 뿐이다.

넷째, 진리는 무한한 수의 원소들로 이뤄진 집합체이다. 따라서 진리가 만들어지는 과정은 실제로는 절대로 끝날 수 없고, 이론적으로만 완성된 모습을 생각해볼 수 있을 뿐이다. 이 점은 바디우가 생각하는 사회의 근본적인 변화가 새로운 사회구조를 만드는 것은 아님을 보여준다. 사회의 근본적인 변화란 고전적 공산주의자들처럼 기존의 사회체제를 무너뜨리고 새로운 사회를 만들려고 하는 것이 아니다. 의미 있는 것은 진리가 만들어지는 과정 자체이지 그 진리가 사회의 기존 질서를 대체하는 것이 아니다. 사회의 기존 질서, 즉 구조는 소멸될 수 없으며, 진리가 기존의 질서를 대체한다면 그것은 새로운 질서가 되어 구성원들을 구조 속에 가둘 뿐이다(바디우는 이런 상태를 진리가 '존재화된다'라고 말한다). 그리고 이런 맥락에서 우리는 바디우가 생각하는 자유 개념의 일단을 엿볼 수 있기도 하다. 말하자면 우리는 진리 속에서만 자유로우며, 진리에 참여할 때만 자유를 누린다는 것이다.

2. 바디우와 해방의 정치

지금까지 살펴본 것은 정치에 관한 바디우의 사유 중 이론적인 부분이었다. 위에서 말한 내용은 어느 시대, 어느 곳의 정치에 대해서도 적용가능하다. 이제는 현실적인 측면, 현재 우리가 살고 있는 이 세계의 정치에 관한 바디우의 생각을 살펴보자.

1) 정치는 어떤 것이 '아닌가'?

먼저 부정적인 방법으로 접근해보자. 오늘날 사람들이 흔히 정치라고 부르는 것 중 대부분은 바디우의 관점에서 보면 진정한 의미의 정치가 아니다. 먼저 정치는 '행정'이나 '국가경영'의 차원이 아니다. 기존 체제를 가장 잘 작동하게 만드는 것은 그 체제가 어떤 것이든지 정치라고 부를 수 없다. 이런 점 때문에 바디우가 말하는 정치는 의회나 정당 같은 정치제도를 벗어난 곳에서 행해진다. 또한 정치는 경제로 환원될 수 있는 것이 아니다. 경제란 본질적으로 '이익'의 문제인데, 각자가 자신의 이익을 추구하는 것은 동물도 할 수 있는 일이다. 이와 달리 정치는 인간만의 일이다. 마지막으로 정치는 국가체제를 통해 이뤄지는 것이 아니다. 진정한 정치는 좋은 국가를 만드는 것도, 새로운 국가를 만드는 것도 아니다. 그러나 정치는 국가를 모두 폐지하라는 것도 아니다. 바디우가 생각하는 정치는 국가 안에서 진행되며 때로는 국가를 이용하기도 하지만, 본질적으로 국가체제 자체에는 관심을 가지지 않는다.

2) 민주주의에 대한 비판

바디우가 '민주주의'라는 개념을 비판하는 것도 이런 맥락에서이다. 바디우는 민주주의(구체적으로는 서구식 의회민주주의)가 현대 정치의 지배적인 상징emblème, 또는 권위적인 의견opinion autoritaire이라고 말한다. 어느 누구도 자신이 민주주의자가 아니라고 말할 수 없으며, 다른 모든 것은 비판할 수 있어도 민주주의 자체는 결코 비판의 대상이 될 수 없기 때문이다. 바디우는 "우리 사회의 실상에 접근하려면, 하나의 선험적인 연습으로서 이 사회의 상징을 폐지할 필요가 있다. 우리가 살고 있는 세계에 관한 진리를 만드는 것은 '민주주의'라는 상징을 제쳐놓아야만 가능하다"[18]라고 말한다. 다시 말해서 민주주의는 진리가 아니라 진리가 변화시켜야 할 사회의 구조를 가리키는 말인 것이다.

이 비판은 몇 가지 방법으로 행해진다.

첫째, 민주주의는 하나의 국가형태이다. 그런데 바디우에게 진정한 정치는 국가를 통해 이뤄지지 않는다. 하나의 국가형태인 한, 민주주의는 행정 내지 국가경영의 차원을 벗어날 수 없다. 바디우가 "민주주의는 생각하지 않는다" Démocratie ne pense pas 라고 말하는 것은 이런 맥락에서이다. 바디우는 생각, 또는 사유를 "진리가 인간이라는 동물을 가로지르는 특유의 방식"이라고 규정한 바 있다. 바디우에게 사유란 머릿속에 있는 것이 아니라 현실 속에서 행해지고 있는 것이며, 진리가 만들어지는 과정을 부르는 다른 이름이다. 민주주의가 생각하지 않는다는 것은 민주주의의 이름으로는 세상을 진정으로 변화시킬 수 없다는 의미인 것이다.

---

18) Alain Badiou, "L'emblème démocratique," *Démocratie, dans quel état?*, Paris: La Fabrique, 2009, p.15. 〔김상운·양창렬·최정우 옮김, 『민주주의는 죽었는가?』(가제), 도서출판 난장, 2010.〕

둘째, 국제적으로 볼 때 서구적 민주주의는 차별, 배제, 침략의 도구로 이용되고 있다. 흔히들 민주주의가 보편적인 가치인 양 여기고 "모두가 민주주의자이다"라고 말하지만, 실상 이런 말에서 '모두'는 오늘날의 세계질서 속에서 최상위층에 있는 서구 사람들만을 가리킬 뿐이다. 서구 국가들은 '민주주의'와 '인권'이라는 이름으로 제3세계를 재단하고 때로는 군사적 개입을 정당화하며, 자국 내에서는 제3세계에서 온 이민자들을 '민주주의 국가' 출신자들과는 다른 방식으로 취급하는 차별대우를 하고 있다.

셋째, 민주주의는 동시대 자본주의의 모습이다. "생각하지 않는," 다시 말해서 생각 없는 민주주의는 "있는 것은 몸과 언어뿐이다"라는 민주주의적 유물론의 대전제를 받아들이게 된다. 이 대전제 아래에서는 어떤 비물질적인 것도 절대적인 가치를 지니지 않는다. 모든 종교·도덕·신념·가치관 등은 언어의 일부에 불과하며, 따라서 상호존중이라는 상대주의적 가치 이외의 어떤 가치도 가지지 못하게 되는 것이다. 이런 민주주의 사회에서 의미 있는 것은 개인의 이익과 향락뿐이며, 이익과 향락을 추구하는 개인들에 의해 재화가 이동하며 자본이 축적된다. 여기에는 향락의 주체가 있을 뿐이다. 이런 사회가 내세우는 '자유'란 결국 '제한 없는 향락을 누릴 자유'에 불과하며, 이런 사회가 젊은이들을 아이콘으로 삼는 것은 그들이 이상적인 향락과 소비의 주체이기 때문이다. 그리고 향락의 대상인 재화가 유통되는 과정에서 이익을 얻는 것은 더 이상 젊지 않고 향락에 지친, 그러나 이 모든 것의 밑바닥에 있는 것이 돈(자본)임을 깨달은 노인들이다. "청년들은 기계를 돌리고 늙은이들은 수익을 긁어모으는"[19] 사회, 이것이 바디우가 비판하는 민주주의 사회의 모습이다.

그렇다면 이런 민주주의를 벗어난 사회는 무엇인가? 민주주의라는 상징을 폐지하자는 말은 결코 전체주의를 추구하자는 말이 아니다. 바디우가 추구하는 것은 자본의 논리를 벗어난 집단적 행동의 가능성, 다시 말해서 집합적 주체의 탄생이다.

3) 고전적 공산주의와의 차이

다른 한편으로, 바디우가 말하는 우리 시대의 진정한 정치, 이른바 '해방의 정치' politique d'émancipation는 전통적인 좌파 이론, 특히 고전적인 공산주의의 입장과도 몇 가지 점에서 다르다.

첫째, 바디우는 정치를 정당으로부터 분리한다. 바디우도 과거 (특히 러시아혁명 전후)에는 당이 정치에서 중요한 역할을 했다고 인정한다. 바디우는 블라디미르 일리치 레닌이 당을 정치의 도구로 발명했다고 말한다. 그러나 오늘날 당은 진정한 정치의 도구가 아니라, 오히려 당-국가체제라는 모습으로 국가의 한 틀을 이루고 있다. 1당 체제인 공산주의 국가는 물론이고, 다당제인 민주주의 국가에서도 마찬가지이다.

그렇다고 바디우가 생각하는 정치가 완전히 자연발생적인 움직임이라는 것은 아니다. 정치라는 것이 어떤 조직을 통해서 이뤄져야 한다는 것은 여전히 유효하다. 하지만 정치는 조직(특히 당)

---

[19] Badiou, "L'emblème démocratique," p.15.

에서 유래하는 것이 아니라 구체적인 상황에서 출발해야 한다는 것이 바디우의 생각이다. 전통적인 공산주의 이론에서 당은 이론과 실천의 주체이다. 하지만 바디우는 어떤 이론으로부터 출발하는 정치를 이야기하지 않는다.

둘째, 바디우는 계급 문제로부터 탈피한 정치를 이야기한다. 좌파의 정치이론과 실천은 오랫동안 계급 문제의 지배를 받아왔다. 그리고 바디우는 맑스주의의 계급분석이 여전히 믿을 만한 도구라고 생각한다(바디우는 심지어 오늘날 맑스주의 자체를 개선할 필요도 없다고 말한다). 하지만 해방의 정치는 이런 객관적인 사회적 분석에서 독립적이다. 해방의 정치는 객관적인 사회적 집단, 즉 계급을 대표하지 않는다. 사회 내 계급들간의 기능에 대한 과학적이고 객관적인 연구는 해방의 정치와는 무관한 일이다.

그러나 바디우는 노동자 범주는 절대 포기하지 않는다. 요컨대 바디우는 '노동계급'의 정치가 아니라 '노동자'의 정치를 제안한다. 바디우는 현대 정치가 노동자의 형상figure ouvrière, 즉 공장에서 형성된 정치적 주체를 배제하려든다고 말하며, 이럴 경우 남는 것은 자본밖에 없다고 말한다(이런 공장과 노동자의 문제는 1968년 5월에 수립된 전통의 연장선상에 있는 것이다).[20]

셋째, 바디우는 정치와 국가의 관계를 기존의 공산주의적 입장과는 다르게 설정한다. 해방의 정치는 전통적인 공산주의처럼 국

---

20) Peter Hallward, "Philosophy and Politics: Interview with Alain Badiou," *Angelaki*, vol.3, no.3, (December) 1998, p.116.

가와 완전히 무관하게 이뤄지는 것이 아니라, 구체적인 상황 속에서 국가에 대항하는 규정을 만들어가는 과정을 통해 진행된다. 1985년 예전 동지들과 만든 단체 정치조직Organisation politique (너무나 보편적인, 또는 유적[21]) 이름을 가진 단체)으로 대표되는 바디우의 정치활동에서 활동가들은 선거에 참여하지도, 어떤 정당을 지지하지도 않는다. 이렇게 제도권 정치로부터 완전히 등을 돌리는 것은 정치적으로 무책임한 태도로 보일지도 모른다. 하지만 바디우가 보기에 정당정치에 참여한다는 것은 의회민주주의라는 틀이 요구하는 어떤 종류의 원리들을 받아들이는 것이다. 그것 없이 제도권 정치에 참여하는 것은 불가능하다. 프랑스에서 오랫동안 좌파 정권이 '배신'해온 까닭은 그들의 마음이 바뀌어서가 아니라 시스템상 불가능하기 때문이라는 것이 바디우의 설명이다.

4) 해방의 정치와 국가의 관계: 불법체류자 운동의 경우

해방의 정치와 국가의 관계는 실제적인 정치활동에서 중요한 문제이므로 더 살펴볼 필요가 있다. 이를 위해 정치조직이 수행하고 있는 불법체류자 운동을 예로 들어보자.

---

21) 바디우의 존재론에서 '유적'(générique)은 진리의 주된 성격 중 하나를 가리키는 개념으로서, 기존의 지식체계에서는 어떤 식별기준을 통해서도 파악할 수 없음을 의미한다. 한 집합의 유적인 부분집합은 그 집합의 부분집합들을 규정하기 위한 모든 서술어를 벗어나며, 따라서 기존의 지식체계에서는 이해불가능하다. 바디우의 진리란 바로 이런 유적인 부분집합이다. 또한 한 집합 안의 모든 원소는 유적인 부분집합의 원소가 될 수 있는 가능성이 있으며, 이런 성격 때문에 진리는 보편성과 맞닿아 있다. 존재론 체계를 엄밀하게 논의하는 맥락이 아니라면 '유적'을 '보편적'이라는 단어의 동의어로 이해해도 큰 문제가 없다.

불법체류 이민자들은 두 가지 점에서 정치적으로 중요하다. 먼저 이들은 사회 내에서 최하층 노동자의 자리를 차지하고 있으므로, 노동자 문제에서 빼놓을 수 없는 요소이다. 또한 이들은 국가에 의해 신분이 파악되지 않는다는 특징으로 인해 바디우의 존재론에서 독특한 위치를 차지한다. 바디우는 현재의 정치상황에서 불법체류자들은 한 국가 내에서 사건의 자리 site événementiel를 이룬다고 말한다. 사건의 자리는 그곳에서 사건이 일어날 수 있는 존재론적 위치를 가리키는 개념으로, 간단히 말하면 '사건의 필요조건'이라고 할 수 있다. 앞에서 살펴봤듯이 변화가 일어나기 위해서는 사건의 발생이 필수적이므로, 진리를 추구하는 정치가 이 지점에 관심을 가지는 것은 당연한 일이다.[22]

프랑스에서 이민 노동자들의 문제는 1980년대 초 외국인들의 입국과 체류규정이 강화되면서 정치적 담론으로 떠올랐다. 정치권은 외국에서 온 최하층 노동자들을 '이민자'나 '이슬람교도'로 규정해 이들이 중심이 된 파업에서 노동운동의 색채를 지워버리고 '프랑스인 대 비프랑스인'이라는 구도를 만들었다.[23] 이에 맞서 정치

---

22) 바디우는 『존재와 사건』에서는 '사건의 자리'(site événementiel)라는 개념을 쓴 반면, 『세계의 논리』에서는 '자리'(site)라는 개념을 쓰고 있다. 이 둘은 이름은 비슷하지만 내용상으로는 매우 다르다. '자리'는 '사건의 자리'처럼 구조 내의 존재론적 위치가 아니라, 발생하는 일 중에서 세계에 진정한 변화를 가져올 수 있는 것 일반을 가리키는 개념이다. 이 차이가 바디우 이론체계의 변화를 의미하는 것인지는 아직 더 검토가 필요하다.

23) Laure Pitti, "Grèves ouvrières versus luttes de l'immigration: Une controverse entre historiens," *Ethnologie française*, vol.31, no.3, (Juillet) 2001, pp.465~476.

조직은 노동하는 이민자들은 모두 그들이 노동하는 바로 그곳에 합법적으로 체류할 수 있어야 한다고 주장한다. "여기 살면 여기 사람" On est ici, on est d'ici 은 정치조직의 가장 유명한 구호이다.

    이 운동의 목적은 국가의 정책이나 법률을 바꿀 수 있는 조건을 만드는 것이다. 여기서 핵심적인 것은 '노동자'라는 규정이 평등의 조건으로 작용한다는 것이다. 이민자이든 아니든 프랑스 땅에서 노동하는 사람은 노동자로서 평등하며, 국가는 이들에게 평등하게 프랑스 땅에 거주할 권리를 주어야 한다는 것이 주장의 핵심이다. 또한 해방의 정치는 의료나 교육 등의 서비스가 사회 구성원들에게 고르게 제공되지 않을 때 평등의 이름으로 이를 국가에 요구하기도 한다. 이런 서비스 문제는 그 자체로 정치는 아니지만, 정치의 기반을 마련하는 문제가 될 수 있다. 바디우는 이런 문제를 '정치 이전의' prépolitique 문제라고 말한다.

    이처럼 바디우에게 있어서 국가는 여전히 정치의 고려대상이며 정치의 범위 안에 있다. 그렇다고 해서 이런 정치적 활동이 제도정치에 참여한다는 의미는 아니다. 해방의 정치가 위와 같은 요구를 하는 것은 특정 정당을 지지하거나 선거에 참여하는 것과는 다르며, 국가의 전복과는 더더욱 거리가 멀다. 해방의 정치는 국가와 독립적으로 이뤄지는 것이다.[24]

---

24) 그렇다고 해방의 정치가 현실정치에 관심을 두지 않는 것은 아니다. 선거나 정권 교체 같은 현실정치의 변화가 있을 때마다 '정치조직'의 기관지 『정치적 거리』(*La distance politique*)는 이런 변화를 진단하고 분석하는 글을 수록하며, 바디우도 주요 정치적 사안이 있을 때마다 신문에 글을 기고하거나 성명을 발표하고, 이런 글들을 모아 정치시론집으로 출판한다. 하지만 해방의 정치는 제도정치권의 변화

5) 정치의 규정으로서의 평등

위에서 언급한 평등 문제에 관해 더 생각해보자. 앞서 우리는 진리에 참여하는 사회의 요소들은 진리 안에서 평등하다는 것을 살펴봤다. 이와 마찬가지로 진리를 만드는 과정으로서의 정치는 거기에 참여하는 개개인의 특수성, 특히 이익과 관련된 특수성을 전혀 고려하지 않는다. 따라서 이런 정치에 참여하는 사람들은 완전히 평등하다. 여기서 '평등'이란 이런 정치행위를 하는 사람들은 자신이 인간 특유의 능력을 가지고 있음을 보이기만 하면 구성원으로 인정받는다는 것이다. 인간 특유의 능력이란 진리에 참여하는 능력이며, 바디우는 이를 '사유의 능력'이라고도 말한다. 바디우가 말하는 사유란 사람들의 머릿속에만 있는 탁상공론이 아니라 현실 속에서 실행 중인 것이다. 바디우에게 있어 '사유한다'라는 말은 '진리를 만든다'는 말과 동의어이다.[25] 따라서 철학이 고려할 가치가 있는 정치, 즉 진리를 만드는 정치의 대전제(바디우의 용어로는 공리)는 "사람들은 사유한다. 사람들은 진리를 만들 능력이 있다"는 것이다. 또는 이렇게 말하기도 한다. "누구든지 작정하기만 한다면 정치의 공간의 일부가 될 수 있다."[26]

  를 일종의 증상으로 간주하고 정치 현실을 진단하는 데 사용할 뿐, 거기에 개입하거나 참여하려 하지는 않는다. 반면에 파업이나 시위 같은 비제도적 정치활동은 해방의 정치를 이루는 중요한 요소이며, '정치조직'은 이런 활동에 적극적으로 참여하고 개입한다.
25) 따라서 바디우는 철학을 "사유에 대한 사유"라고 부른다. 철학은 생성 중인 진리(즉 사유)들을 찾아내고 제대로 자리매김하는 일인 까닭이다.
26) "Politique unique et politiques démocratiques," *La Distance politique*, no. 28, (Mai) 1998, p.3.

무엇보다 강조해야 할 것은 평등이 객관적인 어떤 것(예컨대 지위, 수입, 역할 등)을 대상으로 하지 않는다는 사실이다. 평등은 주관적이며 주체와 관련된 것이다. 또한 평등은 도달해야 할 어떤 목표가 아니라 정치를 위한 하나의 규정이다. 즉, 정치적 평등이란 우리가 얻고자 하는 것이 아니라 지금 여기서 선언하는 것이며 '그러한 것'이지 '그러해야 하는 것'이 아니다. 이 모든 것을 정리해 바디우는 이렇게 말한다. "모든 해방의 정치, 또는 평등이라는 준칙을 내세운 정치는 실행 중인 사유이다."[27)]

실제로 중요한 것은 이런 진리의 정치가 실제로 어떻게 이뤄지는가 하는 것이다. 이 문제에서 중요한 것은 '말'이다. 각 시대는 자기 시대에 적절한 진술과 주장, 구호와 주체의 이름을 찾아야 한다. 그런데 우리 시대는 이런 말을 아직 못 갖고 있다. 주체의 이름을 예로 들면 역사적으로는 시민, 혁명가, 운동가 같은 주체의 이름이 있었다. 그러나 이런 이름은 이미 시효를 다했고, 따라서 정치의 주체를 가리키는 새로운 이름을 찾을 필요가 있다.

3. 인간이라는 동물에서 인간으로: "계속하라! 살아라!"

이렇듯 바디우가 생각하는 정치는 사회의 근본적인 변화로서, 그는 이 변화가 어떻게 가능한지에 관한 이론을 세우고 현실 속에서

---

27) Alain Badiou, *Abrégé de métapolitique*, Paris: Seuil, 1998, p.114.

그것을 실현하고자 한다. 그런데 우리는 마지막으로 질문 하나를 던져볼 수 있다. 왜 그렇게 해야 하는가? 바디우의 말처럼 진정한 정치는 사회를 변화시키는 것이라고 하자. 그런데 왜 내가 꼭 그런 정치에 참여해야 하는가? 그런 일을 하지 않고 그저 현실에 만족하며 행복하게 살아가면 안 되는 이유는 무엇인가?

 이 질문에 대한 대답은 바디우의 인간론에서 찾아볼 수 있다. 바디우는 인간을 동물 이상의 존재, 동물이면서도 동물성을 넘어설 수 있는 존재로 본다. 이런 생각은 인간과 다른 생물, 자연과 문화를 이분법적으로 나눈다는 점에서 르네 데카르트로 대변되는 근대적 세계관의 연장선상에 있다. 하지만 바디우가 말하는 인간됨은 항상 존재하는 것이 아니라는 점에서 근대의 인간관과는 차이를 보인다. 바디우에게 있어 인간은 생물학적 탄생과 함께 태어나는 것이 아니다. 호모 사피엔스라는 종에 속한 생명체는 인간이 될 수 있는 가능성을 가진 동물이며 인간이라는 존재의 받침이기는 해도 그 자체가 인간은 아니다. 바디우는 이런 생물로서의 인간을 '인간이라는 동물' animal humain이라고 부른다. 인간이라는 동물이 진정한 인간이 되는 것은 진리에 참여함을 통해서, 다시 말하자면 주체가 됨을 통해서이다. 그리고 진정한 의미에서 산다는 것은 바로 이런 인간으로서의 삶만을 가리킬 수 있는 것이다. 바디우는 "목숨이 붙어 있다고 살아 있는 것은 아니다" Vivre n'est pas survivre라는 관용구를 빌어 이 점을 설명하고 있다.

 바디우가 윤리의 문제를 말하는 것도 바로 이 지점에서이다. 임마누엘 칸트 이래로 철학적 윤리학은 인간이라면 무조건 따라야 할 명령(정언명령)을 찾는 작업이었다. 바디우의 윤리학이 내리는 명령은 "계속하라!"이다. 이 말은 진리를 만드는 일을, 진리에 참여하기를 중단하지 말고 계속하라는 의미이다. 위에서 말한 대로 이 명령은 "살아라!"와 완전히 같은 것이다. 그저 목숨이 붙어 있는 동물적인 상태로 있지 말고, 인간만이 할 수 있는 일인 진리를 만드는 일에 뛰어들라는 말이다. 요컨대 바디우에게 정치는 진정한 인간이 되려면 반드시 행해야 하는 일인 것이다.

3 자크 랑시에르
감성적/미학적 전복으로서의 정치와 해방
최정우 (서울대학교 불어불문학 석사·작곡가)

Jacques Rancière

1940년 6월 10일 알제리의 알제에서 태어남. 1960년 파리 고등사범학교에 입학한 뒤 1965년 루이 알튀세르가 조직한 『자본』 세미나(1964~65년)의 결과물 『〈자본〉을 읽자』의 공동저자로 지성계에 데뷔함. 1966년 프랑스공산당이 친(親)중국 성향을 이유로 알튀세르의 제자들을 제명하자 프랑스공산당맑스레닌주의청년공산주의자연맹(UJC-ML)을 결성했고, 1968년 파리의 5월 이후에는 학생운동을 공격한 알튀세르, 그리고 알튀세르의 과학주의에서 벗어나지 못하는 UJC-ML을 비판하며 프롤레타리아좌파(GP)라는 마오쩌둥주의 그룹에 합류함. 1969년 파리8대학교-뱅센느의 철학교수가 된 뒤 1972년부터 맑스주의가 아니라 노동사를 연구하며 알튀세르(주의)와 결별함. 1975년 '아래로부터의 사유'를 모토로 내건 역사연구 잡지 『논리적 반란』을 창간하고, 1981년 박사학위 논문 『프롤레타리아트의 밤』을 출간하며 독자적인 사유체계를 완성해감. 2002년 파리8대학교-뱅센느의 철학교수직을 은퇴한 뒤 현재는 같은 학교 명예교수로 재직 중임.

프롤레타리아트의 낮과 밤. 계급투쟁이라는 '낡은' 관념을 곧바로 연상케 하는 저 '프롤레타리아트'라는 단어와 하루라는 시간의 경제적 길이를 지극히 낭만주의적이고 이분법적으로 구분해주는 저 '낮'과 '밤'이라는 단어, 그리고 또한 그들 셋 사이를 맺어주고 있는 저 생경하면서도 익숙한 언어적 조합은 일견 우리에게 하나의 오래된 신화나 전설처럼 실로 닳고 닳은 고색창연한 구절로 느껴질 수도 있을 것이다. 그러나 저 프롤레타리아트의 낮과 밤이란 단순히 낭만적 시간성의 형식을 차용한 상징적일 뿐인 은유가 결코 아니다.

자크 랑시에르에게 그런 밤과 낮이란 무엇보다 물질적인 시간 그 자체, 더 정확하게는 한 체제 안에서 감각적인 것들이 분할되고 배분되는 미학-정치적인 시공간을 의미한다. 곧 프롤레타리아트의 밤이란 자본주의체제의 '어두운' 이면을 상징적으로 드러내는 은유적인 표현이 아니라 말 그대로 밤의 시간, 프롤레타리아트가 낮 동안의 노동을 마친 후 자신의 정체성을 형성/이탈하고 주체화 과정을 감행하는 한에서의 '밤'이라는 시간을 뜻한다. 따라서 그 밤이란 어떤 의미에서 '해방'의 길로 나 있는 시간이기도 하다. 그 해방의 시간은 감각적인 것의 밤과 정치적인 것의 낮을 지난다.

랑시에르가 노동자들의 문서고를 파헤치면서 발견했던 것은 무엇이었나? 그것은 그들의 글쓰기가 노동자 자신의 정체성을 독립적이고 동일자적으로 구성하고자 하는 글쓰기가 아니라 오히려 부르주아지의 '문학적' 글쓰기를 모방적이고 대항적으로 전유하고 극복하고자 하는 일종의 '해방적' 글쓰기였다는 사실이다.[1)]

1. 프롤레타리아트의 밤은 부르주아지의 낮보다 아름다운가?

1) 랑시에르의 사유가 시작되는 시간

랑시에르는 노동자들의 문서고 연구를 통해 낮 동안의 노동을 마친 프롤레타리아 계급이 책을 읽고 글을 쓰는 밤의 시간, 곧 말 그대로의 의미에서 '프롤레타리아트의 밤'이라는 시간을 발견한다. 그렇기에 랑시에르가 프롤레타리아트의 밤 속에서 발견한 것은 역설적이게도 '문학'littérature의 또 다른 이름이었다. 문학의 정치. 그런데 여기서 중요한 것은 이렇게 발견된 '문학'의 이름이 특정한 예술 장르의 정의와 특성을 규정하는 중립적인 이름도 아니고, 한 장르의 예술사회학적인 발생과 기원을 새삼 돌이켜보는 회고적인 이름도 아니라는 사실이다(따라서 '문학의 정치'란 참여문학론도 아니지만 문학사회학은 더욱더 아니다). 레지 드브레가 말하는 것처럼, 사회주의의 역사는 활자계graphosphère라고 하는 특정한 '생태계'를 떠나서는 생각할 수 없다.[2] 프롤레타리아트의 '해방'은, 그들의 '낮'은, 이렇듯 활자계라는 공간 안에서, '문학'이라는 이름 속에서, 곧 그들의 '밤'을 통해 감행되고 도래하는 무엇이다.

---

1) Jacques Rancière, *La nuit des prolétaires: Archives du rêve ouvrier*, Paris: Fayard, 1981. 이 책은 1997년 아셰트(Hachette) 출판사에서 문고판으로 다시 발간됐다. 이하 이 책에서의 인용은 1997년판을 기준으로 한다.
2) 레지 드브레, 최정우 옮김, 「매체론으로 본 사회주의의 역사」, 『뉴레프트리뷰』, 도서출판 길, 2009, 374~409쪽. 또한 다음의 책을 참조하라. Régis Debray, "Vie et mort d'un écosystème: Le socialisme," "La loi des trois états," *Cours de médiologie générale*, Paris: Gallimard, 1991, pp.255~298, 357~391.

따라서 랑시에르의 '한낮'은 『프롤레타리아트의 밤』과 함께 비로소 시작된다고 말해도 좋다. 문제는 노동자의 정체성이 동일자적으로 구성되는가 혹은 그렇지 않은가 하는 포스트모던한 동일자/타자의 논리가 아니다. 랑시에르에게 더욱 중요한 것은 정치와 감성학/미학이 맺고 있는 관계, 그리고 이를 통해 드러나는 '해방'의 새로운 의미이다. 랑시에르는 흔히 자본주의체제 안에서 단순히 여가나 휴식의 시간으로만 여겨지는 밤의 시간을 통해 어떻게 노동자들이 낮의 시간을 전복시키는지를, 곧 노동자들이 낮과 밤이라는 시간 구분과 그에 할당되는 활동의 분류법으로 대표되는 감각적인 것의 분할 방식을 어떻게 문제 삼고 어떻게 전복하며 어떻게 '해방'시키는지를, 그들의 글쓰기를 통해 예시하고 회고하며 예감한다. 랑시에르가 발견한 프롤레타리아트의 밤이란 곧 철학/사유하는 자와 생활/노동하는 자를 가르는 분할의 방식에 대한 도전의 시간이었으며, 또한 바로 그런 이유에서 프롤레타리아트의 밤은 그 자체로 이미 어떤 '감성적/미학적 전복'을 준비하고 잉태하는 시간이기도 했다.

2) 『프롤레타리아트의 밤』, 랑시에르 사유의 원점

노동자들의 '목소리'란 어떤 것인가, 그리고 프롤레타리아트적 '정체성'은 어떻게 구성되는가? 랑시에르의 일차적 결론은 노동자라는 계급의식을 자체적으로 구성하는 동일자적 정체성 같은 것은 없다는 것, 오히려 노동자의 정체성 자체가 부르주아적 정체성과의 모방적/대항적 관계를 통해 구성되어왔다는 것이다. 하지만 주체화의 과정이란 한 계급의 동일자적 정체성이 미리 전제됨으로써 이뤄질 수 있는 과정이 아니라 거꾸로 그 과정 자체가 하나의 정체성을, 하나의 정치적 주체를 만들어내는 실천의 형식이라는 것. 랑시에르의 본령이 바로 여기에 있다. 따라서 "프롤레타리아트라는 존재의 속박에서 벗어나기를 욕망하는 이런 변절자들이 어떤 우회를 통해서 역설적으로 노동자 정체성의 이미지와 담론을 형성하게 됐는가?"3)라는 물음은 『프롤레타리아트의 밤』을 관통하는 가장 중심적인 문제의식에 다름 아니다.

이런 의미에서 '감각적인 것의 나눔'le partage du sensible이라는 랑시에르의 핵심 개념은 물론이거니와 '정치와 미학의 관계'라는 그의 중심주제에 있어 『프롤레타리아트의 밤』은 하나의 이정표, 하나의 전환점을 내포하고 있는 일종의 '원점'이라고 할 수 있을 것이다. 이 책은 '노동자의 목소리'를 찾는다고 하는 어떤 순진하고 적극적인 정체성 탐색의 작업이 내포하고 있는 근본적 아포리아를 가장 생산적이고 효과적인 방식으로(그리고 그 이론적 진행 안에서 가장 '수행적으로') 전복함으로써, 노동자의 목소리를 찾는다는 행위 자체를 보다 '징후적'이고 '정치적'인 시각에서 사유할 것을 요구한다. 가장 '미학적'인 것 안에, 곧 '감각적인 것의 나눔'에 대한

---

3) Rancière, *La nuit des prolétaires*, p.10. 특히 지식인 문제와 관련해 이런 논의를 확장/심화시키고 있는 『철학자와 그 빈자들』 역시 일독을 요한다(Jacques Rancière, *Le philosophe et ses pauvres*[1983], Paris: Flammarion, 2006). 그러므로 '노동자의 목소리'를 노동자에게 '온전하게' 되찾아주는 것으로 상정되고 설정된 어떤 '지식인의 임무'란 그 자체로 이미 하나의 허구이자 기만일지 모른다.

의문과 재고 안에, 가장 '정치적'인 혁명과 해방의 요소가 있다고 생각하는 랑시에르의 기본적 입장은 이미 이 책에서 정립되고 있는 셈이다. 랑시에르의 정치철학이 지닌 핵심적인 문제의식은 바로 이런 정치와 미학 사이의 내밀한 관계에 있다.

2. 정치는 어째서 감성학/미학에 대한 사유일 수밖에 없는가?

1) '감각적인 것의 나눔'이라는 개념

랑시에르의 정치-미학적 논의가 현재 서구 정치철학의 최전선 중 하나로 주목 받고 있는 주된 이유에는 여러 가지 이론적이고도 정세적인 측면들이 있을 것이다. 그렇지만 무엇보다도 정치와 미학의 관계에 대해 랑시에르가 갖고 있는 이런 '첨예한' 문제의식을 빼놓고서는 그 이유를 온전히 설명할 수 없을 것이다. 랑시에르의 정치적 사유는 근대적이고 정통적인 의미에서의 정치학 이론과 결정적으로 단절한다. 단적으로 말하자면, 랑시에르에게는 하나의 학學으로서 '정치학'이 존재하는 것이 아니라 '정치에 대한 사유'만이 존재할 뿐이며, 이때 '정치'란 미학 또는 감성학과의 밀접한 관련을 떠나서는 결코 생각할 수 없는 것이다.

    2008년 방한 당시 랑시에르는 한 인터뷰에서 다음과 같이 말한 바 있다. "미학의 문제는 내게 언제나 정치 문제와 연결되어 있습니다. 미학에 대한 나의 관점은 기본적으로 합의와 불화에 대한 논의에 기초하는데, 이런 관점에서 또한 내가 강조하는 개념이 바로 '감각적인 것의 분배'입니다. 이는 감각적 경험들, 곧 볼 수 있는 것, 말할 수 있는 것, 사유할 수 있는 것을 누구에게 어떻게 분배하는가 하는 문제, 곧 지극히 정치적인 문제이죠. 여기에는 항상 불화와 긴장이 존재합니다. 미학에 대한 사유란 내게 이런 긴장들이 지닌 논리를 사유하고자 하는 시도를 의미합니다."[4] 특히 랑시에르가 『불화: 정치와 철학』 또는 『감성의 분할: 미학과 정치』 등의 책[5] 속에서 중심적으로 제시하고 있는 '감각적인 것의 나눔'이라는 개념은 정치와 미학에 대한 랑시에르 사유의 핵심을 단적으로 드러내주고 있는 이론적 구심점이라 할 것이다. 그런데 이런 랑시에르의 논의를 정확히 이해하기 위해서는 '미학'이라는 단어를 둘러싸고 있는 우리의 편견을 걷어내고 그 기원과 성립과정에서부터 미학의 개념을 다시 짚어볼 필요가 있다.

주지하다시피 서구 철학의 맥락 안에서 미학이 하나의 학제discipline로서 성립된 것은 알렉산더 바움가르텐과 임마누엘 칸트 이후라고 할 수 있다. 이 새로울 것도 없는 사실을 여기서 굳이 새삼스럽게 떠올려보는 이유는 일종의 어원을 따져보자는 것인데, 이는 우리가 현재 너무나 당연하고도 자연스럽게 통상 '미학'으로 번역하고 있는 단어(Ästhetik, esthétique, aesthetics)가 엄밀하게 말하자면 '감각학' 또는 '감성학'의 뜻으로 먼저 새겨져야 한다는

---

4) 최정우, 「"미학은 감각적 경험을 분배하는 체제다"」, 『시사IN』(제65호), 2008년 12월 13일자, 69쪽.
5) Jacques Rancière, *La mésentente: Politique et philosophie*, Paris: Galilée, 1995; 오윤성 옮김, 『감성의 분할: 미학과 정치』, 도서출판b, 2008.

사실을 환기하기 위함이다. 랑시에르가 『민주주의에 대한 증오』[6]에서 본래 '민주주의'라는 말이 어원에서나 용례에서 무엇보다 하나의 '욕설'과 '폄하'의 언어로 사용됐음을 우리에게 상기시키는 것처럼, 또한 『불화』에서 '폴리티크' politique 라는 말이 어원적으로 동시에 지니고 있던 '정치'와 '치안'의 두 가지 의미를 환기하고 있는 것처럼, 그와 비슷한 맥락에서 랑시에르가 문제 삼고 있는 '미학'이란 무엇보다 먼저 '감각학' 또는 '감성학'으로서의 지위를 갖는 이론의 체제를 뜻하는 것임을 우리는 한국어 번역의 차원에서 재차 상기해볼 필요가 있는 것이다.

그렇다면 왜 '미학'이라는 개념이 지닌 '감성학' 혹은 '감각학'으로서의 어원이 문제가 되는가? 여기서는 무엇보다 칸트가 『순수이성 비판』에서 '애스테티크' Ästhetik 라는 단어를 어떻게 사용했는가를 먼저 떠올려보는 것으로 충분할 것이다. 주지하다시피 칸트는 이 단어를 우리의 경험을 가능케 하는 조건, 곧 시간과 공간이라는 선험적 형식을 해명하는 장에서 사용하고 있다.[7] 말하자면 랑시에르는 바로 이런 점에서 미학 개념에 관한 칸트의 선례를 충실히 따르고 있다고 해야겠는데, 무엇보다 랑시에르에게서 감성학/미학이 중요해지는 이유는 그것이 정치의 '조건'이자 정치 그 자체의 '형식'이기 때문이다. 정치는 감각적인 것들이 분배되는 하나의 체제

---

6) Jacques Rancière, *La haine de la démocratie*, Paris: La Fabrique, 2005.
7) 특히 감성(Sinnlichkeit)의 형식을 다루는 「초월적 감성학」(Die transzendentale Ästhetik) 부분을 참조하라. 임마누엘 칸트, 백종현 옮김, 『순수이성 비판 1』, 아카넷, 2006, 239~272쪽[A19/B33~A49/B73].

이며 또한 감각적인 것의 분배를 문제 삼는 불화의 영역이기도 하다. 랑시에르에게 '정치'란 바로 이런 감각적인 것이 지닌 '경제적'이고 '위상학적'인 심급의 문제, 곧 감각적인 것의 위계를 어떻게 분류하고 배분할 것인가 하는 문제와 밀접하게 결부되어 있는 영역이기 때문이다. 단순하게 미학적인 범주로만 간주되어왔던 '감성적인 것' 또는 '감각적인 것'의 문제가 어떻게 '분배'라고 하는 정치(경제)학적 범주와 접속될 수 있는가, 또는 역으로 일견 협소한 의미의 '정치'로 여겨지던 것이 어떻게 '감각적인 것'이라고 하는 지극히 미학적인 범주의 위계와 분배 위에 기반하고 있는가를 효과적으로 보여주는 것이 바로 랑시에르의 정치-미학적 논의가 지닌 핵심이자 미덕이라고 할 수 있는 것이다.

이런 접근 방식은 미셸 푸코가 후기 저작에서 보여준 '존재론의 미학과 윤리'에 관한 논의들, 혹은 조르조 아감벤이 '호모 사케르' 연작을 통해 진행한 '생명정치'에 대한 논의 등과 더불어, 탈정치의 포스트모던 시대를 약간의 시차로 함께 통과한 이들의, 서로 다르지만 공통적이기도 한 어떤 결정적인 '정치적' 전회의 지향성을 드러내주고 있다. 그러나 이들 사이에서 랑시에르가 유독 도드라지는 점은, 그가 감각적인 것들을 분할하고 배분하는 것이 정치의 한 특정한 효과라고 주장하는 것이 아니라 감각적인 것들이 그렇게 분할되고 배분되는 방식 자체가 바로 정치라고 말한다는 사실에 있다. 따라서 감각적인 것의 나눔은 정치라는 '상위' 단계가 '하위'의 미학적 차원에 대해 갖는 어떤 효과나 결과를 의미하는 것이 아니라 그 자체로 정치의 핵심 과정을 이루는 어떤 체제를 뜻한다. 랑시에르에게 정치란 이런 감성학/미학에 대한 사유에 다름 아니며, 그 분할의 방식을 문제 삼고 전복시키는 과정이 그가 의미하는 바 '해방'에 가닿고 있는 것.

2) 랑시에르 대 부르디외, 혹은 랑시에르 대 리오타르

랑시에르에게서 미학은 항상 정치와 함께, 정치는 항상 미학과 함께 사유된다. 다시 한 번 강조하자면 미학과 정치의 관계에 대한 랑시에르의 논의는 예술의 사회참여를 주장하는 것도, 일종의 분과학문으로서의 예술사회학을 다루는 것도 아니다. 정치는 무엇보다 감각적인 것의 나눔이라는 문제, 곧 보이는 것과 보이지 않는 것, 말할 수 있는 것과 말할 수 없는 것을 어떻게 분할하고 배분하는가의 문제이며, 바로 이런 의미에서 정치는 미학에, 미학은 정치에 가닿는다. 랑시에르의 책 중에서도 특히 『감성의 분할』과 『미학 안의 불만』[8] 등이 이런 논의를 대표한다.

  이와 관련해 특히 랑시에르와 피에르 부르디외의 차이, 랑시에르와 장-프랑수아 리오타르의 차이에 주목할 필요가 있다. 먼저 부르디외와 랑시에르는 모두 미학을 정치의 문제에 직접적으로 연결시키고 있다는 점에서는 기본적으로 같은 문제의식을 공유하고 있지만, 그 연결방식과 함의에 있어서는 서로 크게 차이가 난다는 점에서 미학-정치적 사유의 두 대척점을 보여준다. 단적으로 말하자면, 부르디외의 정식은 "미학의 바탕에는 정치가 있다"는 말로

---

[8] Jacques Rancière, *Malaise dans l'esthétique*, Paris: Galilée, 2004.

요약될 수 있지만, 반대로 랑시에르의 정식은 "정치의 바탕에는 미학이 있다"는 말로 요약될 수 있는 것.

왜 그런가? 무엇보다 부르디외가 문제 삼는 것은 미학/감성학 또는 취미의 문제에서 정치적 계급과 그 계급을 둘러싼 상징권력이 드러나며 작용하고 있다는 어떤 '사회학적 사태'이기 때문이다. 그러므로 미학의 배경에 어떤 종류의 정치가 있게 되는 것이지 그 반대는 결코 아니다. 이와 달리 랑시에르는 정치의 과정 그 자체를 '미학적' 과정, 다시 말해서 감각적인 것들이 분배되고 할당되는 감성학적 체제로 이해한다. 요컨대 정치의 과정은 그 자체가 곧 미학적인 것, 다시 말해서 정치의 배경에는 미학적 혹은 감각적 분할이 있으며 그 자체가 바로 정치가 된다는 것이다. 또한 이런 차이점은 랑시에르가 부르디외를 비판하는 요지가 되기도 하는데, 이는 랑시에르의 미학-정치학적 논의가 넓은 의미에서의 예술사회학과 변별점을 드러내는 지점이기도 하다.

랑시에르가 미학의 관점에서 가장 날카로운 대립각을 세우고 있는 또 한 명의 철학자는 리오타르이다. 여기서 쟁점이 되는 인물은 다시 한 번 칸트이다. 칸트의 미 분석론은 개념을 통하지 않는 지성과 감성의 조화라는 관념에 바탕을 둔다.[9] 한편 칸트의 '숭고'

---

9) 상상력(Einbildungskraft/ imagination)의 개념이 중요한 화두로 떠오르는 곳이 바로 이 지점이다. 질 들뢰즈의 칸트에 관한 논의, 곧 상상력을 지성과 감성 사이의 우발적이고도 창발적인 조화를 가능케 하는 하나의 역량으로 사유하려는 경향 역시 이런 맥락에서 다시 생각해볼 수 있다. 질 들뢰즈, 서동욱 옮김, 『칸트의 비판철학: 이성 능력들에 관한 이론』, 민음사, 1995.

Das Erhabene 개념은 관념과 감각적 현실 사이의 그 어떤 조화로운 관계로부터 단절하는 것으로 나타난다. 리오타르는 그런 식으로 근대 예술 전체를 이런 숭고 개념의 현시로 만든다는 것이 랑시에르의 생각이다. 리오타르가 보기에 숭고 개념은 예술적 모더니티의 과제를 결정하는 것인데, 구상figuration을 거부함으로써 지성적인 것과 감각적인 것 사이의 넘을 수 없는 틈을 표시하기, '표현불가능한 것이 있음을 증언하기'가 바로 그런 과제의 요체라는 것이다. 리오타르처럼 '표현불가능한 것' 혹은 '재현불가능한 것'에 더 큰 가치를 부여하는 것은 모더니티에 대한 특정한 사유, 곧 진보주의적 역사관을 뒤집는 사유의 입장을 취하는 것으로서 포스트모던을 위한 대표적 논의 중 하나이다.

이 지점에서 리오타르에 대한 랑시에르의 비판은 결국 칸트에 대한 독해, 더 정확히는 『판단력 비판』의 독서와 숭고의 해석에 집중되고 있다. 주지하다시피 칸트에게서 숭고가 능력들 사이의 불일치를 드러내는 하나의 충격적 사건이라고 한다면, 리오타르에게서 그런 숭고는 예술 안에 '실체화'된 형태로 자리잡게 된다는 것이 랑시에르가 제시하는 비판의 요지이다. 재현할 수 없는 전복적 숭고의 힘을 긍정하는 어떤 '불가능성'의 사유와 예술은 정말 그 자체로 전복적인가? 아마도 랑시에르의 비판은 바로 이런 하나의 질문으로 요약될 수 있을 것이다. 이런 논의는 모던과 포스트모던에 대한 역사적이고 미학적인 '단절'의 담론들을 비판적으로 재검토하게 하면서 우리에게 칸트에 대한 '다시 읽기'를 종용한다. 또한 이런 숭고의 개념과 관련해 랑시에르는 재현불가능한 것, 실재적인 것,

사물la Chose의 힘을 강조하는 정신분석적 담론에 대립각을 세우며 예술의 미학적 체제 안에서 '재현할 수 없는 것은 없다'고 말한다. 이런 의미에서 우리는 또한 랑시에르를 정신분석과의 불화와 대결 안에서 읽어야 한다. 따라서 이로부터 우리는 랑시에르의 미학-정치학적 논의와 관련해 두 가지의 '근본적'인 비교 독서를 수행할 수 있을 것이다. 한편으로는 랑시에르를 정신분석과 함께 읽기, 다른 한편으로는 랑시에르를 칸트와 함께 읽기가 바로 그것이다. 우리는 『감성의 분할』 외에도 이런 맥락에서 『미학적 무의식』과 『이미지들의 운명』 등을 읽을 수 있을 것이다.[10]

3) 정치적 소격효과이자 해방의 기획으로서의 감성학/미학

그렇다면 칸트 미학에 대한 랑시에르의 입장은 어떤 것인가? 이에 답하기 위해 우리는 먼저 랑시에르가 말하는 체제régime 개념을 살펴봐야 한다. 랑시에르는 예술과 관련해 세 가지 체제를 구분한다 (여기서 우리는 랑시에르에게 체제란 곧 그의 미학적/감성학적 '이데올로기론'을 이루는 핵심 개념임을 염두에 둬야 한다). 첫째, '이미지들의 윤리적éthique 체제'가 있다. 이런 체제는 이미지들이 원본에 충실한가 하는 기준, 그 이미지들이 그것을 지각하는 자들의 성격과 도덕성에 어떤 영향을 미치는가 하는 기준을 중시한다. 예를 들어 플라톤의 '시인 비판'의 경우가 이에 해당할 것이다. 둘째 '예술의

---

10) Jacques Rancière, *L'inconscient esthétique*, Paris: Galilée, 2001; *Le destin des images*, Paris: La Fabrique, 2003.

재현적représentatif 체제'가 있다. 재현적 체제는 모방의 예술들을 그 예술들의 진리와 도덕 효과들에 대한 윤리적 기준에서 해방시킨다. 진리의 효과와 도덕적 고려에 대항해 내적 일관성, 예술의 자율성이라는 규칙을 맞세우는 것이다. 예를 들어 아리스토텔레스의 『시학』, 혹은 근대 이전의 예술에 관한 여러 가지 사유들이 이에 해당할 것이다. 그리고 마지막으로, 셋째 '예술의 미학적esthétique 체제'가 있다. 예술의 미학적 체제란 주제와 장르의 위계가 붕괴하는 체제이다. 이때 '미학'이란 이 새로운 체제에 대한 사유를 의미하는 이름으로서, 단순한 미론美論이나 예술학을 뜻하지 않는다. 곧 미학이란 예술이 목적이나 위계 등으로부터 분리되어 하나의 특정한 '경험 영역'으로서 고유하게 존재하게 되는 체제에 대한 사유를 가리키는 이름이다. 이런 사유는 그 어원으로서 '감성학' 혹은 '감각학'의 의미를 강하게 부각시킨다. 사실 이런 미학적 체제의 핵심은 예술에 있어 제작poiesis과 감상aisthesis 사이의 결정적 관계 변화에 있다. 또한 이런 포이에시스와 아이스테시스 사이의 단절과 전도는 바로 칸트의 『판단력 비판』이 문제 삼고 있는 핵심 주제 중 하나라는 것이 랑시에르의 관점이다.

여기서는 이른바 칸트 미학의 '무관심성'[11]에 대한 부르디외와 랑시에르의 상이한 관점을 비교하는 것이 유효할 것이다. 부르디외는 무관심성을 정치적 시각이 소거된 관점, 곧 '몰정치적'이고 '탈정치적'인 개념으로 이해한다. 이런 점에서 부르디외는 오히려

---

11) 임마누엘 칸트, 백종현 옮김, 『판단력 비판』, 아카넷, 2009, 193~202쪽.

랑시에르가 구분했던 첫 번째 체제, 곧 '이미지들의 윤리적 체제'에 충실하다고 봐야 한다. 부르디외는 예술과 그것의 정치성이 지닌 '윤리적' 성격을 염두에 두고 있기 때문이다. 하지만 랑시에르는 오히려 칸트적 무관심성 안에서 예술적 경험의 자율성을, 곧 감성적이고 감각적인 경험의 자율성이라는 하나의 체제를 읽어낸다. 곧 랑시에르는 칸트를 미학적 체제의 어떤 '시작점'으로 읽어내는 것이다. 예를 들어 천재란 예술작품을 예술가의 앎과 의지에서 분리해내는 비인칭적 역량이다. 천재란 자기가 바라지 않는 것을 하고, 자기가 생각하지 않는 형태를 부여하는 예술의 역량이다(이를 예술과 천재에 관한 '낭만주의적' 관점과 비교해보라).

    미학적 체제의 예술은 그 예술이 "얼마나 예술에 속하지 않을 수 있는가"라는 능력으로 측정되는 독특한 자율성이다. 따라서 재현적 체제에서의 자율성과 미학적 체제에서의 자율성은 서로 다르다. 예술의 미학적 체제가 자율화하는 것은 작품이나 예술가가 아니라 특정한 경험 방식, 곧 감성적 경험 방식이기 때문이다(반면 재현적 체제 안에서 작품들이 누리는 자율성이란 포이에시스와 아이스테시스가 단절됨으로써 발생한 효과일 뿐이다). 감성적 경험이란 예술의 형태들이 그 속에서 '지각'되고 '사유'되는 어떤 틀을 의미한다. 그러므로 감성적 경험은 엄격한 의미에서 단지 예술작품들만을 고려하는 좁은 의미의 예술적 경험의 영역을 넘어서는 어떤 '보편적' 경험이다. 랑시에르의 미학-정치학적 논의에서 감각적 경험의 자율성과 보편성이 중요해지는 것은 그가 바로 이런 미학적 체제의 등장에 주목하고 있기 때문이다.

이를 통해 우리는 '감각적인 것의 나눔'이라는 랑시에르의 핵심 개념이 정확히 무엇을 의미하는지를 알 수 있다. '폴리티크'에 대한 랑시에르의 어원적 분류법을 따르자면 공동체를 위치, 점유, 직무 등에 부합하는 존재방식에 따라 정의되는 안정된 집단들의 집합으로 보는 시각이 이른바 치안의 논리 la logique policière인데, 이런 치안의 논리 안에서는 전체가 부분들의 총합과 동일하며 각 부분이 그에 부합하는 '합당한' 몫part을 갖는다. 또한 이런 논리 안에서는 전체의 바깥이란 존재하지 않고 가시적인 것과 비가시적인 것이 명확히 구분되며 또한 말과 소음이 서로 확연히 구별된다.

이와 달리 이런 치안의 논리에 대비되는 것으로서 정치의 논리 la logique politique가 있다. 정치의 논리는 부분, 위치, 직무의 셈에 포함되지 않았던 보충적이고 부차적인 요소의 도입으로 정의할 수 있다. 정치의 논리는 자리들의 나눔을 흐트러뜨리는 동시에 전체의 셈과 가시적인 것/비가시적인 것 사이의 나눔에 문제를 제기한다. 바로 이 지점에서 랑시에르의 또 다른 핵심 개념인 '자리바꿈' déplacement이 중요해지는데, 이는 루이 알튀세르가 「브레히트와 맑스에 대하여」에서 베르톨트 브레히트의 소격효과 Verfremdungseffekt를 옮기는 데 사용한 번역어이기도 하다.[12] '자리를 바꾼다는 것'은 곧 셈하지 않았던 것을 셈한다는 것, 몫이 없었던 것에 몫을 부여한다는 것, 이는 다시 말해서 감각적인 것의 나눔을 문제 삼는 '정치'의

---

12) Louis Althusser, "Sur Brecht et Marx," *Écrits philosophiques et politiques*, tome.2, Paris: STOCK/IMEC, 1995, p.569.

핵심이며, 또한 정치적 소격효과이자 해방의 기획이기도 하다. 정치의 논리는 어두운 삶에만 속해 있는 것으로 셈해지던 사람들을, 말하고 생각하는 존재들로, 곧 가시적인 존재들로 만든다. 밤에 속해 있던 존재는 하나의 주체가 되어 낮으로 걸어 나온다. 정치의 논리는 그런 어두운 삶 속의 소음으로밖에 지각되지 않았던 것들을 하나의 말로서, 담론으로서 들리게 만든다. 이것이 바로 랑시에르가 '몫 없는 자들의 몫,' 혹은 '셈해지지 않은 것들의 셈하기'라고 부르는 정치의 과정이다.

3. 왜 합의가 아니라 불화에 주목해야 하는가?

1) 민주주의: 몫을 갖지 않은/못한 자들의 통치

이로부터 우리는 민주주의의 개념을 다시 생각해볼 수 있다. 민주주의의 주체인 인민peuple은 한 국가의 국민이나 주민의 총합이 아니다. 인민이란 '아무개' n'importe qui의 능력이 현실화되는 것이며, 이때 '아무개'는 또한 그 자신의 주체화 과정을 감행하는 것이다. '감각적인 것의 나눔' 혹은 '감성의 분할'이란 감각적 경험형태의 분배, 곧 가시적인 것과 말할 수 있는 것과 사유할 수 있는 것의 나눔과 분할이라는 문제에 다름 아니다. 따라서 랑시에르에게 있어 미학은 예술작품에 대한 이론이나 미에 관한 학문을 의미하지 않는다. 랑시에르에게 미학은 경험의 형태, 가시성의 방식, 그리고 해석의 체제로서 존재한다. 따라서 이런 미학/감성에 대한 사유로서의 정치란 볼 수 있는 것과 경험할 수 있는 것, 그리고 그것에 대해 말하고 생각할 수 있는 것에 대한 어떤 분배를 뜻하는 것이다. 감각적인 것의 나눔은 가능태들에 대한 어떤 분배이며, 이런 가능태들에 접근할 수 있는 가능성들에 대한 분배이기도 하다. 랑시에르가 정치를 감성학적/미학적 분할의 문제로, 그리고 미학을 정치적 잠재성의 영역으로 이해하는 것은 바로 이 때문이다.

앞서 언급했듯이 치안의 질서는 사회관계들에 이미 존재하는 권위의 형식과 공동체의 통치 사이에 존재하는 어떤 단일한 동질성homogénéité을 정초한다. 치안은 억압장치들에 의한 폭력을 지시하지 않는다(즉, '치안'이란 단순한 '경찰'과는 다르다). 그것은 공동의 삶에 대한 특정한 조직화이다. 치안의 질서란 공동체가 특정한 지위와 기능에 의해 규정되는 집단들로 구성되고, 그 지위에 할당되는 사람들에 의해 통솔되는 질서이다. 민주주의 원리는 이런 질서에 근본적인 단절을 도입한다. 민주주의 통치는 그에 앞서 존재하는 어떤 권위적 관계에 기초하지도, 어떤 특정한 집단에 속하지도 않는 통치이다. 민주주의는 공동체를 구성하는 개인들의 총체로서의 민중의 통치이다. 민주주의는 어떤 자격, 권위, 사회적 지위에 의해서도 통치의 자격을 부여받지 않는 사람들에게 고유한, 그리고 그들에 의해 이뤄지는 통치인 것이다. 그러므로 민주주의는 어떤 개인이나 집단이 자신의 통치를 주장하기 위해 제시하는 모든 개별적 자격을 반박하는 통치이기도 하다. 랑시에르는 이런 '근본적' 민주주의를 '몫을 갖지 않은/못한 자들'sans-part, 혹은 '셈되지 않은/못한 자들'incompté의 통치라고 부를 것을 제안한다.

몫을 갖지 않은 자들, 셈되지 않은 자들은 어떤 특수한 계층이나 특정 인구 범주를 지시하는 말이 아니다. 오히려 인구의 부분들에 대한 모든 셈, 그 부분들의 몫과 지위를 넘어서는 정치공동체의 과잉excès을 가리키는 말이다.[13] 곧 민주주의는 정치의 과잉, 모든 형태의 확립된 권력을 뛰어넘는 '민중권력'의 과잉을 의미하는 것이다(따라서 이런 과잉의 정치적 사유는 이질성hétérogénéité 개념에 주목할 수밖에 없다). 이런 의미에서 민주주의는 하나의 특정한 정치체제나 국가제도를 가리키는 것이 아니다. 그것은 정치의 원리 자체이다. 정치는 공동체의 통치에 대한 자격과 정당성이 어떤 특별한 개인이나 집단에 속하지 않을 때 시작되는 무엇이다. 공동체가 연장자, 재산가, 사제, 학자, 군인 등 어떤 특정한 권위나 지위에 의해 지배될 때 정치는 존재하지 않는다. 정치는 권력이 원칙적으로 이 모든 것 중 그 어떤 것도 갖고 있지 않은 사람들, 곧 '아무개'인 사람들, 통치되거나 통치할 근거를 갖고 있지 않은 사람들에 귀속할 때 시작되는 무엇이다.

사실 오늘날 민주주의라고 이야기되는 정부들은 복합적인 정부, 즉 출생이나 사회적 지위 또는 힘과 지식 등을 통해 권력을 행사할 자격을 갖게 되는 사람들 가운데 자신들의 대표자를 선출할 수 있는 권리로 민중권력을 '제한'하는 과두정치에 의해서 실행되

---

[13] 이런 점에서 랑시에르 방한 당시의 『동아일보』 기사 제목("욕망 제어 못하는 민주주의, 사회질서 해치는 정치과잉")은 기사 자체의 '정치적 편향성'과 '악의적 무지'가 어떻게 한 사상가의 사유 내용을 가장 '창조적으로' 오독하고 날조할 수 있는지를 잘 보여준 한 편의 웃지 못할 희극이었다.

는 정부이다. 이런 정치체제 아래에서는 오히려 '정치' 자체가 실종되고 중단되고 소멸된다. 이런 정부들은 '이중으로' 공공영역을 제한하는 경향을 지속적으로 드러낸다. 공공의 영역을 자신들의 사적인 문제로 만드는 경향, 국가 차원의 행위 영역만을 유일한 공공영역으로 간주하고 국가와 '관련 없는' 행위자들의 개입을 사적인 영역으로 치부하는 경향이 바로 그것이다. 곧 이런 정부는 공공영역과 사적 영역을 '엄격히' 구분하는데, 이는 각 영역에서 과두제적 지배를 더욱더 확고히 하기 위해서이다. 이는 국가 차원에서 실행되는 지배형태들을 통해, 그리고 경제적 착취를 통해 이뤄진다. 이런 의미에서 '각자 자신이 처한 자리에서 맡은 바 일에 충실'하라고 말하는 원칙은 일견 지당한 말처럼 보이지만, 이는 '그 자신의 일을 제외한 다른 일은 하지 말라'고 말하는 제한적이고 분할적인 명령이며 평등의 원리에 기초한 지적 해방과 정치적 주체화를 가로막는 걸림돌로서 오히려 지배적 질서의 억압을 더욱 공고히 할 뿐이다. 랑시에르가 『프롤레타리아트의 밤』과 『철학자와 그 빈자들』에서 중점적으로 비판하고 있는 문제 역시 바로 이런 '플라톤의 거짓말,' 곧 각자의 자리에서 각자의 맡은 바를 수행하며 각자의 분수와 조건에 맞게 살라는 억압적 명령이었다.

 랑시에르는 인터뷰에서 한국의 촛불집회 상황과 관련해 다음과 같이 말한 바 있다. '미국산 쇠고기의 수입을 단순히 그 문제와 관련된 전문가들만의 문제로 보지 않는 것이 중요하다고 생각합니다. 특정한 정체성을 지닌 전문가 집단이나 정부만의 문제가 아니라 아무개/모든 이의 문제로 이해하는 것입니다. 그것은 사적인 문제가 아니라 공공 건강의 문제, 곧 공적 영역의 문제입니다. 이렇듯 정치적 주체화는 특정한 이슈로부터 시작해 그것을 공공의 이슈로 만들어내는 과정 안에서 발생하는 것입니다. 정치적 주체는 특정한 사회적 신분이나 지위에 의해서 미리 결정되는 것이 아니라 이런 주체화 과정을 통해서 만들어지는 것이죠."[14] 간단히 말해서 민주주의는 이른바 '공공성'과 '전문성'이라는 미명하에 자행되는 '사유화' 私有化에 대항하고 주체화 과정을 실천하기 위해, 부가적이고 부차적인 성격을 지니는 행위자들이 국가적 차원의 여러 형식에 가하는 행위의 총체이다.

2) 인권에 관한 민주주의적 역설

우리는 바로 이런 의미에서 '인권'이라는 개념을 다시 사유해야 한다. 일견 인권이란 '그런 권리들을 가진 사람들의 권리'를 의미할 수 있다. 그러나 이 경우에 인권이라는 말은 일종의 동어반복에 빠지게 된다. 또 한편으로 일견 인권이란 벌거벗은 인간 혹은 비정치적 인간의 권리, 곧 '권리들을 갖지 못한 사람들의 권리'를 의미할 수도 있다. 그러나 이 경우에는 그 정의 자체가 논리적으로 불합리해진다. 랑시에르는 이런 인권에 대한 두 가지 해석에 반대하며 인권에 대한 제3의 명제를, 곧 인권에 관한 민주주의적 '역설' 한 자락을 제시하고 있다. 그 정식은 다음과 같다. "인권은 자신들이 갖고 있는 권리를 갖고 있지 못한, 그리고 자신들이 갖고 있지 못한

---

14) 최정우, 「"미학은 감각적 경험을 분배하는 체제다"」, 70쪽.

권리를 갖고 있는 사람들의 권리이다."15) 이 수수께끼와도 같은 역설이 바로 랑시에르가 생각하는 민주주의와 인권, 그리고 그가 말하는 정치의 의미를 단적으로 드러내준다.

인권의 주체는 그 자신이 미리 지니고 있던 어떤 '정체성' 때문에 특정한 권리를 갖게 되는 주체가 아니며, 그저 벌거벗은 인간인 것도 아니다. 인권의 주체는 곧 정치적 주체이다. 여기서 정치적 주체란 국민이라는 정체성을 소유하고 있는 개인과 동일하지 않다. 정치적 주체는 자연적이거나 사회적인 어떤 정체성을 소유한 자가 아니기 때문이다. 랑시에르에게 정치적 주체란 오직 주체화 과정을 통해서 구성되는 주체, 두 존재 방식 사이에서 존재하는 어떤 '거리'와 '간격'에 의해 규정되는 주체이다. 곧 인권의 주체는 인권의 두 존재 방식을 분리하는 간격 속에서 구성되는 주체인 것. 다시 말하자면 인권은 자신들의 권리를 단순히 '사용'하고 '적용'하는 사람들의 권리가 아니라, '인간' 혹은 '시민'이라는 이름을 점유해 그것을 주체화 과정의 작용자로 만듦으로써 자신들을 어떤 주체로 구성하기로 결심한 사람들의 권리이다.

실제로 인간과 시민이란 말은 개인들의 단순한 집합을 의미하지 않는다. 그것들은 잠재적인 정치적 주체이다. 정치적 주체란 누가 자신들의 셈에 포함되는지 아닌지를 결정하는 문제에 관해 하

---

15) Jacques Rancière, "Who Is the Subject of the Rights of Man?," *The South Atlantic Quarterly*, vol.103, no.2-3, (Spring/Summer) 2004, pp.302~303; "Does Democracy Mean Something?," *Adieu Derrida*, ed. Costas Douzinas, New York: Palgrave, 2007, pp.84~101.

나의 논쟁과 불화를 만들어내는 이름이다. 마찬가지로 인간과 시민, 자유와 평등이라는 속성들은 미리 앞서 어떤 규정된 내용을 갖는 술어들도 아니고 또한 특정하게 규정된 개인들 안에 내재하는 술어들도 아니다. 그것들은 무엇보다 정치적 속성들이다. 그런 속성들에 호소하는 것은 그것들이 함축하는 것이 무엇인지, 그것들이 누구에게 적용되는 속성인지에 대해 어떤 논쟁을 만들어내는 행위이다. 여기서 문제는 전체에 대한 셈 안에 과연 누가 포함되는지, 모두의 자유와 평등이 적용될 수 있는 영역은 어떤 것인지를 아는 것이다. 한 공동체에 포함된 사람들에 관한 어떤 '셈'을 전복하기 위한 싸움은 자신들이 갖고 있지 않은 권리를 행사할 수 있는 권리를 박탈당한 사람들에게는 하나의 '기회'이다. 인권이 그런 권리를 행사할 수 있는 사람들의 권리인 것은 맞지만, 이런 정식이 인권을 동어반복적인 것으로 만들어서는 안 된다.

따라서 여기서는 인권에 대한 두 가지 관념의 대비가 중요하다. 첫째, 인류를 둘로 나누는 전통적인 구분을 재생산할 뿐인 인도주의적(인류학적) 관념. 둘째, 보고 판단하고 자신들의 상황을 논증할 수 있는 능력이 모든 인간 존재에 공통적인 능력임을 긍정하는 민주주의적 관념. 인도주의적으로 이해되는 인권이란 차별적 인류학의 부산물에 지나지 않는 '시혜적'인 것이며, 그러므로 랑시에르가 강조하는 것은 평등을 목표로 이해하지 않고 하나의 원칙이자 전제로 파악하는 정치적 사유이다. 또한 이는 랑시에르가 표면적이고 봉합적일 뿐인 합의가 아니라 정치의 과정 그 자체로서의 불화를 강조하는 이유이기도 하다.

3) 불일치/불화를 제거할 것인가 창출할 것인가?

실제로 우리는 민주주의를 제도적이고 국가적인 정체政體로, 최종적으로는 어떤 합의의 도출을 목표로 하는 하나의 절차적 과정으로 이해하려는 경향이 있다(지루하면서도 소름끼치게 반복되는 저 '국민화합'이라는 역겨운 단어를 떠올려보라). 합의consensus와 불화dissensus란 무엇인가? 치안의 논리는 인간 존재를 두 범주로 구분한다고 말할 수 있다. 말하고 논증하는 존재들과 쾌나 고통의 감각을 단지 소리로써만 표현하는 존재들 사이의 구분. 정치의 논리, 민주주의의 논리는 이런 구분을 거부하고 상대가 단지 고통과 분노의 소음으로만 간주하는 것을 하나의 '논변'으로서 긍정하는 것을 요체로 한다. 따라서 다시 한 번 인권은 (랑시에르 스스로가 자주 예로 들고 있는 로자 파크스의 사례처럼) 어떤 물질적이고 상징적인 공간을 '창출'하겠다고 결심하는 사람들의 권리인 것이다. 많은 이들이 흔히 잘못 상정하고 있는 것처럼, 인권은 민주주의적 합의의 '초월적 토대'가 아니다. 반대로 인권은 '불일치 과정'processus dissensuel으로서의 민주주의적 과정이 드러나는 하나의 무대이다. 인권의 힘은 그런 권리가 선언되는 무대, 그리고 그 권리를 검증하는 불화의 무대 사이를 오가는 역동적인 운동의 개념인 것이다.

합의는 민주주의적 불일치를 제거하려는, 집단적 삶을 구조화하려는 특정한 방식을 가리킨다. 반면 불일치 혹은 불화란 주어진 세계의 한 가운데에서 또 다른 감성의 세계를 건설하는 실천이다. 무엇보다 민주주의 자체가 바로 이런 불화와 불일치의 과정을 의미한다. 그것은 몫 없는 자들, 셈되지 않은 자들이 어떤 물리적 장소나 상징적 위치를 자신들의 능력을 시위하는 공공의 장소로 전화시키는 실천이다. 불일치는 공동의 세계가 결코 주어진 것이 아니라는 사실에 대한 긍정이며, 또한 그런 공동의 세계가 어떤 '자격을 가진' 사람들에 의해 운영되고 통치되는 치안의 질서와 특정한 자질 혹은 자격이 없는 '아무개들'의 능력 사이에 존재하는 힘의 관계들 속에서 구성된다는 사실에 대한 긍정이다.

반대로 합의는 주어져 있는 것은 주어져 있는 것이고, 따라서 이의를 제기할 수 없는 것이라고 주장되는 세계, 곧 정치적 주체들을 수로 셀 수 있는 존재들 혹은 경제적 이해집단이나 특정한 정체성을 갖는 공동체로 환원하는 세계를 조직한다. 따라서 합의에 기초한 사유는 정치적 갈등을, 자신의 몫이 있고 자신의 몫을 아는 '전문가' 집단들 사이의 협상에 의해서 해결될 수 있는 어떤 문제로 환원해 생각하려는 경향이 있다. 경제적 세계화는 어떤 '동질적' 세계의 이미지를 만들어내고 있으며, 이 세계 안에서 각각의 국민적 집합체는 자신이 장악하지 못하고 있는 어떤 주어진 상황에 '적응'해야만 하고 이 세계적 차원의 강제와 조응하는 권력과 부의 몫을 집단들 사이에서 분배해야만 하는 것이다(이런 관점에서 우리는 '세계화 속의 한국'이라는 논리, 세계체제 안에서 '국적'이라는 문제, 그리고 그런 '국적들(만)의 점령체제' 아래에서의 국적 없는 '난민'의 지위 문제 등을 생각해볼 수 있을 것이다).

또한 우리는 이런 합의/불화의 개념을 미하일 바흐친의 독백/대화의 개념 짝과 '문학적으로' 비교해볼 수도 있을 것이다. 바흐친의 '대화'란 그 이름과는 달리 어떤 평온한 화해나 아기자기한 담소를 뜻하는 개념이 아니다. 또한 이는 대화적인 텍스트가 따로 있고 그렇지 않은 텍스트가 역시나 따로 있다는 이분법적 개념과도 거리가 멀다. 대화의 성격은 모든 텍스트에 있어 일종의 '조건'으로서 존재하는 것, 텍스트 안에는 '불화'와 '적대'의 조건이 항상 내재되어 있다는 것이다. 오히려 독백은 합의를 전제로 하는 어떤 것, 그리고 그 합의란 대화와 불화를 배제했기에 가능했던 어떤 것이다. 반면 대화적 소통이란 합의와 화해에 기초한다기보다는 오히려 불화와 불일치에 기반하고 있는 것이다.

4) 정치의 사유와 주체화의 과정

이런 불화 개념을 통해 우리는 랑시에르가 말하는 정치적 주체화의 의미를 되새길 수 있다. 랑시에르에게 정치적 주체화 과정이란 어떤 지배질서에 따라 정해지는 특정한 위치와 정체성의 분배로부터 단절하는 과정을 뜻한다. 이런 주체화 과정은 크게 두 가지 과정을 포함한다. 첫째, 탈정체화 désidentification 의 과정, 곧 기존 질서에서 자신들을 규정하고 포함하던 정체성으로부터 스스로를 분리해내는 과정. 둘째, 평등의 과정, 곧 일부에게만 한정된 능력이 아닌 모두가 가진 능력을 주장하는 과정. '전체' tout 란 전체의 부분들 안에 셈해지지 않은 어떤 집단에 의해 구현되는 무엇이다. 이는 하나의 '역설'이지만, 정치적 '우리'란 기존 집단들에서 정의되는 무엇이 아니라 집단들과 자리들의 분배를 무질서하게 만드는 사건에서 시작해 정의될 때만 비로소 존재할 수 있는 무엇이다. 따라서 오늘날 정치적 주체성의 형성과 이탈이 가장 확연하게 드러나는 곳이 국경이라는 '비非-장소'의 장소, 곧 박탈과 추방과 배제의 경험이라는 사실은 결코 우연이 아니다. 예를 들어 실업자들, 고정된 거처가 없는 '주민들,' 이주민들, 불법체류자들, 신분증 없는 노동자들이 이런 '자리바꿈'의 정치적 주체를 형성한다. '동시대적'인 것이 있다면, 그것은 생산과 유통의 전체 과정이 아니라 오히려 그 포함형태가 내포하는 어떤 배제형태, 다시 말해서 포함형태가 배제형태로 변형되는 지점이다.

또한 정치적 주체화의 문제가 제기되는 장소들은 자본의 자유로운 유통이 자신의 이중적인 이면을 드러내는 장소들이기도 하다. 무언가를 박탈당한 존재에게는 '정치적 특성'이 없다. 정치적인 것은 '아무것도 아닌 것'rien으로서의 '전체'라고 스스로를 긍정하는 능력이기도 하다. 따라서 정치적 주체들과 그런 주체들의 투쟁 모델을 덧셈의 형태로 생각해서는 안 되며, 주체화를 사유하는 자리를 일종의 '한계에 있음' 혹은 '사이에 있음'으로 옮겨서 생각해야 한다. 셀 수 없는 자들, 몫 없는 자들, 셈되지 않는 자들이란 더해지는 자들이 아니다. 그들은 정체성들의 '뺄셈'을 발명하는 자들이다.[16] 이로부터 아무것도 아니면서 동시에 전체인, 그런 이들의 공동체를 생각해야 할 필요성이 대두된다. 이는 모든 합의적 형태의 '민주주의적 국가'와는 전혀 다른 '민주주의의 요청' 혹은 '민주주

---

16) 이런 주체화 과정의 주제와 관련해 우리는 한 가지 유효한 사상적 비교 독해를 감행할 수도 있을 것이다. 질 들뢰즈와 펠릭스 가타리의 '되기'(devenir) 개념과 랑시에르의 '자리바꿈' 개념 사이에서, 즉 무엇이 '되고' 무엇으로 '화(化)한다'는 긍정의 어법과 무엇으로부터 '이탈하고' 무엇으로 '자리를 바꾼다'는 부정의 어법 사이에서, 결국 덧셈의 계산법과 뺄셈의 계산법 사이에서.

의의 원리'를 드러낸다. 이 또한 하나의 역설이겠지만, 이런 역설은 그 자체로 불화로서의 민주주의가 갖는 가장 중요한 특징이자 원칙이기도 하다.

그러므로 랑시에르는 어쩌면 우리에게 민주주의의 극단을 사유할 것을 요청하고 있는지도 모른다. 또한 이는 '정치' 자체를 불가능하게 만드는 정치, '정치'를 탈정치화하고 몰정치화하는 정치에 맞서, 불화의 과정으로서의 정치, 불일치로서의 민주주의를 회복시키고자 하는 요청이기도 하다.[17] 사회적이고 정치적인 운동들의 주체와 성격에 대해, 특히 대의민주주의의 한계와 폐해에 대해 그 어느 때보다도 더욱 깊이 생각할 수밖에 없게 된 현재 한국의 상황에서 랑시에르의 이런 정치적 사유와 감성학적 문제의식은 상당한 울림을 갖는다. 이는 민주주의 이후의 민주주의, 탈정치 시대의 정치를 생각하면서 우리가 정치철학의 가장 기본적이며 근본적인 물음을 랑시에르로부터 다시금 긷게 되는 이유이다.

고로, 그렇게 기본적이고 근본적인 방식으로 되묻자면, 정치와 평등이란 무엇인가? 랑시에르 사유의 본령은 바로 이 물음 안으로 집약된다. 여기서는 소위 '차이와 타자의 윤리학'에 맞서는 정치의 사유와 주체화의 과정이 중심 문제로 부각된다. 불화로서의 정치를 중시하는 랑시에르에게 미학과 정치의 '윤리적 전회'라는 이론적인 흐름은 그 자체로 징후적인 것이다. 이런 맥락에서 정치에 대

---

17) 이런 정치 자체의 가능성과 불가능성의 관점에서 랑시에르는 '정치철학'의 몇 가지 양상을 구분하고 있다. 원(archi)-정치, 초(para)-정치, 메타(méta)-정치의 분류법이 바로 그것이다. Rancière, *La mésentente*, pp.93~131.

한 랑시에르의 논의를 엠마누엘 레비나스의 윤리학이나 자크 데리다의 정치철학과 비교·대조해보는 것도 흥미로울 것이다. 랑시에르에게 정치는 법적이거나 제도적인 문제라기보다 다양한 주체화 과정들의 장소, 대립적이고 역설적인 행위의 방식 그 자체이다. 미학이 정치와 함께 새로운 의미를 부여받는 것 역시 바로 이런 주체화 과정 안에서이다. 감각적인 것의 나눔이라는 핵심 개념 안에서 정치는 무엇보다 미학적/감성적 분배 방식을 문제 삼는 '해방'의 기획을 뜻하기 때문이다. 노동자의 해방이란 무엇보다도 "하나의 감성적/미학적 혁명"[18]이었던 것. 바로 이런 맥락에서 우리는 『정치적인 것의 가장자리에서』[19]와 『민주주의에 대한 증오』, 그리고 무엇보다 『불화』를 읽어야 할 것이다.

또한 이는 프랜시스 후쿠야마 식의 정치와 역사의 종언에 대한 테제들, 그리고 칼 슈미트를 둘러싼 정치적인 것의 귀환에 대한 테제들과의 만남 혹은 대결의 관점에서 랑시에르를 읽는 하나의 방법이 된다. 이런 독서는 해방의 주제와 관련해 에르네스토 라클라우나 샹탈 무페 등 이른바 '급진민주주의' 이론가들과의 비교도 가능케 하는데, 랑시에르에게서 평등의 전제가 중요해지는 것도 그것이 바로 이런 해방의 기획과 직결되기 때문이다. 해방을 '어떻게' 이룰 것인가 하는 방법의 측면뿐만 아니라, 해방을 '무엇으로' 이해하고 인식할 것인가 하는 정의의 측면에서도 우리는 랑시에르

---

18) Rancière, *Le philosophe et ses pauvres*, p.vi.
19) 자크 랑시에르, 양창렬 옮김, 『정치적인 것의 가장자리에서』, 도서출판 길, 2008.

의 논의에 주목해야 하는 것이다. 다른 한편으로 해방과 관련해 랑시에르에게 중요한 또 다른 주제 중의 하나는 바로 지적 능력의 평등이다. 여기서 평등이란 불평등의 차이를 최대한 줄여 도달해야 할 어떤 목표가 아니라 그 이전에 먼저 전제되어야 할 하나의 정치적 원칙이라는 의미를 갖는다. 이와 관련해 우리는 『무지한 스승』과 『해방된 관객』에서 더 정확한 논의를 읽을 수 있을 텐데,[20] 과거 알튀세르의 이론적 자장磁場 안에 함께 있었던 에티엔 발리바르의 '평등(한)자유' égaliberté 개념과 이런 랑시에르의 평등 개념을 비교해보는 일 역시 가능할 것이다.

4. 랑시에르를 어떻게, 그리고 왜 읽을 것인가?

1) 예술과 정치의 새로운 관계설정

해방이란 무엇이며, 또한 무엇으로 파악되고 실천되어야 하는가? 랑시에르의 정치철학이 궁극적으로 묻는 물음은 바로 이것이다. 그리고 앞서 함께 살펴봤던 대로 우리는 이 물음을 랑시에르가 제시하는 감각적/감성학적/미학적 차원에서 다시 물을 필요가 있다. 이는 이론적이고 실천적인 측면에서 하나의 개념 혹은 하나의 사유가 수행해야 할 투쟁이 결국 볼 수 있는 것, 말할 수 있는 것, 사

---

[20] 자크 랑시에르, 양창렬 옮김, 『무지한 스승: 지적 해방에 대한 다섯 가지 교훈』, 궁리, 2008; *Le spectateur émancipé*, Paris: La Fabrique, 2008.

유할 수 있는 것을 어떻게 새롭게 분할할 수 있는지에 관한 싸움이 된다는 사실을 역설해준다. 따라서 현재 우리에게 필요한 것은 어쩌면 '미학주의'라는 병증에서 '정치-미학'으로의 결정적 전회일지도 모른다. 그리고 바로 이 점에서 랑시에르의 논의는 우리에게 여러모로 시사하고 있는 바가 크다.

    1990년대 이후 국내에 포스트모더니즘의 폭풍이 불어 닥친 뒤에 우리 예술계는 아직도 그 '잔재'를 청산하려고, 혹은 여전히 그 '잔여물'을 향유하려고 노력 중인 듯하다. 물론 이런 노력은 의식적이고 의도적이며 적극적인 행위라기보다는 이제는 하나의 타성이자 한계에 더욱 가까운 것이 됐지만, 그렇게 익숙한 것이 됐다고 해서 포스트모더니즘적인 '탈정치'의 행보를 일견 진보의 대안처럼 떠받들던 유사-좌파적 몸짓이 결코 맑스의 유령과 자본주의의 생령으로부터 완전히 벗어난 것처럼 보이지는 않는다.

    다소 거친 일반화의 위험을 무릅쓰고 말하자면(이런 일반화에 앞서 먼저 물어야 할 물음은, 과연 '한국'의 예술계라고 하는 것이 이런 명명에 걸맞은 온전한 형태로 존재하는가 하는 질문일 텐데), 한편에는 세계화라는 가면을 쓰고 여전히 "가장 한국적인 것이 가장 세계적인 것이다" 따위의 슬로건을 외치고 있는 속류 '세계시민주의' cosmopolitanism가 존재하는 반면(이는 사실 극단적 민족주의의 가장 저속한 변종에 다름 아니다), 또 한편에는 가장 개인적인 '내면-풍경' 안으로만 계속 침잠해 들어가는, 말하자면 소통 부재가 아예 그런 '부재'의 형식 그대로 '보편화'되어 버린 예술적 '시온주의' Zionism도 존재하며(이는 사실 거의 종교화된 고립주의에 다름 아니다), 또 다른 한편으로는 모든 '정신적'이고 '이성적'인 것을 과감히 거부한다는 명목으로 오로지 몸에만 맹목적으로 집중하고자 하는 사이비 '유물론' 역시 존재하고 있다(이는 사실 어떤 '철학의 빈곤'을 자백하는 또 하나의 뒤틀린 '정신주의'가 되고 있다).

이런 우리의 '감각적 풍경'을 감안한다면, 감각적인 것의 나눔이라고 하는 정치-미학적인 지반을 문제 삼지 않는, 보다 일반적으로 말해 미학과 정치의 표리관계를 문제 삼지 않는 예술이 이른바 '미학주의'라는 심각한 '절대성'의 병증에 빠지게 되는 것은 어쩌면 당연한 수순이라고 하겠다. 예술이 정치로 '변질'됐다는 비난보다 오히려 예술이 '예술'로 변질됐다는, 일견 동어반복처럼 보이는 비난을 면할 수 없는 상황이 도래한 것이다. 그러므로 새삼 문제가 되는 것은 예술을 어떻게 다시금 '정치적' 기반 위에 정초할 것인가 하는 물음이다. 이만큼이나 '진부하게' 들리는 질문이 또 있을까? 하지만 이것은 단순하게 소위 사회주의 리얼리즘의 가장 극악한 형태인 프로파간다로서의 예술로 다시 회귀하자는 것도, 사회성 짙은 고발정신으로 철저히 무장한 협소한 의미의 정치적 작품만을 양산하자는 것도 아니다. 랑시에르가 여러 곳에서 꾸준히 강조하고 있듯이, 그의 논의는 예술과 미학의 배후에 언제나 정치적 의도나 목적이 도사리고 있다는 환원주의적 음모이론의 아류도 아니며, 더군다나 예술의 사회적 성격과 영향관계를 기술하는 예술사회학의 변종은 더욱더 아니기 때문이다. 예술의 '예술성'이 그렇게 즉물적으로 오는 것이 아니듯이, 예술의 '정치성' 또한 그래서 더욱더 그렇게 즉물적으로 오는 것일 수 없다.

따라서 일차적으로 주목해야 할 문제는 우리가 속해 있는 예술적/미학적/감성학적 장르와 환경과 문법에 대한 정치적 자각과 인식이 우리에게 그 무엇보다도 더 절실해진 시기가 도래했다는 사실일 것이다. 우리는 같은 물음을 조금 다른 방식으로, 어쩌면 거꾸로 된 순서로 물어야 하는 것인지도 모른다. 곧, 문제는 정치라는 것을 어떻게 감성학/미학에 대한 사유 위에, 곧 감각적인 것의 나눔이라는 불화와 불일치의 과정 위에 정초할 것인가 하는 물음이 되고 있는 것. 랑시에르의 사유가 현대 정치철학에 가장 독창적이고 효과적으로 기여한 부분은 바로 이런 정치와 미학 사이의 새로운 관계설정에 있다고 하겠다.

2) 해방의 의미와 전망을 찾아서
그렇다면 우리는 이 불화와 불가능성 자체의 어떤 '가능성'을 외면할 것인가? 현재의 상황에서 자주 간과되고 있는 사실은 이 모든 예술적 사유와 행위가 하나의 '역사적' 체제에 속한 것이며, 정치는 이런 감각적인 것의 분류체계와 위계를 통해서 비로소 기능하고 있다는 바로 그 점일 것이다. 예술이 지녀야 할 어떤 정치성이 '사안적'인 것이라기보다는 '구조적'인 것이 되어야 하는 이유, 그리고 우리가 하나의 '가능성'에 주목하기보다는 예술과 정치가 지니고 있는 사법적이고 문법적인 테두리 그 자체의 존재조건인 '불가능성'에 주목해야 하는 이유가 바로 여기에 있다.

'소통'을 말하기는 쉽지만, 그런 소통을 위한 우선적인 전제조건으로서 '불화'의 불가능성 자체에 천착하는 일은 보다 근본적이고 힘도 더 드는 일이다. 무엇보다 수많은 이들이 그만큼이나 수많은 자신만의 방식으로 입에 담는 '민주주의'라는 이름 자체가 바로 이런 불화와 불일치의 불가능성, 그 '가능성'의 정치 속에서의 주체화 과정에 다름 아니기에. 랑시에르를 어떻게 읽을 것인가, 아니 왜 읽을 것인가? 우리는 랑시에르 안에서 단어의 어원과 개념의 역사에 대해 다시 사유하고, 감성에 대한 분배와 미학적 체제로서 정치의 개념을 다시 정립하며, 또한 몫 없는 자들이 자신의 몫을 셈하는 주체화 과정을 목격한다. 다시 말해서 역사에 대한 독서는 가장 현재적이며 가장 정세적인 요소에 대한 주의를 환기시키고, 미학에 대한 독서는 감각적인 것의 분할과 배분으로서의 정치의 과정을 인식케 하며, 정치와 평등에 대한 독서는 해방의 정의와 향방에 대한 물음을 내포한다. 이런 모든 과정을 현재의 이론적이고 정치적인 맥락 안에서 읽어내고자 하는 어떤 의지 안에 아마도 우리가 랑시에르를 '읽을' 수 있는 독서법이 존재할 것이다. '어떻게' 읽을 것인가라는 질문은 '왜' 읽는가라는 질문에 대한 대답이기도 하기에. 그리고 감각적인 것의 한밤은 또한 가장 정치적인 것의 한낮을 준비하고 있는 시간이기도 하기에.

4 가라타니 고진
교환 X로서의 세계공화국

조영일(문학평론가)

柄谷行人

1941년 8월 6일 일본 효고현 아마가사키에서 태어남. 1962년 도쿄대학교 경제학부에 입학한 뒤 1965년 같은 대학 대학원 영문과 석사과정에 진학해 1967년 졸업함. 1969년 「의식과 자연: 소세키 시론」으로 제12회 군조 신인문학상을 수상하며 문예비평가로 등단함. 1975년 호세이대학교 교수가 된 뒤 미국의 예일대학교 객원 교수로 초빙되어 폴 드 만, 프레드릭 제임슨 등과 교류함. 이후 (일본에서 '현대 사상'으로 불렸던) '포스트모더니즘'의 수용자로 널리 받아들여졌으나 정작 그 자신은 포스트모더니즘에 저항하면서 '형식화의 문제'를 극한까지 밀고 나가는 작업을 진행함. 『마르크스 그 가능성의 중심』(1978)에서 시작해 『내성과 소행』(1985)으로 일단락된 이 작업 이후에는 '세속적 비평'의 중요성을 강조하며 잡지 『계간사조』(1988~90)와 『비평공간』(1991~2002)의 편집동인으로 활약, 내외 지식인들과의 연대를 적극적으로 모색함. 2000~03년의 뉴어소시에이셔니스트운동(NAM)은 그런 연대활동 중 '최근'의 시도라고 할 수 있음. 2006년 긴키대학교를 사직한 뒤 (1994년부터 재직) 현재는 강연과 집필활동에 전념하고 있음.

가라타니 고진의 사상을 이야기한다는 것은 쉬운 일이 아니다. 우리가 외국 사상가를 이해하는 방식은 그 사람이 사용하는 생소한 개념이나 표현방식(이에 덧붙여 역사적 맥락)에 '익숙해지는 과정'을 통해서이다. '에크리튀르'니 '기계'니 '기관 없는 신체'니 '향유'니 하는 개념에 익숙해지지 않고 그 개념이 등장하는 책을 읽는다는 것은 사실상 불가능하다. 여기서 무엇보다도 필요한 것은 '이해'라기보다는 '숙련'인데(물론 숙련의 최고정점 중 하나는 번역이다), 그러나 외국어를 통해 그것을 접하는 우리로서는 그 숙련과정이 끝나기도 전에 종종 다른 새로운 사상가가 유행하는 것을 목격하곤 한다. 그리고 그때마다 우리는 다시 이해의 문턱에서 새로운 숙련과정으로 들어간다.

    그러나 가라타니의 사상을 이야기하는 것이 어려운 이유는 여느 외국 사상가의 책처럼 용어나 표현방식이 어렵기 때문이 아니다. 진실은 정확히 그 반대이다. 정말이지 가라타니는 너무도 쉽게 글을 쓴다. 더구나 가라타니는 친절하게 자신의 사상을 요약해 들려주기를 마다하지 않으며, 고등학생들이나 공무원들까지도 독자의 범위 안에 놓고 스스로 입문서를 쓰기까지 한다.[1] 또한 임마누엘 칸트가 그랬던 것처럼 신조어를 거의 사용하지 않을 뿐만 아니라, 도리어 당대에 유행하는 신조어를 알기 쉽게 정리해 평범한 용어로 바꾸기까지 한다. 따라서 적어도 대학교 초년생 정도라면 아

---

[1] 대표적인 예가 다음의 책이다. 가라타니 고진, 조영일 옮김, 『세계공화국으로』, 도서출판b, 2007.

무리 낯선 사상가들의 이름과 용어가 잔뜩 등장하더라도 약간의 인내심을 발휘해 큰 무리 없이 가라타니의 책을 독파하는 것이 가능하다. 정작 가라타니의 책에서 다뤄지는 사상가의 원전은 서너 쪽도 넘기기 전에 덮을지언정 말이다.

확실히 비서구권 사상가인 가라타니가 한국에서 널리 읽히는 가장 큰 이유는 '가독성'에 있다. 심지어 가라타니의 책은 국내 필자가 한국어로 쓴 책보다도 쉽다. 그렇다고 이 말이 곧 가라타니의 책은 이해하기 쉽다는 말은 아니다. 아니 도리어 이해하기 힘들다는 것을 뜻한다. 이 무슨 말인가? 요약하자면 이렇다. 가라타니의 책이 읽기 쉬운 것은 어디까지나 그가 우리에게 어떤 '숙련'과정을 요구하지 않기 때문이다. 그리고 가라타니의 책이 어려운 것은 바로 그로 인해 독자들이 숙련과정에만 머물 수 없게 하기 때문이다. 바꿔 말하면 우리가 보통 외국 사상가들을 읽는 경우에는 '익숙해짐'을 '이해함'으로 착각하는 것이 가능하지만, 가라타니의 경우는 그것이 불가능하다는 것이다. 우리는 가라타니의 텍스트를 읽을 때마다 이해를 강요당한다. 그러므로 가라타니에 대해 이야기한다는 것은 곧 그를 이해한다는 의미이다.

1. 트랜스크리틱은 어떻게 가능한가?

그렇다면 사상가의 텍스트를 이해한다는 것은 무엇인가? 가라타니가 자주 사용하는 표현을 빌리면 그것은 '가능성의 중심에서 읽는 것'을 의미하는 것으로, '트랜스크리틱'이란 바로 이것을 가리킨다. 트랜스크리틱은 단어 자체만을 놓고 보면 비교적 최근에 등장한 말이지만, 가라타니의 초기 비평뿐만 아니라 여러 사상가들에게서도 발견할 수 있는 것이다. 가라타니에 따르면 이를 가장 자각적으로 인식한 사람은 칸트였다. 예컨대 가라타니는 다음과 같은 칸트의 말을 자주 인용한다.

> 이전의 나는 일반적 인간 오성을 그저 내 오성의 입장에서 고찰했다. 지금 나는 자신을 자신이 아닌 외적인 이성의 위치에서, 자신의 판단을 그 가장 은밀한 동기와 함께 타인의 시점에서 고찰한다. 이 두 고찰에 대한 비교는 확실히 강한 시차視差를 낳는데, 그것은 광학적 기만을 피해 개념을 그것들이 인간성의 인식능력에 관해 세우고 있는 진정한 위치에 두기 위한 유일한 수단이다.[2]

가라타니는 칸트의 초기 논문인 『시령자의 꿈』(1766)에 나오는 이런 시차가 『순수이성 비판』(1781)에서는 이율배반이라는 형태로 나타난다고 본다. 즉, 정명제와 반대명제는 광학적 기만에 지나지 않다는 것이다. 그렇다면 시차는 어떻게 발생하는 것일까? 그것은 '이동'을 통해서이다. 르네 데카르트의 예를 생각하면 이해하기 쉽다. 일찍이 데카르트의 재평가를 시도한 가라타니는 데카르트가 행한 회의(의심)의 출처를 문제 삼은 바 있다. 다시 말해서 데

---

[2] 가라타니 고진, 송태욱 옮김, 『트랜스크리틱』, 한길사, 2005, 91쪽. 재인용.

카르트가 의심을 통해 어떤 사유에 도달했는가가 아니라 그와 같은 의심을 하도록 강요한 것은 무엇이었는가에 방점을 두는 것이었다. 그리고 가라타니는 그 출처를 데카르트의 망명(공간적 이동)에서 찾고 있다. 요컨대 서로 다른 공동체적 언어 사이에서 보이는 차이가 데카르트에게 의심을 강요했다는 이야기이다. 이런 의미에서 데카르트에게는 신이야말로 이런 '의심'을 강요하는 차이, 즉 내면할 수 없는 타자성에 다름 아니라고까지 주장한다.

이런 이동의 대가大家는 (『트랜스크리틱』의 부제이기도 한) '칸트와 맑스'였다. 그러나 우리가 주목해야 하는 것은 칸트와 맑스의 작업이 트랜스크리틱이었다는 사실이라기보다는 그들의 작업 자체를 트랜스크리틱하면서, 다시 두 트랜스크리틱을 횡단하고 있는 가라타니의 트랜스크리틱이다. 『트랜스크리틱』에서 트랜스크리틱은 크게 두 가지 방식으로 이뤄진다. 첫째는 칸트나 맑스라는 두 사상가의 사상적 역정(또는 텍스트들) 사이에서 발생하는 '시차'를 통해서이고, 둘째는 칸트와 맑스 사이의 '시차'를 통해서이다. 이 두 갈래는 서로 교차하며 다시 매우 강력한 시차를 형성한다. 기존에 사람들이 가지고 있던 칸트의 상과 맑스의 상을 완전히 해체해 재구축하고 있다고 말할 수 있을 정도로 말이다.

해석(또는 주석)을 넘어선 '이해'란 바로 이런 해체와 재구축이다. 그런데 문제는 이런 해체와 구축, 즉 트랜스크리틱(횡단적 비평)이 기존의 방법(일반적 비평)과 어떻게 다르냐는 것이다. 일반적 비평도 기존의 사상적 구축물을 해체하고 나름대로 재구축하기 때문이다. 그러나 이런 비평은 어디까지나 내성(거울)에 의한 반성을 통해 이뤄지는 것으로서 '시차'를 끝까지 유지함으로써 얻어지는 이해와 무관한 '해석적 다양성'에 가깝다. 즉, 대상(사상가나 그의 텍스트)보다는 어디까지나 해석자의 거울에 비친 상(현상)의 변화만이 문제가 되고 있을 뿐이다. '해석'이 해당 텍스트를 뚫고 들어가지 못하는 것이다.

그러나 트랜스크리틱(또는 이해)은 대상을 찢어발겨버릴 정도로 급진적인 모습을 보인다. 왜냐하면 텍스트를 가능케 한 조건 자체를 묻기 때문이다. 그리고 텍스트 본래의 의미에 대한 정확한 해석에서 벗어나, 그것이 가지고 있어야 했던 의미를 '발명'하기에 이른다. 가라타니가 필요하다면 해당 텍스트가 주장하는 바를 역행해 읽어야 한다고 주장하는 것도 그 때문이다. 실제로 가라타니는 그런 무모한 작업을 모범적으로 수행하고 있다. 혹자는 이것이 결국 과잉해석(의도적인 오독)을 옹호하기 위한 수사에 불과한 것 아니냐고 추궁할지도 모른다(실제 그런 비판이 나오고 있다). 그러나 과잉해석이나 오독은 '광학적 기만'에서 나오는 다양성 중 하나이지 '강한 시차'에서 나온 낯섦(타자성)과는 무관하다.

요약해보자. 트랜스크리틱은 '이동'을 통해서 가능하다. 그렇다면 이동이란 무엇인가? 그것은 한 시스템 안에서만 의미를 갖는 '해석' 작업에서 벗어나는 행위이다. 이동은 어떻게 가능한가? 외부에 존재하는 다른 시스템을 인지함으로써 가능하다. 다시 말해서 우리가 당연하다고 생각하는 시스템이 실은 외부에 존재하는 다른 시스템과의 관련 아래에서만 비로소 가능하다는 사실(시차)을 잊지 않을 때만 이동은 가능한 셈이다.

2. 생산양식에서 교환양식으로: 교환 X=어소시에이션

주지하다시피 가라타니의 작업은 크게 『트랜스크리틱』 이전과 이후로 나뉜다. 특히 『트랜스크리틱』 이후 최근까지 가라타니가 내놓은 주장은 크게 세 가지로 요약되는데, 이제부터 하나하나 그 내용을 살펴보기로 하자. 먼저 방금 말한 세 가지 주장은 다음과 같다. 1) 사회구성체의 역사는 생산양식이 아니라 교환양식의 관점에서 봐야 한다. 2) 대항운동의 중심점은 생산지점이 아니라 소비지점에 놓여야 한다. 3) 자본-네이션-국가를 지양하기 위해서는 세계공화국으로 나아가야 한다.

1) 세 가지 교환양식과 교환 X

먼저 사회구성체를 '교환양식'의 관점에서 봐야 한다는 주장은 무슨 말일까? 잘 알려져 있듯이 이 주장은 하부구조(경제)가 상부구조(정치, 국가, 네이션, 예술 등)를 결정한다는 역사유물론을 비판하면서 나온 것이다. 역사유물론에는 크게 두 가지 문제가 있다. 첫째는 그런 상/하 구별이 근대 자본제 이전에는 존재하지 않았다는 것이고, 둘째는 그런 관점을 고수할 경우 국가와 네이션은 하부구조만 바꾸면 자연스럽게 소멸될 대상에 지나지 않게 된다는 것이다. 하지만 가라타니가 보기에 국가나 네이션은 독립적으로 존재하는 것으로, 결코 추상적 이데올로기 같은 것이 아니다.[3]

    가라타니는 상호독립적인 네이션, 국가, 자본의 결합체가 국민국가라고 파악하는데 이런 견해는 기존의 대항운동이 실패할 수밖에 없었던 이유를 성찰하는 과정에서 나온 듯하다. 자본, 네이션, 국가는 서로 밀접하게 연결되어 있어서 어느 하나가 공격받으면 다른 것들이 그 자리를 메우며 작동하기 때문에, 이 세 가지를 모두 겨냥하지 않는 대항운동은 실패할 수밖에 없다는 것이 가라타니의 생각이다. 파시즘은 사회주의에 대한 '대항혁명'으로서 네이션을 통해 자본주의와 국가를 부정하는 것이지만, 결국 자본주의와 국가를 강화했을 뿐이라는 주장도 이와 관련 있다. 자본주의(시장)의 문제를 해결하기 위해 국가의 개입을 요구하는 경우도 마찬가지이다. 자본 그 자체가 국가에 의해 작동하기 때문이다.

요컨대 교환양식의 입장에서 사회구성체를 본다는 것은 이런 결합의 구조를 명확히 파악한다는 것인데, 이와 관련해 가라타니는 세 가지 형태의 교환양식을 구분한다(⟨그림 1⟩). ① 호수적互酬的 교환(증여와 답례), ② 재분배(약탈과 재분배), ③ 상품교환. 여기서 주의할 점은 이 세 가지의 교환양식이 역사적 발전과정을 뜻하는 것은 아니며, 문제는 어떤 교환양식이 지배적인가에 있다는 것이다(즉, 세 가지 교환양식은 함께 존재해온 것이다). 예컨대 오늘날과 같은 자본제사회는 세 가지 교환양식 중 상품교환이 주도권을 잡고 있는 것에 불과하다. 그렇다면 오늘날 상호적 교환이나 재분배는 어떻게 존재하고 있는 것일까? 가라타니는 바로 그것들이 네이션, 국가로 나타나고 있다고 주장한다(⟨그림 2⟩ 참조).

---

3) 또한 가라타니는 이와 같은 생산중심의 사고방식은 상품생산이 다른 한편으로 폐기물생산(즉, 자연파괴)이기도 하다는 점을 간과하게 만든다는 점에서 문제가 있다고 지적한다.

B 재분배	A 호수		B 국가	A 네이션
(탈취와 재분배)	(증여와 답례)			
C 상품교환	D X		C 자본	D 어소시에이션
(화폐와 상품)				

〈그림 1〉　　　　　　　　　　　〈그림 2〉

그런데 위 그림에서 우리의 관심을 끄는 것은 이 세 가지 교환과 다른 것으로 설정된 '교환 X'이다. 그렇다면 가라타니가 제시하고 있는 교환 X란 도대체 무엇을 말하는 것일까? 가라타니는 교환 X를 '억압에서 회복된 호수적 교환,' 더 쉽게 말하면 어소시에이션이라고 간단히 설명하고 있다.

자본주의적 사회구성체에는 반대로 그곳으로부터 빠져나오려는 운동이 생겨납니다. 그것은 상품교환(C)이라는 위상에서 생겨난 자유로운 개인 위에서 호수적 교환(A)을 회복하려는 것이라고 해도 좋을 것입니다. 나는 그것을 어소시에이션이라고 부릅니다. 왜냐하면 사회주의나 코뮤니즘이라고 하면 국가사회주의와 혼동되기 때문에 그것을 피하기 위함입니다. 그런데 어소시에이션이 교환양식 A, B, C와 다른 것은 후자가 실재하는 것인데 반해 전자는 상상적인 것이라는 점입니다. 실제 그것은 역사적으로는 보편종교가 설명하는 '윤리'로서 나타난 것입니다. 그렇지만 그것은 단순히 관념이 아니며 현실적으로 커다란 역할을 해왔습니다.[4]

---

4) 가라타니 고진, 『세계공화국으로』, 49~50쪽. 강조는 인용자(이하 동일).

무엇보다도 가라타니가 말하는 교환 X=어소시에이션은 실재하는 것이라기보다는 일종의 이념(또는 운동)으로서 존재한다는 사실에 주목하자. 그러면 교환 X=어소시에이션은 새로운 것이라기보다는 이미 오래 전부터 다양한 형태로 존재해온 것이라는 사실을 알 수 있다. 즉, 가라타니의 관점에서 보면 사회주의도 코뮤니즘도 아나키즘도 실은 어소시에이션의 한 형태인 것이다. 물론 이런 입장은 실패한 운동들을 옹호하기 위한 그 나름의 제스처일 수 없다. 도리어 실패를 냉정히 인정한 뒤에 그 운동들이 가졌던 '가능성의 중심'을 발견하려는 것이라 하겠다. 따라서 흔히 쏟아지는 비판과는 달리 '옛 의장擬匠에 대한 집착'과는 무관하다(또 하나 우리가 주목해야 할 점은 어소시에이션이 보편종교로서 등장한다는 주장인데, 이와 관련해서는 뒤에서 다시 언급하겠다).

2) 순수 증여의 불가능성

여기서 우리는 이렇게 질문할 수 있다. "어소시에이션(D)은 네이션(A)과 어떻게 다른가?" 사실 가라타니의 설명은 명확하지 않다. 교환 X와 호수적 교환은 자주 혼동되며, 가라타니의 주장을 농촌 공동체의 회복으로 오해하는 일도 종종 일어나는 게 사실이다. 그러나 이런 오해에는 필연적인 무엇이 존재하기도 한다. 가라타니는 D가 실재하는 것이 아니기 때문에 설명하는 것이 불가능하다면서도, 다른 한편으로 그에 대해 여러 번 설명을 시도하는데 이때의 설명이 종종 A 양식과 겹쳐 보인다. 따라서 보기에 따라 가라타니를 A 양식의 옹호자로 간주하는 것도 무리는 아니다.

그러므로 우리는 C의 영역에서 귀환하는 '호수성'reciprocity이 무엇인지부터 꼼꼼히 점검할 필요가 있다. 호수성이란 한마디로 '주고받는give and take 정신'인데, 칼 폴라니는 이를 시장경제(또는 근대 경제학)를 비판하며 제시한 비시장경제의 경제통합 원리 중 하나로 제시한 바 있다. 폴라니는 통합적 경제원리로 호수성, 재분배, 교환을 이야기한다. 호수성은 대칭적 집단 사이에서 이뤄지는 재화의 이동을, 재분배는 일단 중심으로 모인 재화가 공동사업(제의) 등을 통해 다시 분배되는 이동을, 교환은 이익을 목표로 이뤄지는 재화의 이동을 가리킨다. 물론 여기서 자본주의 경제의 근간을 이루는 것은 교환이다.[5]

마샬 살린스는 이런 호수성을 넓은 의미로 확장시켜 다음과 같이 세분한다.[6] ① 일반적 호수성(가족 내: 이타적), ② 균형적 호수성(부족 내), ③ 부정적 호수성(부족간: 이기적). 여기서 일반적 호수는 가족에 존재하는 것으로, 호수라기보다는 순수 증여에 가깝다. 왜냐하면 부모는 자식에게 주면서 꼭 무언가를 바라는 것은 아니기 때문이다. 살린스에 따르면 ①에 가까울수록 비호수적 순수 증여이고 ③에 가까울수록 부정적이고 비사교적인 호수이다. 그런데 가라타니는 여기서 크게 두 가지를 지적한다. 첫째는 호수의 본질이 ①과 ②에서는 잘 보이지 않는다는 것이다. 이는 호수란 공동체와 공동체 사이의 교환에서 볼 때 더 잘 파악된다는 말이기도 하

---

5) 칼 폴라니, 박현수 옮김, 『사람의 살림살이』(1권), 풀빛, 1998, 97~114쪽.
6) Marshall Sahlins, *Stone Age Economics*, Chicago: Aldine-Atherton, 1972. 특히 제5장("원시적 교환의 사회학에 대하여")을 참조하라.

다. 둘째는 설사 ①에 무한히 가까워진다고 하더라도(즉, 순수 증여라고 하더라도) 그것 역시 호수라는 것이다.

사실 증여(또는 순수 증여)는 그 자체만 놓고 보면 매우 모순적인 단어라고 할 수 있다. 왜냐하면 엄밀한 의미에서의 증여, 즉 어떤 답례도 기대하지 않는 재화의 이동이라는 것은 사회적으로 존재할 수 없기 때문이다. 그런 의미에서 이마무라 히토시가 고심 끝에 이렇게 말하는 것도 주목할 만하다.

> 증여로서의 증여, 답례 없는 증여를 순수 증여라고 이름 붙여보자. 순수한 증여 행위는 "이것이 증여이다, 나는 누구에게 주었다"라고 의식하는 순간 증여가 아니게 된다. 증여가 순수하게 답례 없는 증여이기 위해서는 증여하는 당사자도 증여받는 당사자도 그것이 증여라는 것을 눈치 채서는 안 된다.
>
> '내'가 이것을 '누군가'에게 준다고 의식하는 순간 '주는 나,' '받는 타인,' '주어지는 것'에 대한 어떤 '계산적 사고'가 작동한다. 예를 한번 들어보자. 내가 불쌍한 타인에게 무엇인가를 줘서 그 사람을 기쁘게 한다. 그렇게 함으로써 나는 어떤 종류의 만족을 얻고 있다고 느낀다. 이때 인간은 쾌락과 만족을 사실상 '계산'하고 있는 것이고, 그 순간 쾌락내지 만족을 담보로서 손에 넣고 있는 것이다. …… 그러므로 순수한 증여 행위라는 것은 사회적 제도로서는 결코 실재한 적이 없다.[7]

---

7) 今村仁司,『交易する人間: 贈与と交換の人間学』, 東京: 講談社, 2000, 114頁.

이렇게 보면 마르셀 모스의 『증여론』은 '증여'론이라고 할 수 없다. 모스에게는 순수 증여라는 관념 자체가 없다. 모스가 말하는 증여란 실은 호수적 교환에 가깝기 때문이다. 그렇지만 모스의 논의에서 중요한 것은 그런 호수성 자체라기보다는 그것이 일종의 의무형태를 띠고 있다는 점이다(모스가 증여의 의무로 드는 것은 ① 선물을 증여할 의무, ② 그것을 받을 의무, 그리고 ③ 그것에 답례할 의무이다). 가라타니의 호수 논의는 폴라니, 살린스, 모스 등 많은 학자들의 영향을 받았지만, 특히 모스가 가라타니에게 특별한 이유는 바로 이 의무, 바꿔 말해서 '강제하는 힘'과 관련 있다. 즉, 가라타니가 『세계공화국으로』 이후에 몰두하고 있는 경제인류학 연구에서 가장 중요한 것은 증여나 교환 자체라기보다는 그것을 가능케 하는 '무엇'과 관련이 있다 하겠는데, 그가 새삼스럽게 권력론을 문제 삼는 것도 이 때문이다.

3) 증여의 두 얼굴

권력이란 무엇인가? 매우 복잡한 이 물음에 대해 가라타니는 간단히 답한다. "권력이란 타인을 자신의 의지에 따르게 하는 힘이다." 가라타니는 바로 이런 의미에서 증여를 정확히 권력의 문제로 접근한다. 주는 쪽은 받는 쪽을 지배하게 되고, 답례를 하지 않으면 준 쪽에 지배를 당하게 된다는 의미에서 호수적 교환을 성립시키는 것은 일종의 권력관계를 뜻한다는 것이다. 한편으로 가족간의 증여도 이와 크게 다르지 않다고 보면서, 다른 한편으로 가족간의 결속력이 강한 것은 가족간의 증여가 대가를 바라지 않는 순수 증여에 가깝기 때문이라고 보는 것도 그 때문이다(그러나 바로 그 때문에 부채감은 갚을 수 없을 만큼 한없이 증가한다).

여기서 우리는 그런 권력관계가 구체적으로 어떻게 형성되는지 묻지 않을 수 없다. 결국 이는 "증여의 의무를 거부하면 어떻게 될까?"라는 물음과 같다. 모스는 미개사회에서 이뤄지는 무모하기까지 한 증여(포틀래치)를 분석하며, 증여의 의무에 대한 거부는 곧 전쟁을 선언하는 것과 같다고 말하는데, 이는 클로드 레비-스트로스가 "교환은 평화적으로 해결된 싸움이고, 싸움은 교환이 실패로 끝난 결과이다"(『친족의 기본구조』)라고 한 말과 사실상 같다. 여기서 가라타니가 주목하는 것은 호수적 교환의 기능이다. 왜냐하면 사회(공동체)는 바로 이런 호수적 교환에 의해 성립하기 때문이다. 인간은 태어나자마자 증여(보살핌)를 받는다는 의미에서 부채를 짊어지고 살아갈 수밖에 없는 존재이다. 이런 부채에서 자유로운 개인이란 현실적으로 존재하지 않는다. 그런데 바로 이런 부채로 인해 구속력 있는 공동체(소小사회)가 가능하다는 것이다.

그렇다면 이런 공동체(씨족사회)와 다른 공동체 '사이'의 관계는 어떨까? 가라타니는 이 두 개의 공동체 '사이'에서 일종의 '자연상태'(혹은 적대관계)를 발견한다. 아무런 교류가 없는 양 집단은 상대방에 대한 무지 때문에 서로를 두려할 수밖에 없고, 자칫 잘못하면 전쟁상태에 빠질 수밖에 없다. 그러므로 양 집단은 이와 같은 두려움(공포)에서 벗어나기 위해 서로 노력하게 되는데, 증여는 바로 그때 발생하는 것이라는 추측이 가능하다. 이렇게 보면 증여의 호수성은 교역뿐만 아니라 평화를 가능케 하는 원리인 셈이다. 사실 인류학의 중요한 테마인 족외혼, 근친상간 금지도 이런 의미의 증여와 관련이 있다고 하겠다.

증여는 두 얼굴을 가지고 있다. 증여는 권력의 메커니즘인 동시에 평화의 메커니즘이기도 하다. 이 모순을 어떻게 이해하면 좋을까? 이 의문을 명료하게 정리하고 있지는 않지만, 가라타니가 증여를 통해 이뤄지는 권력관계를 긍정적으로 해석해 거기서 '지배에의 저항'을 이끌어내고 있다는 것만큼은 분명하다. 즉, 원시사회에서도 증여를 둘러싼 권력관계는 존재하지만, 그것은 위신과 관계가 있지 탐욕스러운 권력욕과는 무관하다는 것이다. 여기서 가라타니가 염두에 두고 있는 것은 프랑스의 정치인류학자 피에르 클라스트르가 말한 '국가에 대항하는 사회'이다.

> 호수에 의해 형성된 고차원적인 공동체는 국가와 달리 그때까지의 공동체를 해소하거나 종속시키거나 하지 않는다. 설령 상위 공동체가 형성되어도 하위 공동체의 독립성은 사라지지 않는다. 그런 의미에서 '자연상태'는 계속 남게 된다. 이 때문에 증여는 다른 공동체와의 관계에서 우호적인 관계를 구축함과 동시에 종종 경쟁적인 것이 된다. 즉, 포틀래치처럼 상대가 답례할 수 없을 정도의 과도한 증여에 의해 억눌러 복종시키게 된다. 물론 상대를 지배하기 위해서 그렇게 하는 것은 아니다. 그것은 공동체의 독립성(위신)을 지키기 위해서, 요컨대 다른 공동체가 가하는 위협으로부터 해방되기 위해서 이뤄진다. 또한 그것은 공동체의 동일성을 강화시키기 위함이기도 하다.[8]

요약하자면 증여는 '권력에의 의지'라기보다는 '권력에의 저항'이란 형태로 이뤄지고, 이때의 저항은 어디까지나 밖으로는 독립성(위신)의 유지와 안으로는 내부적 결속과 관계하기 때문에, 이와 같은 호수적 공동체가 국가로 발전하는 일은 결코 없다는 것이다. 하지만 이와 같은 독립성의 수호는 인간의 의지(선의)만으로는 불가능하다. 아니 엄밀히 말해, 그것은 인간의 의지와 무관하다.

> 미개사회=공동체가 국가로 전화되지 않도록 하는 것은 그 안의 호수적 교환(친족구조)이 아니며 전쟁도 아닙니다. 먼저 바깥 국가로부터의 독립이라는 조건 및 수렵과 채집이 가능한 자연조건이 그것을 가능케 한 것입니다. 그와 같은 조건이 손상되면, 미개사회는 바로 붕괴합니다.[9]

이 부분은 가라타니가 클라스트르와 미묘하게 갈라서는 지점이기도 하다. 가라타니는 기본적으로 호수적 공동체를 옹호하면서도 단순히 그것의 부활 쪽으로 향하지 않기 때문이다. 가라타니가 미개사회와 원시사회를 구분하고, 미개사회에서 원시사회를 추측할 경우 원시사회에 호수적 교환을 제외한 다양한 교환양식이 존재했다는 것을 놓치는 우를 범할 수 있다고 경고하는 것도 그 때문이다. 사실 가라타니에게 중요한 것은 어디까지나 '국가로의 이행을 거

---

8) 柄谷行人,「《世界共和国へ》に関するノート」(9),『at』(13号), 2008年 9月, 146頁.
9) 가라타니 고진,『세계공화국으로』, 58쪽.

부한 시스템'(미개사회)이라기보다는 상품교환이 지배적인 자본제사회에서 가능한 호수적 공동체의 재건이다. 즉, 클라스트르가 옹호하는 미개사회가 오늘날 가능하기 위해서는 외부의 간섭에서 자유로운 폐쇄된 공간과 수렵과 채집으로 충분한 생활이 가능한 공간이 전제되어야 하지만, 그런 공간이 오늘날 존재할 리 없다.

4) 탕진으로서의 증여

클라스트르는 교환/증여의 실패는 곧 전쟁이라는 레비-스트로스의 주장을 반박하며, 전쟁은 교환에 선행하는 것으로서 어떤 의미에서 교환/증여 자체가 전쟁이라고 주장한다(참고로 모스 역시 이 점을 지적하고 있다). 증여 경쟁으로서의 포틀래치는 잉여물의 탕진을 의미하는데, 이런 관점에서 보면 전쟁은 사실상 증여(소비)의 의무에 다름 아닌 것이 된다. 그렇다면 그들은 왜 전쟁(교환)을 하는 것일까? 권력이 한곳으로 집중되는 것을 막기 위해서이다. 고정적 권력이 잉여물의 축적과 밀접한 관련이 있다고 했을 때, 미개사회는 전쟁(대량소모)을 통해 그럴 가능성 자체를 통제하고 있는 셈이다. 전쟁 또는 소비에 대한 이런 긍정적인 접근은 사실 조르주 바타이유의 논의와 관련해볼 때 더 쉽게 눈에 들어온다.

살아 있는 유기체는 원칙적으로 삶을 유지하는 데 필요한 에너지보다 더 많은 에너지를 받아들인다. 그때 초과 에너지(부)는 체계(예를 들어 조직체)의 성장에 사용될 수 있다. 그런데 만약 그 체계가 더 이상 성장할 수 없다면 또는 그 초과분이 그 체계의 성장에 완전히 흡수될 수 없다면 초과 에너지는 기꺼이든 마지못해서든 또한 영광스럽게든 재앙을 부르면서든, 반드시 대가 없이 상실되고 소모되어야만 한다. …… 만약 우리가 사용불가능한 과잉 에너지를 파괴하지 못한다면 결국 길들일 수 없는 야생 동물처럼 그 힘이 오히려 우리를 파괴할 것이기 때문이다. 그러면 이제 우리는 도저한 폭발의 대가를 치러야만 한다. …… 제1~2차 세계대전을 발발시킨 것은 바로 그 과잉이었다.[10]

바타이유는 태양과 인간 사이에서 일종의 증여관계를 발견한다. 태양은 아무런 대가 없이 필요 이상의 에너지를 인간에게 증여하고, 인간은 그렇게 받은 에너지의 초과분을 체계의 성장에 사용한다. 그런데 여기서 문제가 되는 것은 그런 에너지의 전용이 한계에 도달(더 이상 성장이 불가능한 지점에 도달)할 때이다. 만약 그때 인간이 그것을 파괴(소비/탕진)하지 못한다면, 그것은 도리어 인간을 파괴하게 된다. 바타이유의 관점에서 보면, 인류에게 전쟁이란 인간의 잔인함이 부른 참사라기보다는 잉여물의 처리과정으로서 에너지 순환의 한 국면에 지나지 않은 게 된다.

어떤 의미에서 증여는 일종의 탕진이라고 할 만하다.[11] 포틀래치에서 볼 수 있는 것처럼 표면적으로 증여는 개인간 위신의 문제처럼 보이지만, 전체적으로 봤을 때는 경쟁적으로 초과 에너지를 파괴하는 것이다. 그렇다면 그 무엇이 이처럼 경쟁적으로 증여하

---

10) 조르주 바타이유, 조한경 옮김, 『저주의 몫』, 문학동네, 2000, 62~65쪽.

도록 강요하는 것일까? 모스는 증여(의무적인 순환)를 가능케 하는 힘을 설명하면서 '하우'hau에 대해 이야기한다. '하우'란 물건에 붙어 있는 정령으로서, 만약 물건을 받은 사람이 답례를 하지 않으면 불행을 몰고 오는 존재이다. 게다가 하우는 본래의 증여자에게 돌아가려는 속성을 가지고 있다.[12] 레비-스트로스는 이와 관련해 모스가 원주민의 사유(미신)를 의심하지 않고 그대로 따르고 있다고 비판했지만, 가라타니는 오히려 그것을 적극적으로 이해하는 입장에 서 있다. 왜냐하면 물건에 '하우'呪力가 존재한다고 믿는 것과 오늘날 우리가 화폐에 타인을 지배할 힘이 있다고 믿는 것은 사실상 같은 것이라고 보기 때문이다.

그렇다면 '하우'를 어떻게 이해해야 할까? 소유권과 사용권을 분리해 이해하면 된다. 상대방에게 증여된 것은 어디까지나 그 물건의 사용권이지 소유권이 아닌데, 왜냐하면 소유권은 공동체에 속한 것으로서(즉, 사회적인 것이어서) 증여될 수 없기 때문이다. 모스의 삼촌이기도 한 에밀 뒤르켐은 이런 소유권이 미개사회에서는 종교적인 형태로 나타난다고 주장한 바 있는데, 가라타니는 이를 다음과 같이 정리한다.

---

11) 그리스어에는 증여로 똑같이 번역되는 단어가 다섯 가지가 있는데, 이는 정확히 증여의 다섯 가지 방식과 대응된다. 협약, 동맹, 우정, 환대, 그리고 계약상의 급부가 바로 그것들이다. 이 단어들의 역사적 변화과정에 대한 추적은 한편으로 포틀래치의 관습을 드러내주고, 다른 한편으로 그것이 어떻게 '손실로 인한 비용'이라는 의미로 바뀌었는지를 알 수 있게 해준다. 더 자세한 내용으로는 다음의 책을 참조하라. 에밀 벤베니스트, 김현권 옮김, 『인도·유럽사회의 제도·문화 어휘연구』(1권), 아르케, 1999, 75~92쪽.
12) 마르셀 모스, 이상률 옮김, 『증여론』, 한길사, 2002, 65~72쪽.

뒤르켐은 소유권의 근저에서 종교적인 터부를 발견했다. 터부란 어떤 물건을 성스러운 것으로서, 신적 영역에 속한 것으로서 배척하는 것이다. 물건이 신성화되지 않는 한, 소유는 성립하지 않는다. 그리고 신성한 것은 사물 자체에 머무른다. …… 소유권이 인간이 아니라 물건에 머문다는 것은 소유가 '공동체적 소유'로서 시작된다는 것과 같은 의미이다. 그렇지만 인간들이 그처럼 생각하는 것은 아니다. 인간들은 사물이 공동체의 소유라는 것을 신이 소유한다, 또는 물건에 정령이 머물고 있다는 관념을 통해 이해한다. 이리하여 증여된 물건에 증여한 공동체의 '소유권'이 하우로서 따라다닌다. 말하자면 증여를 받은 공동체는 정령을 달고 다니는 것이다. 그것은 인간적 폭력보다 강하다. 증여받은 측은 상대를 공격할 수가 없다. 이런 증여의 호수가 대립적인 공동체에 화평을 가져오고 결합을 강화시킨다.[13]

5) 폭력에 대항하는 힘: 하우

폭력보다 강한 힘, 그것은 바로 순환적 호수를 가능케 하는 하우에 있다고 해도 과언이 아니다. 공포(폭력) 대신에 평화를 가져오며, 증여체계에 놓인 사람들을 서로 결합시키는 것은 바로 하우이다(물론 이때의 결합은 수평적이다). 그런데 여기서 주목해야 할 것은 흔히 애니미즘이라고 불리는 사고방식이다. '주술에서 종교로'라는 관점에서 봤을 때, 주술은 모든 것에 아니마(영혼)가 깃들어 있다

---

13) 柄谷行人, 『世界共和国へに関するノート』(9), 149頁.

고 믿는 애니미즘과 관계가 있다. 그러나 애니미즘이 꼭 주술로 연결되는 것은 아니다. 이에 대해서는 보통 다음과 같은 설명이 이뤄진다. 수렵·채집민(유동민)에게 주술은 거의 발견되지 않는데, 그것은 그들이 정착민이 아닌 것과 관련이 있다. 요컨대 그들은 사자死者를 땅에 묻고 다른 곳으로 떠날 수 있는데 반해, 정주민의 경우 어떻게든 그들과 함께 살 수밖에 없기 때문에 사자의 아니마를 억압할 방법이 필요하게 된다는 것이다.

막스 베버는 종교의 발전을 주술로부터의 해방에서 찾고, 그것을 '주술에서 종교로' 또는 '주술사에서 사제계급으로'로 이해하지만, 종교가 아무리 발전해도 주술을 완전히 제거하는 것은 불가능하다고 봤다.[14] 무엇보다도 이는 베버가 종교를 교환양식의 입장에서 이해하고 있다는 것을 의미한다(가라타니가 베버를 높이 평가하는 것이 바로 이 부분이다). 주술은 애니미즘에서 나온 것이다. 그러나 그것은 어떤 의미에서 애니미즘에의 저항(왜곡)을 의미한다. 베버는 구제종교의 '기도'에도 '주술적 강제'가 내재되어 있다고 주장하는데, 그것은 기도가 신에게 무언가를 바침으로써 신을 자기가 원하는 대로 움직이는 것과 무관하지 않다고 보기 때문이다. 쉽게 말해, 주술이란 신(자연)과 인간 사이의 증여인 셈이다.

가라타니는 이 문제를 마르틴 부버의 『나와 너』(1923)를 끌어들여 약간 다른 방식으로 설명하기도 한다. 요약하자면 이렇다. 부버는 세계에 대한 인간의 태도로 크게 두 가지가 있다고 본다. 하나

---

14) ウェーバー, 『宗教社会学』, 武藤一雄外訳, 東京: 創文社, 1976, 35~38頁.

는 '나와 너'이고, 다른 하나는 '나와 그것'이다. 여기서 주의할 점은 전자의 '나'와 후자의 '나'는 완전히 다르다는 것이다. 후자의 '나'는 확실히 '그것'(객체)에 대해 주관으로서 존재하지만 전자의 '나'는 그렇지 않기 때문이다. 여기서 우리가 방금 살펴본 애니미즘은 당연히 세계를 '나와 너'의 관계로 보는 것을 말한다. 그리고 이 입장에 서면, 모든 것이 '너'이기 때문에 자연스레 '물건=정령'이라는 공식이 성립하게 된다.

그러나 순수 증여와 마찬가지로 엄밀한 의미에서 '나와 너'의 세계 역시 존재하지 않는다. 그것은 분명 교환을 가능케 하는 전제이지만, 어디까지나 호수적 교환을 통해 발견된 것이라 하는 편이 훨씬 더 정확할 것이다. 바꿔 말해서 순수 증여만이 가능한 '나와 너'의 세계는 '나와 그것'의 관점에 설 때 비로소 가정될 수 있는 것에 불과하다. 즉, 증여란 기본적으로 '너'라는 타자를 물상화하는('그것'으로 만드는) 의지에 다름 아닌 것이다. 앞서 우리는 이를 권력관계로 설명한 바 있다.

'나와 너'의 세계에서 인간은 존재하지 않는다. 인간은 자연(너)을 자신의 의지에 종속시키려고 할 때 비로소 인간으로 등장한다. '나와 너'에서 '나와 그것'으로의 변화는 바로 이를 설명해주는 것이다. 그렇다면 그런 변화는 어떻게 가능할까? 그것은 바로 자연에 대한 증여인 제사(공희)를 통해서이다. 즉, 인간은 자연에 부채를 부여함으로써 자연의 아니마(영)를 봉합(억압)해 자연을 '그것'(대상)으로 만드는 것이다. 이런 점 때문에 모스는 주술사와 과학자가 실은 같은 역할을 하고 있다고 주장했던 것이다.

3. 생산지점에서 소비지점으로: 자본에의 대항

우리는 앞서 가라타니가 교환 X=어소시에이션을 실재하는 것이라기보다는 일종의 이념(또는 운동)으로서 존재한다고 말하며 '보편종교'와 관련짓고 있음을 확인한 바 있다. 이 점을 오해 없이 제대로 이해하려면 무엇보다도 가라타니가 종교를 옹호하는 방식에 주의를 기울일 필요가 있다. 예컨대 가라타니는 다음과 같은 맑스의 말을 자주 인용한다.

> 종교의 비판이란 모든 비판의 전제이다. …… 종교는 인민의 아편이다. 인민의 환상적 행복인 종교를 폐지한다는 것은 인민의 현실적 행복의 요구이다. 인민에게 그들의 상태에 대한 환상을 포기하라고 요구하는 것은 그 환상을 필요로 하는 상태를 포기하라는 요구이다. 따라서 종교의 비판은 종교를 그 신성한 후광으로 삼고 있는 통곡의 골짜기에 대한 비판이다.[15]

근대 철학은 종교 비판에서 시작됐다. 이성의 입장에서 볼 때 종교는 당연 가상에 불과하다. 그러나 문제는 그런 사실이 명백히 밝혀지더라도 종교는 결코 사라지지 않는다는 점이다. 비록 가상에 불과한 것일지언정 종교는 어디까지나 현실에 기반을 둔 가상,

---

15) 칼 맑스, 최인호 옮김, 「헤겔 법철학의 비판을 위하여: 서설」, 『칼 맑스/프리드리히 엥겔스 저작 선집』(제1권), 박종철출판사, 1991, 1~2쪽.

더 구체적으로 말하면 현실에 대한 항의이자 현실적 행복에 대한 요구이기 때문이다. 그렇다면 이 구절은 종교에 대한 비판이라기보다는 종교를 비판하는 계몽주의에 대한 비판에 가깝다. 하지만 이것은 매우 기묘한 이야기처럼 들릴 수 있다. 왜냐하면 한 발만 더 나아갈 경우, 결국 가라타니의 입장이란 '인민의 아편'인 종교에서 문제해결의 돌파구를 찾는 것이기 때문이다.

1) 보편종교로서의 어소시에이션

앞서 우리는 어소시에이션이 역사적으로 보편종교의 형태로 등장했다는 가라타니의 말을 살펴본 바 있는데, 그 말이 의미하는 바는 정확히 무엇일까? 가라타니에 따르면 보편종교란 상인자본주의, 공동체, 국가에 대항해 나타난 호수적 공동체(어소시에이션)이다. 즉, 교환양식 A, B, C를 모두 거부한 D인 것이다. 이와 관련해 중요한 것은 크게 세 가지이다.

첫째, 보편종교는 어디까지나 도시에서 탄생한 것이라는 점이다. 이는 보편종교가 C의 영역에서 A의 회복이라는 형태를 취하고 있다는 것을 의미한다.

둘째, 보편종교와 세계종교는 같으면서도 다르다는 점이다. 물론 최근까지도 가라타니는 보편종교와 세계종교를 혼용하고 있다. 그러나 분명한 것은 가라타니가 말하는 보편종교란 제국에 편입되어 본래 의미를 잃기 이전의 것을 말한다(이런 점 때문에 보편종교는 세계종교와 구별되어야 한다). 즉, 보편종교는 분명 실체적인 것으로 등장하고 있지만, 이념으로서의 성격이 강한 것이다.

셋째, 이런 의미에서 가라타니에게 보편종교는 사실상 넓은 의미의 '사회주의'와 같은 말이라는 점이다. 가라타니는 일찍부터 '종교'라는 말이 가지고 있는 부정적 인식을 긍정적인 것으로 바꾸는 작업을 해왔다. 예를 들어 종교에 빗대어 이뤄지는 사회주의와 정신분석을 향한 비판에 대해, 가라타니는 도리어 사회주의와 정신분석이 큰 영향력을 가질 수 있었던 것은 바로 종교적이었기 때문이라고 반박한 바 있다. 사회주의도 정신분석도 인간의 의지나 행위가 미치는 영역 그 이상의 것을 말했다는 점에서 사실상 종교와 같은 것이었다. 즉, 가라타니에게 있어 종교란 예나 지금이나 '초월론적 가상'이다.

상품교환이 지배적인 자본제사회에서 호수적 공동체가 어떻게 가능한가를 사유하는 가라타니에게 (어소시에이션의 한 형태인 사회주의, 코뮤니즘, 아나키즘 등과 같은) 대항운동의 역사적(실천적) 실패가 곧바로 이념 자체에 대한 부정으로 연결될 수 없는 이유가 바로 여기에 있다. 사실 이념의 실패나 그 실패에 대한 조소는 동전의 양면과 같다. 다시 말해서 운동 이념을 '구성적 이념'으로 생각하고 있다는 점에서 크게 다르지 않은 것이다. 이에 반해 가라타니가 역사적 대항운동들에서 보려는 가능성의 중심은 어디까지나 '규제적 이념'을 의미한다. 그렇다면 가라타니가 말하는 규제적 이념이란 도대체 무엇일까?

칸트에 따르면 규제적 이념은 가상(환상)입니다. 그러나 이와 같은 가상이 없으면 사람들이 살아갈 수 없다는 의미에서 그것은

'초월론적인 가상'입니다. 칸트가 『순수이성 비판』에서 서술한 것은 그와 같은 가상 비판입니다. 그 중 하나로서 '자기'가 있습니다. 동일한 자기란 가상입니다. 흄이 말하는 것처럼 동일한 자기는 존재하지 않습니다. 예를 들어 어제의 나는 지금의 나가 아닙니다. 그것들이 같은 하나의 나인 것처럼 간주하는 것은 가상입니다. 그러나 그와 같은 가상은 살아가기 위해서 필요합니다. 지금의 나는 어제의 나와 관계가 없다면 타인과의 관계가 성립하지 않을 뿐만 아니라, 자기 자신도 붕괴하고 맙니다. 그렇기 때문에 동일한 자기가 가상이라고 해도 그것은 제거할 수 없는 가상입니다.[16]

칸트는 이념을 구성적 이념과 규제적 이념으로 구분한다. 그리고 '이성의 구성적 사용'이 사회를 폭력적으로 바꾸는 것을 의미한다면(자코뱅주의, 기존의 맑스주의), '이성의 규제적 사용'은 한없이 멀리 있는 어딘가에 조금씩 가까워지는 것을 말한다고 덧붙인다. 그러나 그것은 단순히 진행 속도의 차이만을 가리키지 않는다. 중요한 것은 이성의 사용을 수행하는 힘(동력)의 성격이다. 즉, 구성적 이념에서 이성의 사용은 전적으로 인간의 의지에 달려 있지만, 규제적 이념에서는 인간의 의지를 넘어서 있는 어떤 강제적인 힘에 의해서 이성이 동원된다. 바꿔 말해서 어소시에이션은 '제거할 수 없는 가상'으로 존재하는 것이다. 따라서 그것은 '실현가능성'이 아니라 '현실을 가능케 하는 근거'의 문제라 하겠다.

---

[16] 가라타니 고진, 『세계공화국으로』, 187~188쪽.

2) 탕진하는 프롤레타리아트: 소비지점의 공공성

구성적 이념에서 규제적 이념으로의 사고전환은 생각보다 많은 문제를 내포하고 있다. 왜냐하면 그것은 일단 전위/지식인 집단 중심의 운동을 사실상 거부하기 때문이다. 예컨대 사회주의처럼 구성적 이념 아래서 이뤄지는 운동은 지식인(당원)이 착취당하는(그러나 착취당한다는 사실조차도 잘 모르는) 노동자들을 계몽해 자본가에게 대항토록 만드는 형태를 띤다. 그러나 가라타니가 보기에 이런 계몽을 통한 대항운동은 성공하기 힘들다. 왜냐하면 생산지점에서 자본가와 노동자는 이해관계로 서로 긴밀하게 얽혀 있기 때문이다. 하지만 소비지점에 서면 문제가 달라진다. 가라타니가 노동자는 소비지점에 설 때만 비로소 주체적일 수 있다고 주장하는 것도 이런 이유 때문이다.

> 종래의 혁명운동은 '생산'과정에 중점을 뒀습니다. 그러므로 총파업이 일어나기만을 바라며 기다립니다. 혹은 총파업이 일어나도록 노동자의 '의식'을 높이는 운동이 중시됩니다. 또 노동자를 조직하는 지식인의 당이 필요하게 됩니다. 그러나 자본주의에서 중요한 것은 오히려 '유통'과정이라고 생각합니다. 자본은 M-C-M′(화폐-상품-화폐+α)라는 변신에 의해 증식하는 것입니다. 이 점에서 산업자본도 상인자본도 마찬가지입니다. 다시 말해서 자본이 증식할 수 있는 것은 최종적으로 유통과정을 경유해서입니다. 통상 잉여가치의 착취라고 하면 생산지점만을 생각합니다. 그러나 노동자를 아무리 착취하고 혹사하더라도 그 생산물이 팔리지

않으면 잉여가치는 실현될 수 없습니다. …… 일반적으로 소비자운동은 노동운동과 다른 것이라고 생각합니다. 그러나 소비만 하는 인간은 없습니다. 노동자와 소비자는 다른 것이 아닙니다. 노동자가 소비라는 장에 설 때에 소비자가 될 뿐입니다. 그렇다면 노동자는 그들이 가장 약한 장소인 생산지점만이 아니라 오히려 소비자로서의 입장에서 싸워야 합니다. 생산지점에서 노동자는 기업과 일체화되기 쉽습니다. 기업에 이익이 되는 것은 노동자에게도 좋은 것이기 때문입니다. 예를 들어 오염식품을 만들어도 노동자가 그것을 반대하거나 폭로하는 일은 좀처럼 생기지 않습니다. 회사가 망하면 곤란하기 때문입니다. 그러나 소비자라면 그것을 허락할 리 없습니다. 그러므로 노동자는 오히려 소비자의 입장에서 보편적이고 공공적인 것입니다.[17]

이 부분은 흔히 가라타니가 제시한 대항운동의 구체적인 실천전략으로 이해된다. 그래서 그런지 이 부분은 많은 운동가나 이론가의 비판대상이 되고 있다(예컨대 노동자운동에 대한 무시, 소비자운동에 대한 과대평가 등의 비난이 나온 바 있다). 그러나 우리는 여기서 소비자운동에 대한 강조 이상의 것을 봐야 한다. 즉, 가라타니의 주장을 막연히 소비자들이 '소비'를 거부함으로써(물건이 팔리지 않게 만들어 자본증식장치에 타격을 입히는 것으로) 기업에 영향력을 행사한다는 수준에서 이해해서는 곤란하다는 것이다. 물론

---

[17] 柄谷行人, 『柄谷行人 政治を語る』, 東京: 図書新聞, 2009, 83~84, 88頁.

그렇게 읽히는 면이 없는 것은 아니다. 그러나 우리는 오히려 생산비용을 증가시켜 기업이 궁극적으로 비합리적인 비용을 지불(탕진)하도록 만든다는 수준에서 가라타니의 주장을 이해할 수 있어야 한다. 다시 말해서 소비지점에서의 거부는 총체적으로 봤을 때 반反소비라기보다는 과소비를 의미하는 것이다.

자본의 증식은 불필요한 비용을 최소화함으로써 달성되기 마련인데, 소비에의 거부는 그런 '억제된 소비'의 끈을 풀어준다. 일례로 생산은 상품의 생산이지만 다른 한편으로 폐기물의 생산(자연파괴)이기도 하다. 이때 폐기물에 눈을 감는 것이 자본의 생산주의라면, 그와 같은 폐기물까지도 생산과정 안에 흡수하는 것이 바로 가라타니가 말하는 '소비지점의 공공성'일 것이다. 즉, 그것은 인간과 인간 사이의 교환뿐만 아니라 인간과 자연 사이의 교환까지를 시야에 넣었을 때 비로소 가능한 것이다.

3) NAM의 실패?: 혁명적 은퇴에 대하여

사실 가라타니가 그동안 우리의 주목을 받아온 것은 단지 사상의 참신성 때문만이 아니다. 그보다는 이처럼 자신의 사상을 실천적인 형태로 구체화하려고 했기 때문이다. '이론과 실천 사이의 긴장'이 '이론적 실천'이라는 모호한 말 속으로 사라진 지 이미 오래인 한국에서 그것은 부러움이자 질투의 대상이 됐던 것이다. 『트랜스크리틱』 집필이 막바지에 이르렀던 2000년, 가라타니는 뉴어소시에이셔니스트운동(New Associationist Movement, NAM)을 창설해 지역통화운동과 생산협동조합운동을 시작했다. 이 사실은 가라타니의 실천이 이론에서 나왔다고 볼 수도, 거꾸로 그의 이론이 이와 같은 실천에서 나왔다고 볼 수도 있게 한다. 그러나 사정이야 어찌됐든 분명한 것은 『트랜스크리틱』은 바로 이런 와중에서 탄생한 텍스트이며, 바로 그렇기 때문에 거기에는 다른 사상서(이론서)에서는 볼 수 없는 긴장이 존재한다는 것이다.

하지만 주지하다시피 2003년 NAM은 해산된다. 그래서 혹자는 이것을 가라타니 이론의 실패로 보기도 한다. 그렇다면 가라타니 자신은 어떻게 생각하고 있을까? 흥미롭게도 가라타니는 자신이 NAM에서 수동적인 입장이었다고 고백하고 있다. 그러나 이런 태도는 비단 여기서 그치는 것이 아니다. 『계간사조』나 『비평공간』 같은 잡지의 편집은 물론, 심지어 1991년의 문학자집회(걸프전쟁 당시 일본의 참전 반대를 주장한 집회), 한일작가회의(한일문학심포지엄) 참석도 예외는 아니었다.[18] 따라서 우리는 가라타니를 책상물림 사상가로 비판하는 것이 가능하다. 그러나 우리는 여기서 거꾸로 질문을 던질 필요가 있다. 즉, 그 스스로도 인정하는 수동적인 인간이 왜 항상 행동의 중심에 서게 됐는지 말이다.

어찌 보면 이런 수동성은 가라타니가 '근본적으로' 끊임없이 이동하는 비평가라는 사실에서 오는 것인지도 모른다. 가라타니는 무언가를 건축해 그곳에 안주하기보다는 항상 그로부터 벗어나 다른 곳으로 옮겨간다. 심지어는 자신이 만든 조직도 미련 없이 '그

---

[18] 가라타니는 자신이 한일작가회의에 참석하게 된 것은 어디까지나 친구인 나카가미 겐지의 유지 때문이었다고 말하고 있다.

냥 내팽개친다. '그리고' 가라타니가 가게 되는 다음 장소가 어딘지는 우리는 물론이거니와 그 자신도 모르는 것 같다.

    이를 우리는 변덕스러움으로 봐야 할까? 솔직히 그런 면도 있다. 하지만 우리는 그런 무책임한 변덕에서 '가라타니다움'이 생성되고 있다는 것을 놓쳐서는 안 된다. 즉, 가라타니는 어떤 형태로든 '과거'(여기에는 자신이 쓴 텍스트도 포함된다)에 구속되는 것을 거부한다. 그러나 '그럼에도 불구하고' 우리는 가라타니를 여전히 변덕스럽다고 비난할 수 있을 것이다. 확실히 혼자만의 작업에서는 그런 이동이 딱히 문제될 게 없지만, 공동의 작업에서는 그렇지 않기 때문이다. 사실 이런 비판은 가라타니가 참여한 조직 내에서도 있었던 것 같다. 어떤 이는 가라타니를 '해산 취미'를 가진 사람이라고 비꼴 정도였다. 실제로 가라타니는 NAM을 해산시킨 다음 해, 『비평공간』과 그것을 발행하던 출판협동조합인 비평공간사까지도 해산시켰다. 그렇다면 가라타니는 정말 '해산 취미'를 가지고 있는 것일까? 이에 대한 가라타니의 답은 이렇다.

    특별히 해산을 좋아하는 것은 아닙니다. 어차피 끝날 거라면, 아직 할 수 있다고 생각하기보다 그만두는 쪽이 좋다고 생각할 뿐입니다. 우물쭈물 시간을 끄는 것보다 말입니다. …… 나는 NAM도 해산시켰습니다. 그때도 내가 창설한 것이지만 이미 다수의 인간이 공동으로 만든 것이기 때문에, 내가 해산시키는 것은 전제적이라고 말하는 사람들이 있었습니다. 그러나 그런 게 아닙니다. 앞으로 형편없이 될 것이라는 사실을 알고 있었기 때문입니다. 그 경우 설령 내가 없어도 그것은 나의 책임이 됩니다. 그래서 해산시킬 수밖에 없었던 것입니다. 또 새롭게 만들면 되기 때문입니다. 그러나 모두가 좀처럼 그만두지 않지요. …… 이제 와서 그만둘 수 없기 때문에 한다, 계속 하기 위해 그런 이유를 찾습니다. 존재하는 모든 것에는 의미가 있을 것입니다. 그러나 그런 의미로 존재하더라도 처치 곤란할 뿐입니다. 어딘가에서 그만둬야 합니다. …… 그러므로 나는 옛날부터 '혁명적 은퇴'를 권해왔습니다. 그들이 은퇴하면 새로운 길이 열리기 때문에, 그쪽이 혁명적입니다.[19]

여기서 우리가 주의할 사항이 있다. 우선, NAM은 기본적으로 '어소시에이션의 어소시에이션'이었다. 즉, 기존의 생태운동 활동가들과 사회단체들이 연합하는 형태를 띠고 있었다. 그러나 다른 한편으로 가라타니 고진의 독자들이 모인 것(일종의 팬클럽)이기도 했다. 이것이 의미하는 것은 두 가지이다. 하나는 실천적인 면에서 보면, NAM의 해산이 NAM 아래에 모인 역량의 해산을 의미하지 않았다는 점이다. 실제로 해산 이후에도 NAM에 참가했던 활동가들과 단체들은 각자의 영역에서 여전히 견실하게 활동하고 있다. 그리고 이들의 주도로 『at』이라는 잡지가 창간됐고, 현재 가라타니는 그곳에 글을 연재함으로써 간접적으로 지원하고 있다.[20] 다음

---

[19] 柄谷行人, 『柄谷行人 政治を語る』, 167~168頁. 강조는 인용자.
[20] 이 잡지는 "남북 문제와 현대사상을 연결한다"는 모토 아래 창간된 잡지로, 가라타니는 이 잡지에 창간준비호(2005년)부터 최근호까지 한 번도 거르지 않고 글을 연재하고 있다.

으로, NAM이 시작되고 얼마 있지 않아 9·11사태가 터졌고, 이에 대한 대처를 둘러싸고 NAM 안에 다양한 대립이 일어나 수습이 불가능하게 됐는데, 이때 특히 문제가 된 것이 소위 '가라타니의 팬들'이었다는 점이다. 왜냐하면 여느 팬클럽이 그러하듯 이들은 NAM을 가라타니가 주인공으로 등장하는 이벤트 정도로 받아들였기 때문에, 적극적인 참여(예컨대 집회)에 있어서는 소극적이었다. 따라서 NAM의 해산은 어떤 의미에서 가라타니 자신의 팬클럽을 해산시킨 것이었다고 볼 수도 있다.

결국 가라타니의 NAM 해산은 흔히 생각하는 것만큼의 실패는 아니었으며, 따라서 단순히 그 성패를 가지고 가라타니 사상에 대한 평가 운운하는 것은 무의미하다. 사정이 이렇다면 우리는 이제까지와는 정반대로 가라타니의 행동을 이해하는 것이 가능하다. 즉, 가라타니의 해산이 변덕이 아니라 '혁명적 은퇴'라면, 그것은 자기우상화에 대한 적극적인 거부로 볼 수 있다. 우리는 '지식인의 양심(책임감)'이라는 고상한 간판을 치우고 나면, 많은 이들이 자신의 정론적 행위를 입신의 수단으로 여기고 있음을 쉽게 발견하게 된다. 따라서 그들은 운동과정에서 발생한 위계질서와 지위를 좀처럼 포기하지 않는 경향이 있는데, 이때 발견되는 집착은 "내가 아니면 안 된다"는 자기우상화에 의해 정당화된다.

지도자의 이런 자기우상화가 가진 문제점은 주도권의 독점에 있다기보다는 그런 독점을 가능케 한 위계질서에 있다. 왜냐하면 그것은 설사 해당 지도자가 물러나더라도 그대로 살아남아, 스스로 작동하면서 이후 누가 그 자리에 앉더라도 자신을 따르도록 하기 때문이다. 그리고 그 과정에서 본말이 전도되어 조직의 유지를 위해서라면, 옹색한 변명이나 애초 취지에 어긋나는 행위도 태연스럽게 행하기에 이른다. 가라타니의 해산은 이런 '자동적 운영시스템'에 대한 해체로 볼 수 있다. 다르게 말하면, 중요한 것은 전위당의 조직운영(유지)능력이나 과거의 영광이 만들어낸 전통이나 브랜드네임이 아니다. 그런 것은 기껏해야 자신들(그리고 조직)의 존재이유를 찾는 데서 보람을 발견할 뿐이고, 정작 운동에 있어서는 걸림돌에 지나지 않는다. 가라타니가 자율적인 결합과 해체에서 운동의 가능성을 찾는 것은 바로 그 때문이다.

4. 자본-네이션-국가에서 세계공화국으로

가라타니 후기 사상의 핵심어는 누가 뭐래도 '세계공화국'이다. 주지하다시피 이 단어는 가라타니가 칸트의 영구평화론(세계사가 도달해야 할 이념형으로서의 세계혁명론)에서 가져온 것으로, 국가간의 자연상태(적대상태)를 제약하는 힘으로서의 규제적 이념을 의미한다. 그렇다면 이 같은 '힘'은 어디에서 오는 것일까? 이 점을 살펴보기 위해서는 여러모로 문제적인 논문인「죽음과 내셔널리즘: 칸트와 프로이트」[21]를 살펴보지 않을 수 없다.

---

21) 가라타니 고진, 조영일 옮김,「죽음과 내셔널리즘: 칸트와 프로이트」,『네이션과 미학』, 도서출판b, 2009, 67~127쪽.

「칸트와 프로이트: 트랜스크리틱 II」(2003)라는 제목으로 처음 발표된 이 글은 부제에서 알 수 있듯이 『트랜스크리틱』의 속편으로 씌어졌다. 그런데 제목과 달리 이 글에서 다뤄지고 있는 것은 최근 일본에서 가장 뜨거운 쟁점 중 하나인 '헌법 9조'(평화헌법)이다. 그런데 막상 그 내용을 살펴보면 놀라지 않을 수 없다. 왜냐하면 거기에는 우리가 기대하기 마련인 '우경화하는 일본 사회에 대한 비판'이나 '평화헌법 수호에의 의지'가 전혀 담겨 있지 않기 때문이다. 그 대신에 뜬금없이 다음과 같은 질문이 던져지고 있다. "왜 평화헌법은 지금까지 존속되어왔는가?"

평화헌법은 미군정이 제2차 세계대전에서 패한 일본에게 강제로 부여한 것으로, 오늘날 이뤄지는 개정논의는 일단 그 내용을 떠나서 어찌 됐든 일본인 스스로가 선택한 것이 아니라는 데 무게중심이 놓여 있다. 그런데 가라타니는 이와 관련해 여느 좌파 지식인처럼 평화헌법 수호를 목청껏 외치기보다는 난데없이 칸트와 프로이트의 트랜스크리티컬한 독해를 통해 '문화'(문명)라는 것에 주목한다. 물론 거기에는 그 나름대로 이유가 있다. 사실 오래 전 프로이트 역시 오늘날의 일본과 비슷한 상황에 직면했던 적이 있었기 때문이다. 제1차 세계대전이 끝난 직후 연합국이 패전국인 독일에게 강제로 바이마르헌법을 부여한 일이 바로 그것이다. 당시 바이마르헌법은 시민뿐만 아니라 대부분의 독일 지식인들에게 반발을 사고 있었다. 그런데 프로이트는 이런 사회적·지적 흐름을 거슬러 도리어 바이마르헌법을 '문화'의 이름으로 옹호하는 취지의 글을 쓰는데, 그것이 바로 「문화 속의 불만」(1930)이다.

1) 공격충동과 초자아

가라타니는 프로이트의 사상을 전기와 후기로 나누고(물론 이 구분은 제1차 세계대전과 관련이 있다), 죽음충동 및 초자아와 관련 있는 후기 사상의 의의를 강조한다. 프로이트에게 초자아란 전기에 등장한 검열관 같은 것이 아니라 외부로 향한 공격충동이 내부로 향해질 때 형성되는 것으로, 우리가 보통 문화(양심, 도덕)라고 부르는 것이다. 여기서 주목해야 할 것은 문화가 선의가 아닌 악의(공격충동)에서 나왔다는 점과 그것이 항상 강제적으로 주어진다는 점이다. 가라타니는 프로이트의 이런 관점이 칸트의 그것과 매우 유사하다고 본다. 예컨대 칸트는 이렇게 말하고 있다.

> 자연이 인간에게 부여된 모든 자연적 소질을 발전시키는 데 사용하는 수단은 사회에서 이들 소질 사이에서 생기는 적대관계에 다름 아니다. 그러나 이 적대관계가 결국 사회의 합법적 질서를 설정하는 원인이 되는 것이다. 여기서 말하는 적대관계는 인간의 자연적 소질로서의 비사회적 사회성인 것이다. 인간은 사회를 형성하려고 하는 심리적 경향을 갖지만, 그러나 이 경향은 또 끊임없이 사회를 분열시킬 위험이 있는 저항과 곳곳에서 결부되고 있는 것이다.[22]

---

[22] 임마누엘 칸트, 이한구 옮김, 「세계시민적 관점에서 본 보편사의 이념」, 『칸트의 역사철학』, 서광사, 1992, 29쪽. 강조는 인용자. 이와 같은 칸트의 논의는 시민법의 기원에 대한 토머스 홉스의 견해를 연상시킨다. 그러나 홉스의 경우 사회를 지탱해줄 시민법은 "계약했기 때문에" 옳은 것이지만, 칸트의 경우 세계시민사회를 불러올 국제법은 "옳은 것이기 때문에" 계약하는 것이다.

칸트는 사회나 문화는 인간들의 선의가 모여 이뤄지는 것이 아니라 인간에게 존재하는 비사회적 사회성(적대관계)에 의해 이뤄진다고 말하고 있다(다른 한편으로 그것은 사회를 분열시킬 위험도 있다). 소위 '자연의 간지'로 불리는 이런 주장은 터무니없는 이야기처럼 들릴 수 있다. 그러나 앞서의 증여 논의를 염두에 둔다면 조금 다르게 생각할 수 있다. 즉, 칸트가 말하는 적대관계를 '자연상태'(서로에 대한 공포감)로 본다면, 거기서 파생하는 질서란 일종의 증여관계에서 파생된 것으로 볼 수 있다. 사실 적대관계에서 보이는 이중성 역시 호수적 교환으로서의 증여가 가진 이중성과 크게 다르지 않다. 호수적 교환은 한편으로 사회(공동체)를 형성케 하지만, 다른 한편으로 그것이 국가로 발전하려는 데 저항한다.

따라서 가라타니는 스스로에게 던진 물음에 이렇게 답한다. 일본인이 평화헌법을 지금까지 유지해온 것은 그것을 지키기 위해 노력한 좌파나 시민운동가 때문이 아니라 그들 자신이 마음껏 발휘한 공격충동 때문이라고 말이다. 요컨대 일본인의 공격충동이 내부로 향했을 때 생긴 초자아가 그것을 수많은 개정요구로부터 굳건히 지켜왔다는 것이다. 이런 의미에서 가라타니는 평화헌법이 외부(미국)의 검열에 의해 부여된 '병'이 아니라 내부에서 나온 '문화'로 도리어 건강함의 증거라고 주장한다. 이와 관련해 가라타니가 강조하는 프로이트의 언급을 마저 살펴보자.

> 문화는 자신을 적대하는 공격충동을 억제하거나 해롭지 않은 것으로 만들거나 아예 제거하기 위해 어떤 수단을 쓰고 있는가?

…… 우리의 공격충동을 거둬들여 내면화하는 방법이다. 아니, 실제로는 공격충동이 나온 곳으로 돌려보내진다. 다시 말해서 자기 자신으로 향하게 하는 것이다. 그러면 초자아로서 나머지 자아 위에 적대적으로 군림하고 있는 자아의 일부가 그것을 인수해, 이번에는 '양심'의 형태로 자아에 대해 가혹한 공격충동을 발휘할 준비를 갖춘다. …… 우리는 엄격한 초자아와 그것의 지배를 받는 자아 사이의 긴장관계를 죄의식이라고 부른다. 죄의식은 자기 징벌의 욕구로 나타난다. 따라서 문화는 개개인의 공격충동을 약화시키고 무장해제시키는 한편, 마치 정복한 도시에 점령군을 주둔시키듯이 개인의 내부에 공격충동을 감시하는 주둔군을 둠으로써 개인의 위험한 공격충동을 통제한다.[23]

그러나 정작 우리의 관심은 그 다음에 있다. 가라타니는 각국이 자국의 주권을 방기하는 형태로 세계공화국으로 나아갈 것을 주장하고 있다. 그런데 지금까지의 논의대로라면, 우리는 그것을 위해 딱히 할 일이 없는 것처럼 보인다. 왜냐하면 그것은 인간의 공격성에 의해 자연스럽게 진행되어갈 것이기 때문이다. 실제 가라타니는 세계공화국으로 가는 현실적인 단계로 국제연합(유엔)에 나름대로 큰 의미를 부여하면서, 그것이 어디까지나 양차 세계대전에서 발휘된 엄청난 공격성에서 온 것이라는 점을 상기시킨다.

---

[23] 지그문트 프로이트, 김석희 옮김, 『문명 속의 불만』, 열린책들, 2003, 302~302쪽. 강조는 인용자.

2) 전쟁과 평화의 패러독스

따라서 우리는 이렇게 말할 수도 있을 것이다. 가라타니가 말하는 세계공화국이 빨리 도래하는 길은 제3차(또는 제4차) 세계대전이 터져서 인간의 공격성이 최대한으로 발휘될 때라고 말이다. 그렇다면 히틀러나 아우슈비츠 역시 그런 의미에서 긍정적으로 평가해도 되는 것일까? 전쟁을 억제하고 평화를 얻기 위해 우리가 해야 할 일이 아무것도 없다는 것, 도리어 참담하고 잔혹한 전쟁이 평화를 불러온다는 주장은 세계공화국의 패러독스라고 할 만하다.[24] 자칫 잘못하면 이런 주장은 현실긍정의 관념론 이상이 될 수 없는 것이 사실이다. 그렇다면 우리는 이것을 어떻게 이해해야 좋을까? 이는 매우 중요한 문제이기 때문에 어설프게 설명을 시도하기보다는 가라타니의 육성을 직접 들어보기로 하자.

> 가라타니: 칸트의 세계공화국이라는 구상은 제1차 세계대전 후 국제연맹으로 실현됐습니다. …… 국제연맹은 그것을 제창한 대국 아메리카가 비준하지 않았던 탓에 무력했고 제2차 세계대전을 막을 수도 없었습니다. 그러나 그 결과로 국제연합이 실현됐습니다. 물론 그것 또한 무력하고, 지금도 평판이 나쁩니다. 그러나 중요

---

24) 가라타니가 다음과 같이 말하는 것도 그 때문이다. "홉스나 헤겔과 비교해 칸트가 너무 쉽게 생각하는 것처럼 보일지 모르지만, 방금 말한 것처럼 칸트에게 있어 '자연의 간지'는 어떤 의미에서 헤겔의 생각보다 잔혹합니다." 柄谷行人·浅田彰·萱野稔人·高澤秀次,「座談会:《世界共和国へ》をめぐって」,『at』, 4号, 2006年 6月, 19頁.

한 것은 현실의 국제연합이 아니라 세계공화국이라는 '규제적 이
념'입니다. 오히려 국제연합을 부정하는 행동은 역으로 그것을 더
욱 강화하게 될 것이라고 생각합니다. 다음 세계전쟁이 존재한다
면, 좀 더 나은 세계연방 같은 것이 생길 것입니다.

고아라시: 세계전쟁에야말로 희망이 있다는 말씀이십니까?

가라타니: 아니, 물론 전쟁에 기대를 해서는 안 됩니다. 그것을 저지
해야 합니다. 실제 그것을 저지하는 운동이 없으면, 전후에 아무것
도 생겨나지 않습니다. …… 국제연방이 없으면 전쟁이 납니다.
그러나 전쟁이 나면 국제연방이 됩니다. 어차피 이것은 반드시 실
현되는 것입니다. 제1차 세계대전에서 유럽의 사회민주주의자들
은 결국 전쟁 지지로 돌아섰습니다. 이에 대해 레닌은 '제국주의
전쟁에서 혁명으로'를 주창했습니다. 사실 패전상황에서 러시아
혁명이 일어났습니다. 러일전쟁 후에도 제1차 러시아혁명이 일어
났지요. 그러나 전쟁의 결과로 국가가 파탄 난 상태에서 권력을 잡
는 혁명보다 국가가 전쟁하는 것을 허락하지 않는 반전운동 쪽이 훨
씬 혁명적이고 사회주의적입니다. 패전 결과 일어난 혁명은 결국 국
가를 재건하는 것밖에 되지 않습니다. 한편 국가의 전쟁을 저지하
는 것은 대부분 국가의 지양과 마찬가지입니다. 세계동시혁명 따
위는 불가능합니다. 그러나 각국의 전쟁을 저지하고 군사적 주권
을 제한해가는 국제연방을 형성하는 것은 점진적인 세계동시혁명
입니다. 물론 국가에 맡긴다면 이런 것은 불가능합니다. 국가를
꼼짝 못하게 만들려면 국가에 대항할 수 있는 '사회'가 강해져야 합
니다. 내가 사회주의라고 말하는 것은 그런 의미입니다.[25]

다소 길지만 중요한 이 인용문을 요약하면 다음과 같다. 첫째, 세계전쟁은 국제연합보다 더 강한 국제연방을 만들 것이다. 둘째, 그러나 전쟁의 결과(국가의 파탄)로 이뤄지는 혁명보다 전쟁을 방지하는 것이 훨씬 더 혁명적(사회주의적)이다. 셋째, 전쟁을 막는 길은 국가의 지양밖에는 없다. 넷째, 국가를 지양하기 위해서는 '사회'(중간단체)가 강해져야 한다. 여기서 가라타니는 흥미로운 패러독스를 제시하고 있다. "세계공화국이 아니면 전쟁이 일어난다. 그러나 전쟁이 일어나면 세계공화국이 도래한다. 어찌 됐든지 간에 세계공화국으로 가게 된다." 그러나 따지고 보면 이는 딱히 패러독스라고 할 것까지도 없는 것이다. 왜냐하면 이런 이율배반을 적극적으로 자각하는 것이야말로 바로 가라타니가 말하는 트랜스크리틱이기 때문이다.

가라타니의 세계공화국론은 쉽게 말해 평화론이다. 즉, 어떻게 하면 전쟁을 없앨 수 있을까로 수렴된다. 그런데 가라타니의 관점에서 그것은 국가를 지양하지 않고서는 불가능하다. 문제는 국가는 결코 스스로 지양할 수 없는 존재라는 점에 있다. 그러므로 필연적으로 요구되는 것은 몽테스키외가 말하는 소위 중간단체(중간세력)의 강화인데, 어소시에이션이란 사실 이런 중간단체를 의미한다고 해도 과언이 아니다. 즉, 평화란 국가에 대한 중간단체들의 저항을 통해서만 비로소 가능하다는 것이다. 가라타니가 생각하기에 바로 이것이야말로 혁명이고 사회주의인 셈이다. 사실 이제까지의

---

25) 柄谷行人, 『柄谷行人 政治を語る』, 140~141頁.

혁명이나 사회주의를 되돌아보면, 대부분 (전쟁에 의해) 국가가 파탄 난 상태에서 이뤄졌다. 그리고 그렇게 일어난 혁명은 거의 다 국가의 재건(강화)으로 변질됐는데, 이는 전쟁의 지양과는 완전히 무관한 것이었다. 실제 그들은 군대를 부정하지 않았다.

바로 이런 의미에서 가라타니의 평화론은 곧 국가론이기도 하다. 왜냐하면 가라타니의 평화론은 곧 "어떻게 국가를 지양할 수 있는가?"라는 물음과 연결되어 있기 때문이다. 가라타니는 최근 근대적 시스템을 넘어서 원시사회의 구조까지 거슬러 올라가고 있다. 경제인류학이나 정치인류학 문헌에 대한 언급이 두드러지는 것도 이와 무관하지 않다. 그러나 이는 가라타니의 관심사가 변했다는 것을 뜻하지는 않는다. 왜냐하면 이 모두는 '국가라는 문제'(구체적으로는 국가의 발생과 국가 이전의 공동체에 대한 탐구)에 수렴되고 있다고 해도 과언이 아니기 때문이다. 사실 가라타니의 이런 '국가'와의 씨름은 당분간 계속될 것 같다. 왜냐하면 그동안 이 문제와 씨름한 사람이 뜻밖에도 적었기 때문이다. 가라타니의 입장에서 보면 바로 이 부분이 평화론의 중핵인데도 말이다.

5. 국가와의 거래 또는 국가에의 저항

어떻게 보면 우리가 가라타니의 논의에서 가장 현실적으로 부딪치게 되는 것은 전쟁이 평화를 가져온다는 패러독스라기보다는 확고한 반국가적 입장이라 하겠다. 왜냐하면 자본주의(그리고 민족)를 비판하는 많은 사람들조차도 '국가라는 문제' 앞에서는 여러 가지 이유를 대며 애매한 입장을 보이기 때문이다. 특히 자본주의라는 문제를 경제적 불평등이라는 문제로 축소해 그것의 해결을 위해 손쉽게 국가의 개입에 기대는 것이 현실이다. 이는 가라타니가 말하는 중간단체도 마찬가지이다. 최근 조정래는 이명박 정부 출범 후 위축되고 있는 시민운동에 대해 다음과 같이 말하고 있다.

> 노무현 정부 시절, 시민운동 단체가 정부의 지원을 받은 것이 잘못이다. 1980년대 민주화 세력이 시민운동으로 옮아간 것은 건설적 변신이었다. 시민운동은 국민이 회원이 되어 십시일반으로 도와야 한다. 그래야 정치·경제 등 모든 부문을 견제하고 감시할 수 있다. 어떤 경우에도 정부 지원을 받으면 안 된다. 정부 지원을 받는데 어떻게 정부를 향해 당당하게 비판할 수 있겠는가. 정부는 지원해주면서 시민단체를 이용하려고 한다. 내가 정권을 잡는다고 해도 마찬가지일 것이다. 우리 작가들이 당당한 것은, 내가 책에도 썼듯이 정부 지원을 받지 않기 때문이다. 시민운동이 위축된 책임은 현 정권보다는 우리 시민 모두에게 있다. 시민단체가 개성적이고 주체적인 활동을 하지 못할 때 정치권과 경제 세력이 얼마나 횡포를 부리는지 우리 모두 자각하고 다시 만들어내야 한다. …… 이것은 우리가 실천해야 할 최소한의 의무이다.[26]

---

26) 조정래, 「인터뷰: "내 인생 정리한 유서로 봐도 좋다"」, 『시사IN』, 2009년 9월 25일자. 강조는 인용자.

너무나 당연한 이야기이다. 그러나 우리를 불편하게 하는 것은 항상 이처럼 너무나 당연한 이야기이다. 오늘날 많은 지식인들이나 시민운동가들은 반(反)이명박 정서로 똘똘 뭉쳐 있는 것 같다. 그러나 그런 정서의 밑바닥에는 그동안 존재한 어떤 증여관계의 붕괴가 놓여 있을 뿐이다. 사실 노무현(김대중) 정부 시절 그들 대부분이 침묵한 것은 그들과 국가 사이에 교환관계가 있었다는 명백한 증거에 다름 아니다. 따지고 보면 지금 한창 말이 많이 나오고 있는 시민운동 탄압이라는 것도 주로 그동안 주어진 국가나 (국가와 밀접한 관계를 유지하는) 기업의 자금줄 차단이다.

그런 의미에서 반이명박 정서를 가진 사람들은 하나같이 이 정부가 실패하길 바랄 것이다(적어도 생산적인 방향에서 도움을 주지는 않을 것이다). 왜냐하면 그래야만 '다음'을 기약할 수 있기 때문이다. 여기서 다음이란 물론 자신들과 교환관계를 회복할 수 있는 정권으로의 교체를 의미한다. 그런 의미에서 '다음'이 도래하면 이를 민주주의의 발전, 선거혁명으로 명명할지 모른다. 그러나 그런 발전이나 혁명이라면, 굳이 반이명박을 외치지 않아도 자연적으로 이뤄질 것이다. 그들의 논리대로라면 이명박 정부는 실패할 수밖에 없는 정부이기 때문이다. 그러므로 반이명박적 지식인들이나 단체들이 할 수 있는 일은 불평이나 하면서 기다리는 것 외에 없다. 그런데 이는 어디서 많이 본 것이 아닌가?

가라타니가 말하는 중간단체는 쉽게 말하면 국가와의 증여관계를 거부하는 공동체를 말한다. '국가에 대항하는 사회,' 그것은 어떻게 보면 국가의 지원이라는 쉬운 방법을 거절하는 시민단체에 다름 아닐 것이다. 혹자는 이에 대해 현실적인 고려가 빠져 있는 비판이라고 말할지도 모르겠다. 그러나 거꾸로 생각해, 겨우 그런 것조차 어렵다면 정치적 자유나 경제적 평등은 어떻게 이루고, 또 세계평화는 어떻게 가능하겠는가? 결국 사회운동이나 지식인 참여, 또는 혁명이나 사회주의란 기껏해야 국가의 약탈물이나 자본의 잉여가치를 같이 나눠먹을 수 있다는 '특권'에서 자신들의 존재가치를 발견하는 처지에 놓이지 않을까?

그러나 진정한 사회주의나 혁명은 '자연의 간지'를 마치 자신들의 의지였던 것인 양 꾸미는 것과는 무관하다. 국가의 파탄(이명박 정부의 실패)을 염원하면서 기다리는 것은 세계공화국의 도래를 위해 무사태평하게 세계대전을 대망하는 것과 사실상 같다. 따라서 우리는 마음에 들지 않는 정부를 비판하고, 바람직하다고 생각하는 정부를 대망하기보다는 무엇보다도 먼저 국가의 증여에 대한 거부에서부터 시작할 필요가 있다. 그리고 그로부터 국가 그 자체의 지양으로까지 사유의 폭을 넓히지 않으면 안 된다. 왜냐하면 그런 작업 없이는 결코 평화가 이뤄질 수 없으며, 국가에 의존하는 반전反戰이란 기껏해야 '문학적 양심'을 만족시키는 나르시시즘적 이벤트에 지나지 않을 것이기 때문이다.

조정래는 그동안 이뤄진 시민단체와 국가의 야합을 비판하는 한편, 적어도 국가의 돈 따위는 받지 않기 때문에 당당하다며 문학인으로서의 자긍심을 드러낸다. 그러나 이는 매우 묘한 이야기이다. 왜냐하면 문학인만큼 국가와 밀접한 관계를 유지해온 사람들도 없기 때문이다. 나카가미 겐지가 일찍이 한국을 오가며 갖게 된 한국 문인에 대한 위화감은 바로 이것과 관련이 있었다. 나카가미는 정부를 비판하는 한국 문인들이 정작 정부의 돈을 받는 데 아무런 모순도 느끼지 않는 것을 보고 놀라움을 금하지 못했다.[27]

　최근 일본에서도 유례없는 순문학의 위축으로 국가의 지원을 호소하는 목소리가 높아가고 있다. 가라타니는 이에 대해 문학이 국가의 돈을 받으면 그것으로 끝이라고 말한 후, 그러나 국가는 문학에 대한 지원을 아끼지 않을 것이라고 덧붙인다. 물론 이때의 지원은 문학 자체가 보호되어야 할 만큼 중요하기 때문이라기보다는 국가의 입장에서 문학이 유용하기 때문이다. 문학은 지금까지 그랬듯이 '자본-네이션-국가'라는 구조가 잘 굴러가도록 하는 윤활유 역할을 톡톡히 할 것으로 기대되는 것이다. 물론 우리에게 이런 논의는 사실상 의미가 없다. 왜냐하면 문학과 국가의 교환관계는 오래 전부터 존재했기 때문에, 새삼 그런 것을 문제시하는 행위 자체가 촌스러운 것으로 치부되기 때문이다. 한국 문학의 위기는 외부에서 온 것이 아니라 스스로가 자초한 것이다.

---

[27] 中上健次, 「物語が輪舞する」(1981), 『中上健次エッセイ選集: 青春・ボーダー篇』, 東京: 恒文社21, 2001, 63頁. 『문예연감』(한국문화예술진흥원 발행)을 보면, 한국 문학이 국가와 얼마나 밀접하게 연결되어 있는지 쉽게 알 수 있다. 사실 군사정권 시절에 『창작과비평』조차 지금도 여전히 존재하는 '우수문예지 지원'이라는 제도를 통해 정부의 돈을 받은 적이 있다. 참고로 지금도 『창작과비평』을 비롯해 대부분의 잡지가 그 돈을 받고 있으며, 최근 들어서는 아예 '국민적 문학교육'을 위해 국어교과서를 만드는 데 열심인 곳도 있다.

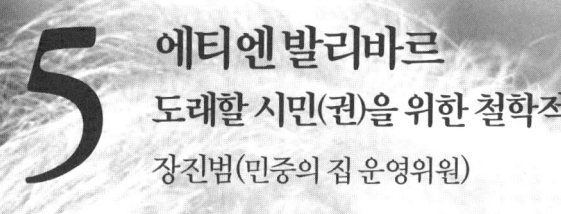

5 에티엔 발리바르
도래할 시민(권)을 위한 철학적 투쟁
장진범(민중의 집 운영위원)

Étienne Balibar

1942년 4월 23일 프랑스 부르고뉴 주의 아발롱에서 태어남. 1960년 파리 고등사범학교에 입학한 뒤 1965년 루이 알튀세르가 주도한 『자본』을 읽자』의 공동저자로 지성계에 데뷔함. 1966년 알튀세르의 제자들이 마오쩌둥주의 성향의 단체 UJC-ML을 결성해 프랑스공산당을 비판할 때도 알튀세르와 함께 당에 머물러 있었음(그러나 1981년 당의 좌파연합 정책과 이민노동자 정책에서 엿보이는 관료주의와 인종주의를 비판해 출당됨). 1969년 파리8대학교-뱅센느의 철학교수로 잠깐 재직한 뒤 곧 소르본대학교로 옮겨갔고, 1994년부터는 파리10대학교-낭테르의 정치·도덕철학 교수로 재직함. 1978년 당과 국가의 관계설정을 두고 알튀세르와 견해를 달리하기 시작한 뒤로는 민족형태·이민·시민권 개념 등을 중심으로 독자적인 사유체계를 선보였고, 1987년 그 성과를 인정받아 네덜란드의 나이메헨대학교에서 박사학위를 받음. 현재는 파리10대학교-낭테르의 명예교수이자 캘리포니아대학교 어바인캠퍼스의 비판이론 교수(2000년부터 재직)로 있음.

에티엔 발리바르는 스물넷에 스승 루이 알튀세르의 주도 아래 동료들(피에르 마슈레, 로제 에스타블레, 자크 랑시에르)과 『《자본》을 읽자』(1965)를 발표한 이래, 프랑스의 대표적 맑스주의자 중 하나로 명성을 얻었다. 1960년대 당시 맑스주의의 재구축이라는 문제설정으로 이론 작업을 시작한 발리바르는, 1970년대 말 알튀세르가 제기한 "마침내 맑스주의에 위기가!"라는 구호에 화답해 1980년대에는 맑스 자신까지 거슬러 올라가는 맑스주의의 아포리아에 초점을 맞추는 '맑스주의의 전화轉化' 작업에 착수한다.[1]

발리바르에 따르면 아포리아란 단순한 오류가 아니라 "혁명적인 이론적 질문을 제기하되, 이 질문을 부인하는 용어 또는 그 해결을 불가능하게 만드는 방식으로 질문을 제기하는" 이중구속 상태를 말하는 것이다.[2] 이 때문에 전화에 고유한 작업방법은 맑스(주의)를 위해 맑스(주의)에 맞서는 것으로 요약되는데, 이는 맑스(주의)가 제기한 혁명적 질문을 억압하는 맑스(주의) 자신의 정식화나 문

---

1) 발리바르의 문제의식에 접근하는 가장 좋은 방법 중 하나는 대담 성격의 글을 참고하는 것이다. 1960~90년대 초까지의 지적 궤적을 이론적으로 개괄한 일종의 '지적 자서전'으로는 다음의 글을 참조하라. Étienne Balibar, "The Infinite Contradiction," *Yale French Studies*, no.88, 1995. 1990년대의 문제의식을 당대 정세의 실천적 쟁점과 연결시키는 대담으로는 다음을 참조할 것. Étienne Balibar, "Insurrection et Constitution: La citoyenneté ambiguë," *Pensées critiques: Dix itinéraires de la revue Mouvements 1998-2008*, Paris: La Découverte, 2009. 가장 최근의 문제의식으로는 다음을 참조하라. Manuela Bojadžijev and Isabelle Saint-Saëns, "Borders, Citizenship, War, Class: A Discussion With Étienne Balibar and Sandro Mezzadra," *New Formations*, vol.58, no.1, (June) 2006.
2) Balibar, "The Infinite Contradiction," p.159.

제설정을 해체하고, 이 질문을 발전시킬 수 있는 대안적 정식화나 문제설정을 탐색·실험하는 것이다.

발리바르가 볼 때 이 작업에는 비단 맑스주의의 미래뿐만 아니라 근대 정치 자체의 명운도 걸려 있었다. 맑스주의의 위기는 맑스주의가 정세적으로 대표했던 계급투쟁과 사회적 적대 관념뿐만 아니라 착취와 압제의 모든 형태를 역사적으로 폐지하자는 해방과 변혁의 이상, 그리고 조직된 집단적 실천(또는 대중정치)의 가능성 등 근대 정치의 근간까지 위협했기 때문이다.

이후의 역사는 발리바르의 통찰이 옳았음을 증명했다. 현실 사회주의의 붕괴 이후 '이데올로기의 종언'과 '역사의 종말'을 의기양양하게 주장하면서 이제 사회적 갈등과 분할로 위협받았던 국가의 통일성과 질서가 기술과 법의 처방을 통해 회복되리라 자신하던 기술관료적·국가주의적 유토피아는 얼마 가지 않아 산산 조각났다. 도리어 본격화된 세계화는 주권적 국민국가(근대의 대표적 국가형태)를 뒷받침하던 민족주의뿐만 아니라 민족주의의 대안이라 여겨졌던 유토피아적 세계시민주의조차 근본적인 위기에 빠뜨렸다. 세계시민주의에 따르면 고유한 문명적 효과를 지닌 교류commerce가 세계적 수준으로 확대되어 하나의 단일한 공간 안에 인류가 통합될 경우 인종적·민족적 적대가 해소되고, 여러 가지 심각한 불평등과 인간에 의한 인간의 압제가 제거될 것이었다. 하지만 현실로 도래한 세계화는 정반대로 국가간·국가내 불평등과 양극화를 더욱 확대하고 각종 극단적 폭력을 낳음으로써 세계시민주의의 유토피아적 전망을 돌이킬 수 없이 파괴했던 것이다.

발리바르는 이처럼 1980년대 이후 정세가 제기하는 수많은 질문들과 대결하되 맑스주의의 (청산도 묵수墨守도 아닌) '전화'라는 노선에 입각함으로써, 전통적 맑스주의로도 각종 비맑스주의로도 환원되지 않는 독창적이면서도 시의적인 작업을 왕성하게 내놓고 있다. 예컨대 일체의 반反정치주의에 맞서 일찍이 1970년대에 제출한 '정치의 새로운 실천'이라는 관점을 견지하면서도, 이를 (해방, 변혁, 시민인륜이라는) '정치의 세 개념'의 정식화로 발전시킨 작업이 대표적 사례라 할 것이다.[3] 그러나 이 글은 유럽통합 논의 등의 정세를 거치며 발리바르에게 더욱 중요해진 '시민권' 개념을 중심으로 그의 최근 작업을 살펴볼 것이다. 그의 다른 작업보다 상대적으로 국내에 덜 소개됐기도 하지만, 특히 시민권 개념은 지난 20여 년간 발리바르의 핵심 화두였기 때문이다.

1. 시민권과 민주주의, 그 끝없는 이율배반

1) 이론적 아나키즘 비판과 아렌트의 정리

현 정세의 문제점을 진단하고 그 대안을 사유할 때, 발리바르는 시민권의 문제설정을 핵심 수단으로 삼는다. 발리바르가 오랫동안 맑스주의적으로 훈련받았던 이론가라는 점에서 이는 사뭇 의외이

---

[3] 에티엔 발리바르, 최원·서관모 옮김, 「정치의 세 개념: 해방, 변혁, 시민인륜」, 『대중들의 공포: 맑스 전과 후의 정치와 철학』, 도서출판b, 2007, 29~72쪽.

다. 맑스 자신을 비롯해 거의 모든 맑스주의 전통의 이론가들은 시민권 등 일체의 근대적 권리 담론을 (적어도 이론적으로는) 아주 완강히 비판했기 때문이다.[4] 또한 시민권의 중심 문제 중 하나가 '제도'인데, 맑스주의에는 '국가소멸' 테제로 상징되는 강한 반(反)제도적 경향 혹은 이론적 아나키즘이 있기 때문이다.[5]

그런데 발리바르가 시민권의 문제설정을 전면화할 때 노리는 것 중 하나가 바로 이런 맑스주의의 이론적 경향을 반성·정정하는 것이다. 발리바르가 볼 때 1933~45년 맑스주의가 겪은 거대한 패배 때문에 이런 반성과 정정은 불가피하다. 당시 유럽 자본주의의 위기는 맑스주의의 통념과 달리 사회주의혁명으로 귀결되지 않고, 독일과 이탈리아 등지에서 파시즘을 낳는 충격적 정세로 이어졌다. 이때 가장 문제가 된 것은 국가제도의 상징적·물질적 붕괴가 대중들에게 미친 영향을 오판한 것인데, 발리바르는 그 원인이 맑스주의의 이론적 아나키즘에 있다고 진단한다. 이론적 아나키즘에 따르면 국가제도란 인위적이고 기생적인 구조에 불과하다. 따라서 프롤레타리아트, 더 일반적으로 '사회'는 국가의 붕괴를 일종의 '해방'으로 체험해야 했다. 그러나 사태는 이론적 아나키즘의 근본 전

---

4) Étienne Balibar, "De la critique des droits de l'homme à la critique des droits sociaux," *Bentham contre les droits de l'homme*, Paris: PUF, 2007.
5) Balibar, "The Infinite Contradiction," pp.157~158. 발리바르는 한 인터뷰에서 맑스주의 전통의 반제도적 경향은 (비록 역사화·사회화되긴 했지만) 맑스 자신의 강력한 자연주의에서 비롯한다고 말한다. 그리고 그 뿌리는 결국 루소주의, 즉 고안된 일체의 질서에 대한 거대한 불신에 있다고 평가한다. Étienne Balibar, "Globalization/Civilization Part 1," *Politics-Poetics Documenta X-the Book*, Ostfildern: Cantz, 1997.

제를 비극적으로 논박했다. 국가가 붕괴하자 대중들은 감정적 공황, '카리스마적' 지도자를 통한 자기인정 욕구에 빠져들었고, 이것이 파시즘의 대중적 토대 노릇을 한 것이다.[6] 발리바르가 볼 때 당시 맑스주의는 '금융자본의 가장 반동적이고 가장 배외적이며 가장 제국주의적인 분자의 공공연한 테러독재'라며 파시즘을 비난하고 파시즘과 반[反]동일화하는 언어를 택했을 뿐, 정작 파시즘의 대중적 토대라는 결정적 문제는 제대로 사유하지 못했다.

이런 맑스주의의 이론적·정치적 무능은 파시즘에 군사적으로 승리하면서 시야로부터 사라졌다. 그러나 해결되지 않은 문제는 유령처럼 살아남아 예기치 못한 훗날에 복수를 하기 마련이다. 자본주의를 비롯해 근대 정치제도와 이데올로기가 위기에 빠지고 거대한 착취, 배제, 무권리 상태가 일반화되는 가운데 다시 한 번 대중들이 해방되기보다는 인종주의나 네오파시즘 쪽에 끌리고 있는 상황에서 맑스주의를 비롯한 사회운동이 여전히 대부분 무기력한 상태에 머물고 있는 것은, 적어도 이론적으로는, 이 같은 무능을 돌파하지 못한 탓이라는 게 발리바르의 진단이다.[7]

발리바르는 이론적 아나키즘을 극복하는 데 도움을 줄 중요한 자원 중 하나로 한나 아렌트에 주목한다. 특히 두 차례의 세계대전

---

6) 에티엔 발리바르, 최원·서관모 옮김, 「파시즘, 정신분석학, 프로이트-맑스주의」, 『대중들의 공포: 맑스 전과 후의 정치와 철학』, 도서출판b, 2007, 369~385쪽.
7) 파시즘에 관한 발리바르의 상세한 분석으로는 다음을 참조하라. Étienne Balibar, "De la préférence nationale à l'invention de la politique," *Droit de cité: Culture et politique en démocratie*, Paris: PUF, 2002.

과 파시즘으로 말미암아 발생한 '국가 없는 사람들'과 '권리 없는 사람들'에 관해 성찰하면서 이론적 아나키즘의 뿌리 중 하나라 할 수 있는 자연권 담론을 발본적으로 비판하고, 이것이 가정한 인권과 시민권의 관계를 역전시키는 『전체주의의 기원』 2부 9장(「국민국가의 몰락과 인권의 종말」)이 중요하다.[8] 자연권 담론에 따르면, 실정적이고 특수한 시민권은 그에 앞서 존재하는 '자연적'이고 '보편적'인 인권의 제도화이며, 인권은 시민의 권리와 정치적 제도에 보편적인 정당성의 원리를 제공해준다. 따라서 인권은 시민권보다 더 광범위하고 또 그로부터 독립적이다. 이 때문에 인권은 국가에 속하지 않은 사람들 역시 권리들을 보장받을 수 있게 해주는 기초가 될 뿐만 아니라, 그런 사람들이 늘어나는 상황에서 점점 더 중요해진다. 하지만 아렌트가 볼 때 사태는 전혀 그렇지 않았다. 오히려 시민의 권리가 제거되거나 역사적으로 파괴되면 인권 역시 파괴됐다. 왜냐하면 인권이 시민권을 기초하는 것이 아니라 시민권이 인권을 기초하며, 국가나 제도가 보장하지 않는 자연적 권리란 실존하지 않는다는 것이 진실이기 때문이다.

  여기서 요점은 제도만이 권리를 창출할 수 있다거나, 제도와 분리되면 인간은 특정한 권리를 갖지 못하고 다만 자연적 성질을 갖는다는 것이 아니다. 또한 단순히 경험적인 사실을 서술하는 것도 아니다. 문제는 인간과 시민, 권리와 설립/제도[9] 등의 통념에

---

[8] Étienne Balibar, "(De)Constructing the Human as Human Institution: A Reflection on the Coherence of Hannah Arendt's Practical Philosophy," *Social Research*, vol.74, no.3, (Fall) 2007.

관한 존재론적이고 인간학적인, 심지어 형이상학적인 반성이다. 이 반성을 통해 이제 권리는 (일차적으로는) 개인적 주체들의 성질이 아니라 오히려 개인들이 '공통의 세계,' 곧 정치적 제도를 구성할 때마다 서로에게 부여해주는 성질, 발리바르 식으로 말하면 관개체적trans-individuel 성질로 재정의된다. 또한 인간(성)은 정치제도를 기초짓는 자연적 전제가 아니라 오히려 정치제도를 통해 건설되는 실천적 결과가 된다. 요컨대 설립/제도와 권리, 인간(성) 사이에 강력한 상호성을 구축하는 것이 문제인 셈이다.[10] 발리바르는 이 같은 논변을 아렌트의 정리Théorème d'Arendt, 즉 '진리임이 증명된 일반 명제'라고 부르면서 전적으로 수용한다.

그렇지만 이런 입장에 대해서 즉각 여러 가지 비판이 제기될 수 있다. 우선 제도 외부에는 권리가 실존하지 않는다는 전제로부터, 권리를 보장받으려면 제도적 안정성을 가장 우선시해야 한다는 결론을 도출하는 제도주의나 법실증주의, 한마디로 '보수주의'와 무엇이 다르냐는 비판이 가능하다. 하지만 더 결정적인 비판은

---

9) 앵스티튀시옹(institution)이라는 프랑스어 단어는 '제도'를 뜻하는 명사인 동시에 '설립한다'(instituer)라는 동사의 명사형이기도 하다. 즉, '구성하는 행위'를 뜻하는 제헌(constitution)이라는 단어가 '구성된 결과'라는 헌정(憲政)의 의미를 동시에 갖고 있는 것처럼 앵스티튀시옹에도 중의적 의미가 있다.
10) 근대 정치-이데올로기에서 '자연/본성'(nature)을 상징하는 범주가 인간이라는 점에서, 이는 (발리바르가 볼 때 맑스 역시 예외가 아닌) 근대적 자연주의에 대한 가장 강력한 비판 중 하나이며, 제도들의 역사나 정치의 기원이 되는 자연상태(루소적인 순수의 상태이든, 홉스적인 도착의 상태이든 간에), 또는 국가 이전의 사회(성) 따위는 존재하지 않는다는 스피노자적 명제를 재확인하는 것이다. 이에 관해서는 다음을 참조하라. 에티엔 발리바르, 진태원 옮김, 「윤리학: 정치적 인간학」, 『스피노자와 정치』, 이제이북스, 2005.

권리를 보장하고 인간(성)을 건설하는 것이 제도라는 점은 인정하더라도, 동시에 권리를 파괴하고 인간(성)을 말살하는 것 역시 제도라는 가공할 이율배반을 감안한다면, 이것만으로는 정치를, 더욱이 민주주의 정치를 사유하기에 불충분하다는 비판이다. 아렌트 자신, 그리고 발리바르 역시 이 비판을 완전히 의식하고 있고, 이 이율배반을 (민주주의) 정치의 중심에 위치짓는다. 어떤 의미에서 바로 이 지점이야말로 발리바르가 이론적 아나키즘과 완전히 갈라서는 곳인데, 그가 볼 때 이론적 아나키즘의 반제도적 경향은 이 이율배반을 회피하는 것에 불과하며, 그 점에서 (예컨대 '과두제의 철칙'으로 유명한 로베르트 미헬스처럼) 이 이율배반을 민주주의에 반하는 정치적 허무주의의 알리바이로 삼는 입장의 거울쌍일 따름이다. 오히려 문제는 제도 일반(사실상의 정치 일반)을 거부하는 것이 아니라 제도 안에 부정성négativité을 기입하는 것, 곧 제도의 타락 경향에 맞서 권리를 옹호·확장하는 봉기적 운동과 주체성을 제도 안에 갈등적으로 포함시키는 것이다.[11] 발리바르는 이를 민주주의와 시민권, 또는 봉기와 구성/헌정의 이율배반이라고 부른다. 발리바르는 이런 관점에 입각해 1789년 이후 근대 정치의 핵심 쟁점과 형세를 구체적으로 분석하는 한편, 동시대 정치 위기의 원인과 대안적 방향을 소묘함으로써 이 관점의 적합성과 생산성을 입증한다.

---

11) 민주주의적 시민권 한가운데 있는 '[법을] 정초하는 [실정법의] 위반'이라는 역설을, 시민불복종의 문제와 연결시켜 설명하고 있는 것으로는 다음의 글을 참조하라. Étienne Balibar, "Sur la désobéissance civique," *Droit de cité: Culture et politique en démocratie*, Paris: PUF, 2002.

2) 봉기와 구성/헌정의 변증법: 평등(한)자유 명제

발리바르가 이상의 관점을 이론적으로 정교화하고, 이에 따라 근대 정치를 분석한 최초의 작업들이 「시민 주체」와 「평등(한)자유 명제」라는 두 논문이다.[12] 두 편 모두 프랑스혁명 2백주년이 되는 1989년 발표됐는데, 당시의 이론·정치 정세를 감안할 때 그 주장은 말의 강한 의미에서 반(反)시대적인 것이었다.[13]

당시는 (신)자유주의가 득세하던 시기였다. 이와 관련해 프랑스 역사학계에서는 프랑수아 퓌레를 중심으로 프랑스혁명을 '자유의 혁명'과 (이 정상적 궤도에서 일탈한) '평등의 혁명'으로 분할하는 '수정주의 해석'이 주도권을 장악하고 있었다. 영미 정치철학계에서도 존 롤즈 등이 '우선순위'라는 관념을 동원해 자유와 평등을 대립시키고 전자의 우위를 주장했다. 여기에 현실 사회주의의 위기라는 정세와 맞물려 평등과 자유는 근본적으로 양립불가능하다는 자유주의적 관념에 도전하는 것이 거의 불가능해 보였다. 또 앞서 아렌트가 비판한 바 있는 자유주의적 자연권 담론이 세를 얻으면서 인권 개념과 시민권 개념의 동일화를 전체주의라 비판하고, 양자를 (도덕화·관념화된 전자의 우위 아래) 분할하는 것이 상식으

---

12) Étienne Balibar, "Citizen Subject," *Who Comes after the Subject?*, ed. Peter Connor, Eduardo Cadava, and Jean-Luc Nancy, London: Routledge, 1991; 윤소영 옮김, 「'인권'과 '시민권': 평등과 자유의 현대적 변증법」, 『인권의 정치와 성적 차이』, 공감, 2004.

13) 발리바르는 국제현대프랑스철학연구소 홈페이지에 올린 「평등(한)자유 명제」 증보판 서두에서 당시의 이론적 쟁점과 목표를 간략히 정리하고 있다. Étienne Balibar, "La proposition de l'égaliberté," CIEPFC, 12 Décembre, 2008.

로 자리잡았다. 이런 상황에서 발리바르는 프랑스혁명을 비롯해 근대적 구성/헌정을 탄생시킨 민주적 봉기의 핵심 이념은 평등=자유라는 혁명적 등식에 있다고 주장했다. 발리바르의 설명에 따르면 이 등식은 평등과 자유 사이에 아무런 구별이 없다거나, 양자가 공유하는 인간(성)이나 주체(성) 따위의 어떤 본질에서 양자의 동일성이 비롯한다는 뜻이 아니다. 그보다는 오히려 평등의 역사적 조건과 자유의 역사적 조건이 정확히 동일하다는 뜻이다. 혁명의 정초적 문헌으로 간주되는 「인간과 시민의 권리선언」에 기록되어 있고, 프랑스혁명뿐만 아니라 그 전후의 숱한 역사적 경험을 통해 증명되어왔으며, 심지어 그것을 부정한다고 일컬어지는 현실 사회주의의 위기 역시 그 증명의 일부라는 점에서 발리바르는 이 등식을 평등(한)자유égaliberté '명제'(그 참과 거짓을 명확하게 논할 수 있는 문장)라고 말한다. 그리고 이 명제를 통해서 발리바르는 자유주의에 대한 비판을 넘어 평등(한)자유와 결부된 봉기적 실천을 정치의 중심에 도발적으로 복귀시킨다.

　우선 평등=자유 등식은 자유와 평등 사이의 전前근대적 위계관계를 전복했다는 점에서 혁명적이다. 전근대, 특히 민주주의의 발원지라는 고대 그리스의 도시국가에서 평등이란 대략 인구의 10% 정도에 국한되는 소수 자유인 '신분' 성인 남성들 사이에 제한된 것이었고, 이 자유인들과 (여성, 어린이, 노예, 외국인 등) 예속자들 사이의 평등이란 상상할 수 없는 것이었다. 이에 반해 근대적인 평등(한)자유 명제는 평등과 자유의 호환성과 상호함축성을 확고히 정립한다. 다시 말해서 전근대의 평등이 자유에 종속되어 있는 것이었다면, 근대의 평등은 말의 강한 의미에서 자유와 등식을 이룬다([불]평등=[부]자유).

이뿐만 아니라 평등=자유 등식은 '호모 시베 키비스'Homo sive Civis(인간 즉 시민), 즉 인간=시민이라는 또 다른 혁명적 등식을 낳았다는 점에서도 혁명적이다. '데우스 시베 나투라'Deus sive Natura(신 즉 자연)라는 스피노자의 도발적인 등식에 비견할 만한 인간=시민 등식은 모든 인간이 권리에서 평등하고 자유로우며, 이 같은 원칙은 권리들을 가질 권리(아렌트), 곧 정치(정치에 대한 참여와 접근)에 대한 권리에도 적용된다는 것을 뜻한다. 요컨대 평등(한)자유 명제는 이러저러한 인간학적 차이를 이유로 특정 집단이나 신분에게 시민권을 제한한 전근대적 시민권과 달리, 모든 유적類的 인간 또는 '특성 없는 인간'으로서의 개인에게 시민의 지위를 보편화하고, 각각의 조건·지위·본성을 이유로 한 '배제를 배제'하는 근대적 시민권의 이상을 탄생시켰다.

이처럼 근대적 봉기로 탄생한 평등=자유, 인간=시민이라는 혁명적 등식에 의해 제한 없는 보편성의 원리, 따라서 절대적 개방성과 확장성의 원리가 정치와 시민권의 한가운데 돌이킬 수 없이 기입된다.[14] 여기서 요점은 이 같은 보편성에 기초해 하나의 실정적 제도가 설립됐다는 것보다는, 이제 어떤 실정적 제도도 이 보편

---

14) 근대에 이 원리를 대표하는 이름은 인권이지만, 아리스토텔레스가 무임정무직(archè aoristos)이라는 이름으로 이 원리를 포착했듯이, 그 외에도 다양한 이름들이 있을 것이다. Balibar, "Citizen Subject," p.53; "(De)Constructing the Human as Human Institution," pp.734~736.

성에 기초한 문제제기, 심지어 해체에서 면제될 수 없게 됐다는 점이다. 어떤 혁명의 결과가 단순히 특정한 형태의 구성/헌정이 아니라 민주주의와 시민권의 긴장, 봉기와 구성/헌정의 변증법이라는 갈등적 역학인 것은 바로 이 때문이다.

 실제로 1789년 직후부터 노동자, 무산자, 여성, 노예 등 많은 이들이 이미 선언된 권리를 향유하고 자신들이 처한 '불의'의 상태를 정치적 쟁점으로 삼기 위해 이 보편적 이념을 전유하고 봉기한다. 이 투쟁에 나선 모든 이들, 그리고 이를 지켜본 모든 이들이 확인한 것은 어떤 경우에도, 심지어 지배계급 자신이 봉기를 통해 그 자리에 오른 경우에조차 지배계급 스스로 특권과 지배적 권력위치를 자발적으로 양도하는 일, 평등(한)자유를 위로부터 분배하는 일 따위는 없다는 것이다. 이로써 오직 '압제에 대한 저항', 그리고 이 투쟁 속에서 구성되는 동료 시민들과의 집단적 연대, 그것을 통해서만 권리를 쟁취할 수 있다는 현세적 해방의 이념이 종교적 구원의 이념을 대중적으로 대체한다.

3) 사회적 시민권과 국민-사회국가: 마키아벨리의 정리

발리바르는 이상의 관점에서 근대 시민권의 역사를 구체적으로 분석하는데 이른바 '사회적 시민권' 개념, 그리고 이에 근거해 탄생한 국민-사회국가(이른바 '복지국가')라는 새로운 구성/헌정 형태가 주요 분석 대상 중 하나이다. 이 대상들을 통해 발리바르는 20세기 중반 유럽의 구성/헌정 형태가 거둔 역사적 성취와 한계, 그것을 기초짓는 갈등과 세력관계, 그리고 현 정세의 지배적 경향인 신자유주의와 세계화가 왜 이 구성/헌정 형태를 위기에 빠뜨리고 이것이 근대 정치 일반의 위기로 이어지는지 살펴본다.

사회적 시민권은 20세기 초 자본주의의 구조적인 위기(특히 1930년대 대공황 당시 발생한 대량실업과 그로 인한 빈곤), 소련(공산주의)과 독일(파시즘)로 대표되는 좌우파의 도전, 그리고 이 모든 것이 과잉결정되어 격화된 계급투쟁이라는 3중의 제약 속에서 등장한 개념이다. 사회적 시민권이 기본적으로 다루는 문제는 조직된 노동의 권리, '프롤레타리아트에 고유한 위험'(더 일반적으로는 자산소득에 의해 보장되지 않는 사회적 생활의 모든 형태와 연관된 위험)에 대비한 사회적 보호이다. 하지만 이를 더 일반적인 맥락 속에 위치시킬 필요가 있다. 예컨대 이 개념을 주창한 영국의 사회학자 토머스 험프리 마샬은 '시민적 시민권 → 정치적 시민권 → 사회적 시민권'으로 이어지는 시민권 진화의 도식을 제시하면서 사회적 시민권을 '시민권 역사의 새로운 단계'로 간주한다.[15] 발리바르는 마샬의 입장을 비판적으로 수용하면서 이 개념이 시민권의 역사에서 새롭게 제기하는 문제의식을 세 가지로 요약한다.

첫째, 사회적 시민권은 가장 열악하고 빈곤한 특정 집단에 대한 부조扶助가 아니라 잠재적으로 모든 시민과 사회계층, 단적으로 '인격적 개인'에 관련된 사회적 연대의 보편적 메커니즘으로 이해됐다.[16] 그 전제가 되는 것은 모든 개인들이 (재화나 서비스뿐만 아

---

[15] 마샬의 논의에 관한 발리바르의 평가로는 다음을 참조하라. Étienne Balibar, "Historical Dilemmas of Democracy and Their Contemporary Relevance for Citizenship," *Rethinking Marxism*, vol.20, no.4, (October) 2008.

니라 '사회적 유대'를 생산하는 활동으로서의) 노동으로 대표되는 시민적 활동에 잠재적으로 참여하고 있다는 것, 따라서 이런 시민적 활동에 대한 정당한 공적 급부를 향유할 권리가 있다는 것이다.[17]
둘째, 사회적 시민권은 불안정(성)에 대비한다는 소극적 의미를 넘어 '불평등의 축소'라는 이상을 실현하는 적극적 수단으로 정의됐다. 교육 대중화, 시민적 역량의 형성 등에 대한 보편적 접근, 소득에 대한 진보적 과세 등이 포함된 것은 이 때문이다. 셋째, 사회적 시민권은 '사회'와 관련된 개별 권리들의 단순한 합도, 위로부터 하사받은 것도 아니었다. 오히려 사회적 시민권은 불평등에 맞선 대중들의 계급투쟁에 힘입은 것이었고 이에 맞서는 지배계급의 계급투쟁에 의해 공격받는, 따라서 영속적 세력관계에 의존하는 불안정한 현실의 구성물이었다.

여기서 우리는 발리바르가 근대 정치의 특징으로 지목한 봉기와 구성/헌정의 긴장을 재발견한다. 발리바르는 사회적 시민권이

---

16) Étienne Balibar, "Antinomies of Citizenship," Cassal Lecture in French Culture, at School of Advanced Study, University of London, 12 May 2009. 한편 사회적 시민권을 사회적 소유의 한 형태로 이해하고 있는 카스텔은 이 개념이 기존의 소유 대 공동체, 개인주의 대 공동체주의, 경제 대 정치 등의 대당을 얼마간 지양한 것이며, 예외적이거나 특정 집단에 국한되어 사실상 그들의 현 상태를 영속시키는 것이 아니라 시민들의 개인화/개성화를 지지하는 사회적 수단이라고 말하는데, 이 역시 동일한 사실을 지적한 것이다. Robert Castel, "Emergence and Transformations of Social Property," *Constellations*, vol.9, no.3, (September) 2002, pp.318~334.
17) Étienne Balibar, "Difficult Europe," *We, the People of Europe?: Reflections on Transnational Citizenship*, trans. James Swenson, Princeton, N.J.: Princeton University Press, 2004, pp.174~176; "De la critique des droits de l'homme à la critique des droits sociaux," pp.261~265.

설립될 수 있었던 것은 (앞서 말한 정세적 제약의 압박 속에서) 계급투쟁으로 대표되는 적대적 갈등을 억압하고 범죄화하는 대신 제도적 대표, 사회적 매개, 새로운 기본권의 도입 등을 통해 집단적인 정치적 역량으로 전환시켰기 때문이라고 말한다. 발리바르는 이 원리를 마키아벨리의 정리Théorème de Machiavel라고 부르고,[18] 20세기 중반 이후 유럽의 구성/헌정을 자유민주주의나 사회민주주의보다는 '갈등적 민주주의'라고 명명함으로써 이 점을 강조한다.

갈등적 민주주의는 혼합정 또는 (형식적 헌정/구성과 대립하는) 물질적 구성/헌정constitution matérielle이기도 하다.[19] 왜냐하면 여기는 법적·형식적 민주주의, 사회적·실질적 민주주의, 확장적 민주주의 등 여러 이질적인 입헌적/헌정적 원리가 변증법적으로 결합하기 때문이다. 요점은 국민–사회국가가 하나의 단일한 원리에 따라

---

[18] 이 표현은 마키아벨리가 『로마사 논고』(1권 4장)에서 제시한 명제에 준거한 것이다. 마키아벨리에 따르면 로마 공화정이 강성했던 비결은 귀족과 평민이라는 두 사회계급의 적대가 (반란과 폭력적인 억압을 경과한 뒤) '호민관' 제도의 창설을 통해 그 해법을 발견했다는 데 있다. 이에 근거해 발리바르는 집단적 운동과 투쟁(반파시즘·반제국주의 투쟁)을 통해 스스로를 정치적 주체, 능동적 시민으로 구성해낸 노동자들·인민들이 제2차 세계대전 직후 공적 무대에 당당히 입장해 호민관 역할을 수행했고, 이것이 20세기 중반 이후 유럽의 구성/헌정 형태를 만든 원천이라고 말한다. 마키아벨리의 정리에 관한 발리바르의 상세한 설명으로는 다음 글을 참조. Étienne Balibar, "Éclaircissements VI: La démocratie conflictuelle et le 《théorème de Machiavel》," *L'Europe, l'Amérique, la guerre: Réflexions sur la médiation européenne*, Paris: La Découverte, 2003, pp.125~134.

[19] Étienne Balibar, "Democratic Citizenship or Popular Sovereignty?: Reflections on Constitutional Debates in Europe," *We, the People of Europe?: Reflections on Transnational Citizenship*, trans. James Swenson, Princeton, N.J.: Princeton University Press, 2004, pp.190~195; "Europe: Vanishing Mediator?," pp.222~225.

움직이는 것이 아니라 서로 다른 세력 사이의 갈등, 서로 다른 구성/헌정 원리 사이의 갈등에 따라 규정된다는 점이다. 갈등에 대해 합의를 앞세우곤 했던 사민주의자들은 이 점을 애써 외면하려 했는데, 신자유주의와 세계화가 사회적 시민권과 그것을 가능케 한 갈등적 관계를 파괴하는 상황에서 한때 사민주의를 자본주의와의 타협이라고 비판했던 맑스주의자들조차 좋았던 옛 사민주의적 합의로 돌아가자는 비유물론적이고 시대착오적인 향수에 빠져든다고 발리바르는 비판한다. 또한 (신)자유주의자들의 주장과는 달리 정치적 민주주의와 사회적 민주주의가 분리될 수 없으며, 어느 한 쪽을 억압하면 결국 구성/헌정 전체의 위기로 이어져 다른 쪽 역시 파괴된다고 단언한다. 발리바르가 볼 때 양자 모두 구성/헌정의 본질이 여러 모순적 항들간의 갈등적 관계에 기초해 있다는 것, 따라서 어느 한 항이 변하거나 항들 사이의 관계가 변하면 구성/헌정 전체가 영향을 받는다는 점을 간과하거나 못 본 척한다.

　이처럼 발리바르는 사회적 시민권과 국민-사회국가의 역사적 진보성을 그 물질적 세력관계와 분리하지 않을 뿐더러, 이 세력관계에서 비롯하는 역사적 한계도 볼 수 있게 해준다. 무엇보다 사회적 시민권과 국민-사회국가는 자본주의적 사회관계의 재생산을 받아들이고, 역사적으로 형성된 자본-노동의 세력관계를 고착시키는 한계를 지녔다. 하지만 발리바르는 맑스주의를 비롯한 많은 급진이론과 운동이 지적한 이런 한계보다 상대적으로 덜 주목받거나 상세히 분석되지 않은 다른 중대한 한계를 강조한다. 우선 사회적 시민권은 (근대 국민국가에 고유한) 시민권=국적의 등식, 즉 정치적 의미의 소속과 역사적인 국민공동체에 대한 소속의 등식을 수용했다는 한계를 지녔다.[20] 20세기 말의 국가가 단순히 사회국가가 아니라 '국민-사회국가'인 것은 바로 이 때문이다. 뒤에서 보다 자세히 살펴보겠지만 이런 한계는 국경을 넘어 시민권을 확장하려는 국제주의적 운동을 억압했고, 국적에 따른 시민권의 차별과 제한을 정당화했으며, 특히 현 정세에서 이주자를 '침략자'나 '적'으로 표상케 하는 상상적 원천으로 작용하고 있다.

위의 한계와 부분적으로 겹치면서도 이로 환원할 수 없는 또 다른 한계는 프랑스혁명 당시 설립된 '능동시민'과 '수동시민'의 분할을 원형으로 하는 정상(성) 대 비정상(성), 또는 다수자 대 소수자라는 인간학적·제도적 분할과 차별이다.[21] 사회적 시민권 역시 이 같은 분할 위에서 제도화됐으며, 따라서 시민권의 평등하고 자

---

20) 발리바르의 분석에 따르면 시민권=국적이라는 등식은 근대 국민국가의 본질을 이루는 원리이다. 최근 '영토'라는 항을 도입해 이 통찰을 심화시키고 있는 발리바르는 근대 국가란 주권-주민-영토의 삼각관계, 요컨대 주권, (시민들의 공동체로 정의되는) 주민, (개인들과 그들의 '공동체,' 그리고 그들의 '영토' 사이의) 배타적 관계 또는 '상호소속'이라는 허구의 상호연쇄에 기초를 둔 영토(국경)의 설립을 통해 이 삼각관계를 표상하고 설립한다고 분석한다. 개별적인 차이가 있을지언정 모든 근대 국민국가는 영토주의 국가이자 영토에 '뿌리박은' 정착 시민들의 공동체로 정의된다. 또한 이는 '문명'에 대한 특정한 표상 역시 전제하는데, 이에 따르면 문명(화)이란 유목주의에서 정착주의로(또는 정착민에 의한 유목민의 종속으로) 진보하는 것을 뜻한다. Étienne Balibar, "Towards a Diasporic Citizen?: Internationalism to Cosmopolitics," Lecture at King's College London, London, 9 May, 2008.
21) 국민국가의 가장 대표적인 분할은 '내국인'과 '외국인'이지만 그 외에도 성년과 미성년, 노동자와 빈민·실업자, 남성과 여성, 엘리트와 대중, 장애인과 비장애인 등 해당 정세와 정치적 노림수에 따라 다양한 분할이 새롭게 그어지고 상대화되

유로운 향유에서 배제된 채 한편으로 '부조', 다른 한편으로 '치안적 관리'의 대상에 머무는 다양하고 이질적인 주민들이 국민국가 안에 실존했다. 이렇게 분할된 주민들은 서로 다른 논리에 따라 작동하는 차별적 공간에 배치됐고, 각각 정상화와 배제라는 상이한 규율에 따라 관리됐으며, 양자가 서로에 대해 갖는 두려움과 증오의 정서는 양자 사이의 연대를 체계적으로 차단했다.

　이런 한계는 사회적 시민권의 물질적 구성/헌정 안에 구조적으로 기입되어 있다. 이는 신자유주의와 세계화로 대표되는 사회적 시민권에 대한 반개혁이나 더 폭력적인 반동의 거점으로 기능함과 동시에, 대중들을 움직일 수 있는 민주(주의)적 이념의 보편적 호소력을 소진시키는 근거로 작용했다. 우리는 아래에서 사회적 시민권에 대한 외부적 공세와 함께 그런 공세를 가능케 한 내적 모순을 분석하고, 이에 따라 공세에 대한 저항과 내적 모순의 전화를 동시에 실행할 실마리를 간략히 검토할 것이다.

2. 사회적 시민권의 위기에서 근대 정치의 위기로

1970년대 이후 자본주의의 구조적 위기가 개시된다. 이와 더불어

기를 반복했다. Étienne Balibar, "Homo nationalis: An Anthropological Sketch of the Nation-Form," *We, the People of Europe?: Reflections on Transnational Citizenship*, trans. James Swenson, Princeton, N.J.: Princeton University Press, 2004, pp.25~30.

국민-사회국가를 지탱하던 노동권·사회적 시민권의 선순환이 깨지기 시작한다. 이 같은 상황은 부르주아 권력과 자본주의 자체에 대한 문제제기로 이어질 수도 있었다. 하지만 사태는 사회적 시민권과 그것을 제도적으로 보장한 국민-사회국가에 대해 자본과 지배계급이 공세적인 '반격'을 펼치는 것으로 전개됐다. 반격의 골자는 한편으로 이른바 '케인즈주의적 타협' 안에서 억압됐던 자본의 이동성과 투자의 자유를 회복하고, 다른 한편으로 노동의 공적 인정과 사회적 시민권을 통해 부분적이고 경향적으로 제어된 프롤레타리아트화의 새로운 순환을 개시하는 것이었다.

1) 신자유주의: 노동권과 사회적 시민권에 대한 자본의 반격

반격을 이끈 것은 신자유주의였다. 신자유주의의 주창자들은 사회적 시민권이 시장의 주권적 작동을 제한하고 경쟁을 통한 경제의 자기규제를 가로막아 경제를 파멸시킨다고 혹독하게 비판했다.[22] 또한 사회적 시민권은 평등 또는 불평등 축소라는 명목으로 개인의 자유를 잠식하는 잠재적인 '전체주의적' 시도이며, 이른바 '복지병'에서 잘 나타나듯이 결국 국가에 대한 시민들의 의존을 강화하고 개인들의 자율성과 책임성마저 약화시킨다는 비판을 쏟아내면

---

[22] 이 비판은 "사회적 시민권을 위해 자본의 이윤·자유에 과도한 제약과 비용 부과 → 자본 활동의 의욕감소와 그로 인한 고용창출 축소 → 자본의 이윤 축소와 실업확대로 인한 사회적 시민권의 자원 축소와 지출 증가 → 국가재정 악화와 이를 벌충하기 위해 자본에 더한 제약을 가함으로써 더욱 심한 악순환 발생"의 도식으로 요약될 수 있다.

서, 신자유주의는 사회적 시민권을 기초짓던 기존의 세력관계를 반민중적으로 역전시키려 한다. 이는 정책적 우선순위에서부터 시민의 지배적 표상에 이르기까지, 사회적 시민권을 기초짓는 원리 전반을 공격하고 대체하려는 시도로 이어진다. 요컨대 신자유주의란 좁은 의미의 경제정책에 국한된다든지, 또는 경제나 시민사회에 대한 국가 개입의 축소(심지어 철수)를 주장하는 소극적 전략이 아니라, 국가 개입의 목표와 방식을 근본적으로 변경하는 '국가 개조'의 공세적 전략인 셈이다.

국민-사회국가 시대에 케인즈주의가 내세운 정책 목표가 완전고용이었다면, 신자유주의는 투자자의 자유를 최우선한다. 이같은 우선순위의 변경은 이에 방해가 되는 장애물(노동의 경직성)에 대한 체계적 공격과 재편(노동유연화)으로 이어진다. '평생직장' 등으로 불린 고용의 안정성·지속성, 생산성 임금, 이를 지키기 위한 권리로서의 노동 3권 등의 근저에 깔린 것은 결국 노동에 대한 공적 인정이었다. 즉, 상대적으로 자율적인 고용의 안정성과 지속성이 중요해지는 것은 노동이 그것을 매개로 동료 시민들과의 관계를 만들고, 시민적 존엄성과 개인성을 획득하는 공적 활동이라는 전제가 사회적으로 인정됐기 때문이다.

이른바 노동유연화가 문제시하는 것이 정확히 이것이다. 즉, 노동의 시민적 측면은 제거되어 철저히 경제적 관점에 종속되어야 한다. 또는 사회적 시민권이 전제하는 '노동자 시민'이라는 표상이 다른 시민(성) 모델로 대체되어야 한다. 그것이 기업가企/起業家 시민, 곧 '비용-수익' 따위의 시장 기준에 따른 실리주의적 계산을 중심으로 사태를 판단하고, 급변하는 상황에 유연하게 적응하며, 그로부터 비롯하는 모든 위험부담(가령 노동 전반의 불안정화)을 스스로 책임지는 시민이다. 이것이야말로 사회의 모든 구성원이 따라야 하고, 신자유주의 국가가 적극적인 개입을 통해 (이전에는 시장원리에 따라 움직이지 않는다고 간주한 영역을 포함해) 사회 전반으로 확대시켜야 하는 시민(성)의 새로운 모델이다.

대중들이 신자유주의를 실업, 노동의 불안정화, 빈곤의 확대로만 경험하지 않는 것은 이 때문이다. 이와 마찬가지로 중요한 문제는 대중들이 직업적·계급적 동일성과 그에 상응하는 (때로는 힘들게 획득한) 존엄성을 박탈당함으로써 자신들의 사회적 동일성과 그것을 향유할 수 있는 가능성마저 박탈당한다는 사실이다. 이처럼 사회적 불안전과 사회적 비존엄성, 정치적 무기력과 문화적 빈곤화는 쌍을 이뤄 진행된다. 그리고 이는 근본적으로 개인(성) 자체의 붕괴이기도 하다. 이런 점에서 신자유주의는 '부정적 개인주의'라고 할 만하다. 신자유주의는 사회적 시민권을 비롯해 시민들의 개인화·개성화를 가능케 했던 모든 사회적·물질적 조건에서 개인을 절연絶緣/désaffilier 23)시키면서 개인들에게 개인이 되라고 강요하는 역설적 기획이기 때문이다. 자립을 가능케 할 모든 집단적 조건을 사실상 부인당하면서 '자기경영' 역량을 보여줄 것을 끊임없이 요구받는 것, 이것이 신자유주의에 고유한 폭력이다.

---

23) Étienne Balibar, "Citizenship without Community?," *We, the People of Europe?: Reflections on Transnational Citizenship*, trans. James Swenson, Princeton, N.J.: Princeton University Press, 2004, pp.68~69.

더 큰 문제는 신자유주의가 이런 모순과 폭력에 문제제기하는 것 자체를 봉쇄한다는 점이다. 신자유주의는 개인과 집단의 행동을 측정하는 유일무이한 기준('이익')을 부과함으로써 갈등이나 적대 일반을 선제적·예방적으로 무력화하거나 아예 무의미한 관념으로 만든다. 여기서 사라지는 것은 권리를 주장하고 구성하는 집단적인 행위로서의 봉기라는 관념, 나아가 정치 일반이다.[24] 다른 한편으로 신자유주의는 대표 원리 일반 역시 공격한다. 공적 기능을 수행하기 위해 대표자들에게 자신들의 권력을 위임하고, 권력을 타인들에게 위임하는 바로 그만큼 권력을 획득하는, 자유롭고 평등한 시민들의 역량이라는 일반적 의미에서의 대표 원리를 말이다. 신자유주의가 볼 때 대표란 사회적 프로그램과 사회적 갈등의 협치協治/governance를 계산가능하게 최적화한다는 견지에서 보면 불필요하거나 심지어 비합리적이다. 특히 사회적 갈등과 '다른 세계'에 관한 이념을 대표하려는 경우라면, 그것은 현재의 사회적 규범에서 잠재적으로 탈선할 수밖에 없으므로 실행불가능할 뿐만 아니라 비생산적이다. 오늘날 정치적 대표제의 위기가, 별로 새로울 것

---

24) 신자유주의 주창자들에 따르면 정치란 ('정치라는 시장'에서 사적 이해관계가 취하는 특수한 형태인) '권리'의 획득을 둘러싸고 개인들 사이에서 벌어지는 제로섬 게임으로 표상될 수 있다. 이와 같은 정치에 대한 표상에서 사라지는 것은 지배라는 관념(따라서 지배계급과 피지배계급 사이의 구조적 적대, 그리고 이런 적대에 근거한 이념적 갈등과 투쟁의 필연성)이며, 또한 프랑스혁명을 전후한 근대적 사상과 봉기가 '특권' 개념과 단절하면서 발명한 "만인이 평등하고 자유롭게 향유할 수 있고 그래야 하는" 보편적 권리 개념, 그리고 이 개념과 결부되어 있는 다른 정치적 개념들이다(권리실현, 심지어 실존의 조건인 동료 시민들간의 상호성/호혜성이랄지, 권리 확대의 토대로서의 연대 등).

도 없는 의회적 대표제의 위기가 아니라, 대표 일반의 위기로 심화되는 것은 바로 이 같은 사정과 관련된다.

　이처럼 그 유례를 찾아보기 힘든 심각한 폭력에 시달리는 동시에 이런 폭력에 맞서 갈등적·집단적으로 문제제기할 수단과 가능성마저 박탈당한 상황에서, 대중들은 다른 형태로 자신들의 불만을 표출하거나 다양한 '자발적 예속'의 형태에 빠져든다. 예컨대 한편에서 절망과 자기파괴적 폭력이 나타나며, 다른 한편에서는 이 끔찍한 세계에서 자신을 보호하고 특히 어떤 상황에서도 자신을 버리지 않을 것이라는 상상에 기초한 보상적인 공동체들을 요구하는 쪽으로 이끌린다(여기에 가입하는 대가는 이 공동체로부터 어떤 경우에도 '탈퇴'할 수 없다는 것이다). 이는 갱단처럼 지역적일 수도 있지만, 종교적·민족적·인종적 상상에 기초할 경우에는 경향적으로 범역적範域的일 수도 있다. 이렇듯 신자유주의는 민주주의와 시민권, 봉기와 구성/헌정의 변증법이라는 근대 정치의 핵심 원리를 물질적으로, 심지어는 이념적으로 파괴하려는 반反정치적 기획이다. 신자유주의에 맞서는 투쟁이 정치의 (재)발명이라는 의제를 필연적으로 동반하는 것은 바로 이 때문이다.

2) 세계화: (재)식민화된 세계, (재)인종화된 사회
이런 신자유주의의 승리에 중요한 물질적 조건이자 수단이 된 것이 세계화였다. 자본이동성의 극대화, 자본의 양보를 강제한 국민국가 차원의 사회적·제도적 제약에서의 해방, 국민국가보다 상위에 있는 세계(금융)시장이라는 초월적 권위의 설립(발리바르는 유럽중앙은행을 예로 든다), 세계시장의 경쟁 압박 등은 신자유주의를 '대안 없는' 유일사상의 권좌에 올려놓았다. 자본의 권력은 유례없이 커졌고, 자본은 공동체의 영속과 일상생활에 기여할 의무에서 자유로워진 새로운 '부재不在지주'가 된다.[25]

이런 상황은 대중들의 심리에 파괴적 효과를 미치는데, 발리바르는 '전능한 자의 무기력' 증후군이라는 개념으로 이를 설명한다.[26] 발리바르에 따르면 이 증후군은 시민들에 대해서 너무 많은 힘을 가진 국가가 자본이동성의 극대화를 비롯한 세계화에 근본적으로 무기력하며, 타락과 부패에 맞서 스스로를 개혁하는 데도 무기력하다는 모순에서 비롯한다. 또한 전능한 (주권적) 인민 역시 자신의 '정부,' 자신의 '장관,' 자신의 '정치적 대표'에 영향력을 행사하는 데 무기력하다. 모든 정당은 사소한 차이를 제외하면 동일한 약속과 정책을 제시하기 때문이다. 국민전선 같은 극우 파시즘은 이런 정치적 공백이 대중들에게 자아내는 불안을 파고들어 부활한 것이다. 이들은 위기에 처한 국가와 주권을 구해야 한다고 외친다. 하지만 이들에게는 그 위기의 근본 원인(자본이동성의 극대화와 세계화)을 통제할 능력도 의지도 없다. 그 대신 이들은 다른 의제를 통해 허약한 주권을 상상적으로 보충하려 하는데, 그것이 바로 인구이동에 대한 통제이다.[27]

---

25) 지그문트 바우만, 김동택 옮김, 『지구화, 야누스의 두 얼굴』, 한길사, 2003, 특히 47~51쪽을 참조하라.
26) Balibar, "De la préférence nationale à l'invention de la politique," pp.109~113.

그렇다고 외국인 일반을 동등하게 통제하는 것은 결코 아니다. 예를 들어 유럽에서는 외국인의 국적이 EU 회원국인지 아니면 제3국인지에 따라 이동권을 차별하고, 다시 제3국은 '제1세계'와 '제3세계'로 분할되며, 마지막으로 '제3세계'는 자의적인 기준에 따라 재차 분할된다(가장 하층에 있는 것은 아프리카인, 아랍인, 터키인 등 '남쪽' 사람들로 지칭되는 '외국인 중의 외국인'이다). 즉, 외국인이라는 단일 범주가 해체되어 과거 식민통치에서 유래한 각종 인종적·행정적·문화적 분류체계로 대체되는 것이다.[28] 이렇게 제도화된 인종주의는 발달된 정보통신체계를 통해 대중적으로 유포된다. 하지만 부활하는 것은 분류체계만이 아니다. 그에 대응해 행정·통치 관행도 귀환한다. 식민지 신민들처럼 이주자들은 정치와 치안이 체계적으로 뒤섞인 극히 자의적인 권력행사에 시달린다. 또 이주자들이 '우리' 안에 숨은 채 도처에 있으니 이들에 대한 통제수단(상징적으로는 국경/경계)도 도처에 있어야 하며, '우리 안의 이방인' 또는 이들과 내통하는 '내부의 적'을 검문해야 한다며 국가는 국민 역시 자의적 권력행사에 복종시키려고 한다.

---

27) 국가는 이 기획을 적극 수용함으로써 (적은 비용을 들여) 자신이 보유하고 있다고 주장하는 힘을 보여주고, 국가가 힘을 박탈당한 것 아닌지 의심스러워하는 이들을 안심시킬 수 있다. "많은 것을 잃었지만 국가는 여전히 '누구'를 받아들일지 말지 결정할 권력을 보존하고 있다." 바로 이것이 그들이 전하려는 메시지이다. Étienne Balibar, "'…… la sûreté et la résistance à l'oppression'," *Droit de cité: Culture et politique en démocratie*, Paris: PUF, 2002.
28) Étienne Balibar, "Strangers as Enemies: Further Reflections on the Aporias of Transnational Citizenship," Lecture at McMaster University, Hamilton, Ontario, 16 March, 2006.

물론 이런 일련의 조치들이 이주 자체를 근절시키려는 것은 전혀 아니다. 자본주의에게는 과거에나 오늘날에나 '경향적'으로나마 프롤레타리아트화에서 벗어난 정주노동자들 대신 '산업예비군'과 '과잉착취' 대상 노릇을 할 이주자들이 필요하다. 자본의 이동성이 날로 확대되어가는 세계화 속에서, 변덕스러운 자본을 유치하기 위한 영토간의 '바닥으로의 경쟁'이 벌어지는 오늘날, 그들의 필요성은 사실 그 어느 때보다도 커졌다고까지 할 수 있다. 그렇다면 이런 통제가 목표로 삼는 것은 무엇인가? 미등록이주자들의 합법화 요구를 선험적으로 50%로 제한하려 한 1990년대 프랑스 사회당 정권의 결정을 비롯해 프랑스에서 이민법을 둘러싸고 벌어진 일련의 과정을 분석하며 발리바르가 내린 결론은, '불법'이주자들의 체계적 (재)생산이 진정한 노림수라는 것이다.

자본과 국가로서는 미등록이주자들이 많아질수록 좋다. 우선 이들을 노동분할의 최하층에 위치시키고 '현장외주'[29]의 대상으로 삼음으로써 '싼 임금과 낮은 기술력'을 지닌 나라들이 가하는 경쟁 압박을 회피·완화할 수 있으며, 결국 (미등록이주자들뿐만 아니라) 이주자들 전반, 나아가 모든 노동자를 취약하게 만드는 수단으로 활용할 수 있다. 또 노동자들 사이의 종족적 경계에 합법/불법의 경계를 추가해 양자의 단결을 더욱 효과적으로 저해할 수 있으며, 이

---

[29] 일반적인 외주가 비용절감을 위해 저발전 국가에 공장을 세우거나 하청을 주는 것인 데 반해, '현장외주'(délocalisation sur place)란 자국 내의 '3D 업종'에 극히 저임금으로 미등록 이주노동자를 고용함으로써 동일한 비용절감 효과를 거두는 관행을 지칭한다. Balibar, "Droit de cité or Apartheid?," p.42.

로써 계급투쟁 또는 새로운 정치적 주체의 출현을 가로막을 수 있다. 불법이주자들이 많아질수록 치안적인 통치의 정당성이 강화되고 '허구적 권력정책'에 대한 대중적 지지가 확대된다는 점도 빼놓을 수 없다. 이는 완전한 악순환인데, 이주자들의 이동권·정주권을 인정하지 않음으로써 그들의 존재 자체를 불법화하고, 이 불법화가 시민들의 불안과 치안적 통치를 부추기며, 결국 이주자들과 시민들의 권리 전반이 후퇴하는 것이다.

하지만 이주자들은 '전능한 자의 무기력' 증후군을 상상적으로 달래기 위한 희생양에 그치지 않는다. 이들은 신자유주의와 세계화 때문에 노동자들이 겪는 대량실업 및 사회적 시민권의 후퇴, 결국 재개된 프롤레타리아트화의 고통을, 마찬가지로 상상적으로 완화하는 데도 활용된다. 여기서도 파시즘은 결정적 역할을 하는데, 그 핵심 구호는 '국민 우선'이다.[30] 이에 따르면 국민들은 특정한 '인종'에 속해 있다는 바로 그 이유만으로 권리를 보호받을 자격이 있고, 정반대의 이유로 비국민 이주자들(심지어 국적을 획득한 이주자들)은 권리를 박탈당해 마땅하다. 또는 적어도 국민으로서의 시민들에 비해 이주자들의 권리는 열등하고 취약하거나 계속 충성한다는 징표를 보일 경우에만 허용되어야 한다. 이렇듯 이주자들의 권리를 체계적으로 박탈함으로써, 그래도 '우리'는 '그들'보다는 처지가 덜 나쁘다는 안도감을 느끼게 하는 것이다.

---

[30] Balibar, "De la préférence nationale à l'invention de la politique," pp.89~132.

이런 권리 박탈은 급기야 이주자들이 노동자로서 획득한 사회적 시민권 역시 문제 삼는다. 사회적 시민권은 원칙적으로 (노동으로 대표되는) 공적이고 집단적인 활동에 참여함으로써 생산되는 '지위'이다. 이 때문에 국민-사회 국가 안에는 국적을 가지고 있지 않지만 사회적 권리를 보유하고, (간접적이지만) 정치적 권리를 행사하는 '비국민들'이 생겨날 수 있었다. '국민 우선'이라는 파시즘적 논리는 정확히 이 점을 문제 삼는다. 즉, 정치적 시민권(실질적인 권리라기보다는 '주민등록증' 같은 형식적 징표)을 갖고 있지 않은 이주자들에게는 사회적 시민권 역시 박탈해야 하며, 이렇게 확보된 자원을 공식적으로는 정치적 시민권을 보유하고 있지만 (실업 등의 이유로) 사회적 시민권은 보장받지 못하거나 위협받고 있는 국민들을 위해 사용해야 한다고 주장하는 식이다.

그러나 이런 반反권리요구는 사회적 시민권이 기존의 시민권 안에 도입한 진보적 계기, 곧 국적으로 환원되지 않는 시민적 권리와 지위의 구성, 더 정확히 말하면 '쟁취'의 공간을 제거하는 것으로서 결국 사회적 시민권 자체를 파괴하는 것이다. 그런 점에서 이런 요구는 "성과들을 보존하면서도 이전으로 되돌아가자"는 역설적 기획일 뿐만 아니라 근대의 보편주의적 권리 이전으로, 곧 국가 등 상위적 권위가 특정 신분을 지닌 집단에게 배타적으로 '하사'하는 '특권' 개념으로 회귀하는 퇴행적 기획이다. 따라서 진정한 양자택일은 국민들을 위한 사회적 시민권이냐 외국인들을 위한 확장된 정치적 시민권이냐가 아니라 만인을 위한 사회적 시민권의 유지·전진이냐 사회적 시민권의 일반적 후퇴·파괴냐이다.

3. 도래할 시민(권): 허구와 현실의 변증법

발리바르가 볼 때 오늘날 인류는 민주주의와 시민권의 변증법을 발전시켜 더 민주적이고 보편적인 시민권 구성/헌정을 쟁취할 것인가, 아니면 이 변증법의 파괴를 막지 못하고 사회적 시민권과 근대 보편주의 시민권 구성/헌정 이전으로 퇴행할 것인가의 기로에 서 있다. 전자의 방향으로 나아가려면 '세계정치,' 즉 세계화로 대표되는 현 정세에 적합한 시민권을 재정의하는 것, 또는 시민이라는 역사적 형상의 혁명적 변혁이라는 시각 아래 다양한 수준의 서로 다른 제도와 실천/관행을 조직하는 것이 관건이다. 하지만 이는 이미 완수된 정치적 시민권과 사회적 시민권을 뒤로 한 채 그럴 듯한 이념형을 새로 발명하는 문제가 아니다. 파시즘의 토양이 되는 집합적 무기력에 맞서려면 권력들에 대한 통제와 이해관계의 대표로 집약되는 정치적 시민권의 차원이 반드시 필요하고, 사회적 투쟁을 체계적으로 발전시킬 때에만 절망이나 허무주의적 반항과 구별되는 계급적 저항·연대의 전망이 열리게 된다. 또 국민과 별개로 간주되는 이주자 집단의 특수한 권리를 발명하는 문제도 전혀 아니다. 우리가 해야 하는 것은 시민권을 구성하는 여러 차원의 정치를 동시에 실천하면서 정세에 맞는 독특한 방식으로 이들을 결합시키는 것이며,[31] 세계적 이주의 시대에 시민 전반이 처한 조건을 반성하면서

---

31) 발리바르, 「정치의 세 개념」, 29~72쪽; Balibar, "De la préférence nationale à l'invention de la politique," pp.124~132.

현 정세에 적합한 보편적 시민(성)의 형상을 발명하는 것이다. 이런 과제를 완수하기 위해서는 사회적 시민권의 설립이 대중들의 계급투쟁을 통해 비로소 가능했듯이, 관국민적 차원에서 민주주의와 시민권, 주체성의 갱신과 제도적 창안을 매개할 수 있는 갈등적인 정치 행위를 (재)발명하는 것이 일차적이다.[32] 이에는 여러 수단이 필요한데, 그 중 하나가 '허구' 또는 '상상'이다. 그러나 이는 유토피아와는 다르며, 오히려 발리바르는 유토피아와 결별하는 것이 필수적이라고 말한다. 유토피아는 현실성 대 비현실성이라는 양자택일 속에 상상력을 가두기 때문이다. 게다가 세계화 자체가 고전적인 유토피아의 토대를 근원적으로 파괴했다. 이제 필요한 것은 유토피아주의에 고유한 '미래에 대한 상상'이 아니라 '현재에 대한 상상'이며, 이를 집합적·실천적 차원과 법적·상징적 차원을 아우르는 제도적 창조의 장 속에서 사용하는 것이다. 이를 위해서는 한편으로 현실 안에서 작동하는 모순과 불가능성을, 다른 한편으로 현실의 '가장자리'에 있지만 역으로 현실에 작용을 가하는 '헤테로토피아'를 구체적으로 분석하고 이에 입각해 새로운 현실을 생산해야 한다는 것이 발리바르의 문제의식이다.

1) 공동체 없는 시민권과 이산적 시민: 정치체에 대한 권리

'시민권=국적'의 등식, 또는 시민권의 영토적 표상과 대결할 때

---

[32] 발리바르는 이를 '민주주의의 작업장'이라고 부르고 관국민적 차원의 정의, 만인을 위한 노동, 국경/경계의 민주화, 문화(특히 '유럽의 언어') 등의 의제를 제시한다. Balibar, "Difficult Europe," pp.172~179.

우리가 회피할 수 없는 문제가 바로 공동체이다. 시민권=국적 등식의 기초에는 공동체 개념을 모종의 (종족적·문화적·이데올로기적) 실체나 본질과 연결시키고, 이를 전제로 할 때에만 시민권이 보장될 수 있다는 논변이 깔려 있기 때문이다. 이는 시민권의 억압을 정당화하는 가장 중요한 논리이지만, 그렇다고 공동체의 문제를 그냥 거부해버릴 수도 없다. 자연권 따위의 관념론을 주장하지 않는 한, 권리(특히 시민권)의 문제를 다루려면 공동체라는 계기를 결코 제거할 수 없기 때문이다. 이 같은 진퇴양난의 상황에서 발리바르는 '공동체 없는 공동체'라는 역설적 개념이 가능한가라는 질문을 던진다. 여기에 덧붙여지는 또 하나의 역설적 질문은 '이산적 시민권'citoyenneté diasporique, 즉 하나의 공동체에만 배타적으로 속하거나 귀화하지 않고, 여러 공동체에 흩어져 있으며, 그 공동체들 사이에서 순환하는 (세계화된 시대에 점점 많아지는) 사람들의 시민권이라는 개념이 가능한가이다.

이와 관련해 발리바르는 네덜란드의 정치학자 헤르만 판 휜스테렌의 작업, 특히 '운명공동체'와 '미완의 시민권' 개념에 주목한다. 휜스테렌의 작업이 흥미로운 것은 그가 시민권 제도의 실천적·구체적 사례를 다룰 뿐만 아니라 (시민들의 일상적 경험에 기초해) 시민권을 위한 대안적인 허구·상상을 제시하고, 이를 구체적 실천과 제도로 연결시키고 있기 때문이다.

휜스테렌에 따르면 공동체 없는 공동체는 가능할 뿐만 아니라 모든 공동체의 근본적 조건이며, 이는 세계화된 오늘날의 공동체에서는 더욱 그렇다. 휜스테렌은 이를 운명공동체라는 개념으로 표현한다. 여기서 운명이란 초월적이거나 오랜 세월에서 비롯한 '숙명'이 아니라 불확실하고 갈등적인 마키아벨리적 '운'運/Fortuna, 곧 역사가 개인과 집단에게 (설사 그들이 거주하는 '장소'나 '정착지' 가 바뀌지 않은 경우에도) 끊임없이 부과하는 새롭고 예견할 수 없 는 조건들을 말한다.[33] 이런 의미에서의 운명공동체는 함께 살아 가는 것을 '선택'하지는 않았지만, 그럼에도 상호의존 관계를 폐지 할 수 없는 집단들이 서로 만나게 되는 현실의 공동체이다.[34] 운명 공동체에 속한 개인이나 집단은 서로에 대해 완전한 '적'도, '동포' 도 아니다. 차라리 '이방인'이다. 이런 이방성, 그리고 이로부터 따

---

[33] 바로 이 때문에 발리바르가 '여행자의 시민권'(civitas vaga)이라고 부르는 것이 좁은 의미의 이주자에 국한되지 않고, 운명공동체에 사는 모든 이들의 문제가 되는 것이다. 발리바르는 인격체와 사물이라는 고전적 대당에 갇히지 않지만 양자 모두를 지휘하거나 분배할 수 있는 '정보' 때문에, 인간의 신체적 이동으로 환원되지 않는 이동성의 확대 또는 축소가 나타난다고 말한다. 또 스스로는 이동하지 않지만 옛 이웃들이 대량으로 떠나고 그 자리를 새 이웃들이 채운다면, 그리고 주위 환경이 산업화나 탈산업화로 급격히 변한다면, 그 사람은 과연 고전적인 의미에서 '토박이'라고 할 수 있겠는가? 그런 점에서 세계화 시대에는 '여행자 시민' 또는 '이방인 시민'이 이주자에 국한되지 않는 시민(성)의 보편적 형상이 될 수 있다는 가설을 세울 수 있다.

[34] Étienne Balibar, "Vers la citoyenneté imparfaite," *Nous, citoyens d'Europe?: Les frontières, l'État, le peuple*, Paris: La Découverte, 2001. 휜스테렌 스스로는 이렇게 말하고 있다. "개인들이 각자의 일과 삶의 방식을 포기하지 않는 한 서로 부딪치는 것을 피할 수 없는 처지에 놓일 때, 그들이 어떻든 간에 서로의 차이를 상대하지 않을 수 없을 때 우리는 이를 '운명공동체'라고 말할 수 있다. 운명공동체는 사람들이 충분한 사전계획이나 선택 없이 그 공동체 안에 관여하게 됐다는 의미에서, 그리고 매우 엄청난 대가를 치르지 않고서는 그곳에서 빠져나올 수 없다는 의미에서 '주어진 것'이다." Herman Van Gunsteren, *A Theory of Citizenship: Organizing Plurality in Contemporary Democracies*, Boulder, Colo: Westview Press, 1998.

라 나오는 차이와 갈등을 어떤 선험적이거나 실체적인 '합의'를 강제해 제거하려드는 것은 그 자체로 가공할 정치적 폭력이며, 운명공동체의 구성원들을 상호파괴와 자기파괴의 소용돌이로 밀어 넣는 것이다. 즉, 흔히 말하는 것과 달리 합의는 파괴적 갈등의 대안이 아니라 그 원인이자 수단이며, 그에 대한 진정한 대안은 갈등의 꾸준한 '섭취'를 통해 상호적/호혜적인 정치적 관계(휜스테렌의 표현을 빌자면 '공화국')를 설립하는 것이다.

이 대안의 핵심 수단이 되는 것이 바로 미완의 시민권이다. 이 개념으로 휜스테렌이 역설하는 것은 시민권이란 어떤 실체적 공동체가 구성원에게 위로부터 부과하는 완전하고 안정된 신분이 아니라, '다원성의 조직'이라는 시민의 제1의 '과제'이자 '능력'을 실천·획득하는 완결될 수 없고 역동적인 시민-되기의 과정이라는 점이다. 이는 시민(시민의 능동성)이 시민권의 전제라기보다는 산물이라는 점, 즉 시민권의 획득과 접근 없이 시민은 형성될 수 없고, 시민권의 차별과 배제는 공동체를 강화하기는커녕 시민이 되지 못한 채 특정한 동일성을 절대화하고 다른 동일성을 배척하는 개인이나 집단을 증가시켜 공동체를 더욱 파괴적인 상태로 내몰 것이라는 점을 의미한다. 또한 이는 더 많은 사람들이 공유할수록 줄어드는 '특권'의 원리가 아니라, 더 많이 공유할수록 더 많은 시민(시민의 능력)을 형성하고 공동체를 민주적으로 강화하는 '평등(한)자유'의 원리에 따라 시민권을 사유해야 한다는 뜻이기도 하다.

이런 논의를 우회해 발리바르는 '정치체에 대한 권리'[35] 또는 이산적 시민권을 현 정세에 가장 긴급히 요청될 뿐만 아니라 현 정세에 맞게 쇄신·민주화된 시민권의 형태로 제시한다. 여기서 핵심은 (이주자들로 대표되는) 이방인들이 특정 국가의 시민으로 배타적으로 '동화'됨으로써 시민권을 획득하는 것이 아니라, '시민들로서의 이방인들'이라는 형상에 따라 주어진 정치적 단위 안에서 평등한 시민권을 더 많이 획득하는 것이다. 정치체에 대한 권리의 골자를 이루는 것은 이동권을 완전히 인정받는 것, 권리들을 지닌 채 머물 권리(곧 거주의 권리)에서 시작해 개인과 집단이 역사와 경제에 의해 '던져진' 장소와 배치에서 정치적 권리를 행사하는 것, 다문화주의나 각 국민문화에 자신이 기여한 바를 인정받는 것 등 자신이 속한 모든 곳에서 '권리를 인정받을 수 있는 권리'를 신중하게 설립하는 것이다. 그 필수적 전제이자 수단은 국경의 민주화 또는 국경들의 사용에 관한 민주적 통제인데, 이를 위해서는 예컨대 이주 흐름을 관리함에 있어 다자적인 토대에 기초한, 국가들뿐만 아니라 시민들·이주자들의 단체와 국제 인권기구들의 참여가 전면적으로 보장되는 것이 매우 중요하다.

---

35) 정치체에 대한 권리(droit de cité)는 매우 중의적인 표현이다. 프랑스어 '시테'의 기본적인 뜻은 고대 그리스의 '도시국가'인데, 이런 의미에서는 '정치체'(政治體)로 옮길 수 있다. 반면 최근 시테는 프랑스 대도시 주변 지역(방리유)의 이민자·이주자 집단 거주지를 가리킨다. 이런 의미에서는 이주자들, 보다 일반적으로는 '배제된 이들의 권리'로 이해할 수 있다. 마지막으로 '~에 끼어들/속할 자격이 있다'(avoir droit de cité)라는 의미의 관용어를 염두에 둬야 한다. 스스로 이 개념을 아렌트의 '권리들을 가질 권리'의 견지에서 해석할 수 있다고 말하고, 양자 모두에서 중요한 쟁점이 정치공동체에 대한 (동화가 아닌) '소속' 또는 '접근'이라는 점에서, 발리바르는 이런 관용적 의미를 활용하는 것으로 보인다. Étienne Balibar, "Europe, an 'Unimagined' Frontier of Democracy," *Diacritics*, no. 3-4, trans. Frank Collins, (Fall-Winter) 2003.

발리바르는 정치체에 대한 권리란 시민권이라는 통념의 원천, 특히 로마적 원천으로 돌아가는 것일 뿐이라고 말한다. 거기에서 중요한 것은 시민들의 통일성이 아니라 ('대등한 자' 또는 도시의 권리나 자유를 '동등하게 향유하는' 이들인) 동료시민들co-citizens 사이의 관계이기 때문이다. 같은 맥락에서 발리바르는 오늘날 관국민적 시민권을 사유하는 데 더 적합한 담론은 (최상위의 정치적 심급이 개인들에게 구성원의 지위를 수직적으로 부여하는) '주권'보다는 (서로 다른 국가에 속한 구성원들의 권리를 수평적으로 상호인정하는 '간시민권' intercitoyenneté 방식의) '연방'이라고 말한다.[36]

그러나 이런 '정치체에 대한 권리'는 이른바 '노마드적' 시민권과는 다르다. 발리바르가 볼 때 후자의 문제설정에는 몇 가지 문제점이 있다. 우선 노마드적 시민권은 현재 필요한 시민권의 쟁점에 관해, 대개 '세계시민권'이라는 유토피아적 해법을 제시한다. 하지만 세계는 단일한 정치적 단위가 아니며, 총체적이고 단일한 시민권의 '체계'가 절실한 것도 아니다. 중요한 것은 차라리 '세계 속의 시민권,' 즉 오늘날 현실로 존재하는 세계 안에서 시민권의 진전을

---

[36] 하지만 여전히 문제는 남아 있다. 특히 기존 국민들 사이의 닫힌 다양성에 머물면서 기존 국민들 안에서 배제된 이들, 곧 '잃어버린 국민'이라 불리는 미등록이주자들을 연방 구성/헌정의 파트너로 셈하지 않는다는 것이 가장 큰 문제이다. 즉, 주권뿐만 아니라 현재의 연방 담론 역시 시민권에 대한 신분적 관점에서 벗어나지 못했고, 이 때문에 (미등록이주자로 대표되는) 새로운 '몫 없는 자들'의 몫이라는 민주주의에 고유한 질문을 제대로 다루지 못한다고 할 수 있는데, 발리바르의 '정치체에 대한 권리'는 정확히 이 지점에 대한 민주적 개입으로 이해할 수 있다. Étienne Balibar, "Ideas of Europe: Civilization and Constitution," *Iris*, vol.1, no.1, (April) 2009, pp.11~16.

위해 가장 핵심적으로 요청되거나 역으로 가장 큰 장애물이 되는 쟁점을 차별적이고 구체적으로 다루는 것이다. 또한 노마드적 시민권은 국제적 자본주의에 대한 저항을 이동의 자유나 동일성의 교체 등에 기초짓는다. 그러나 이 역시 자본과 노동의 비대칭성을 간과하거나, 심지어 자본을 모방하는 일종의 '경제주의'일 수 있다. 발리바르는 오늘날 이주자들의 현실은 목적도 없고 귀환도 없는 무한한 항해라기보다는 고정된 접선지들 사이에서의 네트워크나 순환에 가까우며, 그런 점에서 '노마드적 시민권'보다는 '이산적 시민권'이라는 개념이 더 적합할 것이라고 말한다. 마지막으로 노마드적 시민권은 정치적 소속과 참여의 영토(주의)적 정의라는 원칙과 대립하는, 영토로부터의 해방 또는 차라리 (끊임없이 이동하고 편재하는 개인들이 공통의 이해관심을 매개로 상호연관을 유지하는 공간인) 가상공간으로의 재영토화라는 원칙을 내세운다. 하지만 이는 많은 경우 개인적 권리와 집단적 권력 사이의 관계를 유지하거나 재정식화하지 못한다는 근본적인 결함을 갖고 있다.

2) '번역'으로서의 보편성: 새로운 문화혁명을 향하여

오늘날의 정치는 서로가 서로에 대해 '이방인'인 조건에서 시작된다. 이는 상호이해를 가능케 할 선험적 보편성이 없다는 뜻이다. 이에 대해 특정한 문화적 전통이나 규약, 단적으로 '언어'를 강제하려 드는 것(근대 국민국가가 실행한 '위로부터의 보편성')은 사태를 악화시킬 뿐이다. 그렇다면 즉각 제기되는 것은 '이방인 시민' 사이의 소통은 어떻게 가능한가, 또는 다소 추상적으로 말하면, 이방인들의 개별성과 차이를 억압하지 않으면서도 서로를 매개할 수 있는 보편성이란 어떤 것인가라는 극히 곤란한 문제이다.

발리바르는 번역이 이에 대한 답이 될 수 있다고 말한다. 여기서 번역이란 서로 다른 '의미공동체' 사이의 교통을 매개함으로써 상호이해를 확대하는 과정이라는 보다 넓은 의미를 갖는다. 발리바르의 말을 빌리면, "미리 공통의 의미와 해석을 보유함이 없이 효과적인 교통에 이를 수 있는 이 공통의 능력〔번역하기 translating〕, 바로 거기에 보편성의 가능성이 있다. …… 보편성은 모든 집단에 공통적인 교통과 상호이해의 역량일 뿐인데, 이는 상호적으로 '처리/진행 proceed 하는 법을 안다'는 의미에서뿐만 아니라, 다른 방식으로 처리/진행할 권리를 가진 타자들과 대면했을 때 처리/진행하는 법을 안다는 의미에서이다."37) 이 같은 번역으로서의 보편성은 서로 차이나고 개성적인 동일성들과 대립하지 않을 뿐더러, 오히려 그것들의 (재)생산 조건이 된다. 예컨대 국민적 동일성의 핵심을 이루는 '국(민)어'는 번역 이전에 존재한 것이 아니라 정반대로 번역의 실천을 통해 구성됐다. 또 현재에는 기성의 언어적 경계선을 위반하는 다양한 소통(따라서 번역)이 이뤄지고 있고, 이 번역의 결과에 따라 여러 개성적 동일성이 재구성되고 있다.

이런 현실은 낭만주의에서 유래해 오늘날까지 지속되고 있는 폐쇄된 총체로서의 언어라는 표상, 그리고 자기 안에 폐쇄된(자기

---

37) Zygmunt Baumann, *In Search of Politics*, London: Polity, 1999; Étienne Balibar, "Europe as Borderland," *Environment and Planning D: Society and Space*, vol.27, no.2, 2009, pp.208~209. 재인용.

자신만으로 보편적인) 공동체의 표현으로서의 언어라는 표상을 근본적으로 문제 삼는다. 하지만 현재의 지배적 번역은 여전히 이런 언어관에 따라 이뤄지고 있기 때문에 번역 자체가 제한적일 뿐더러 그에 따라 진행되는 번역 역시 많은 문제를 낳고 있다. 이 때문에 발리바르는 일반화된 번역을 주장한다. 이는 단순히 번역을 옹호한다거나 더 많이 번역하는 것(즉, '번역의 전통적·지배적 실천'을 반복하는 것)이 아니라 다시, 다른 식으로, 다른 곳에서 번역함으로써(즉, '번역의 새로운 실천'을 통해서) 기존에 체계적으로 배제됐던 집단과 개인이 번역의 노동에 접근하고 동참할 수 있게 하는 것이다. 이때 특히 중요한 것은 (국민적 공동체와 전적으로 일치하지 않으며, 점점 더 그렇게 되고 있는) 다양한 '의미공동체' 사이의 소통과 이해의 난점을 과잉결정하는 불평등과 (계급과 다양한 인간학적 차이를 소재로 삼는) 정상화를 문제시하는 것이다.

발리바르는 번역의 새로운 실천을 위한 출발점으로서 현재 이를 실천하고 있는 사람들, 또는 현재 가장 이해와 교통이 어려운 지점에서 공동번역자의 역할을 할 수 있고, 소통가능성을 확장시킬 수 있는 내부의 이방인들에서 찾는다. 여기에는 한편으로 '고급'학문이나 인문교육을 받은 지식인들과 고국을 떠나 망명상태에 있는 작가들, 이른바 '다중국어자'^{polyglot}들이 있고, 다른 한편으로 분업과 고용구조에서 하위직에 있어서 '미개'하다고 간주되는, 그러나 국경을 넘나드는 순환 속에서 문화들을 연결시키는 익명의 이주자들이 있다. 특히 중요한 것은 후자이다. 물론 기존의 국민적 정상성에 따르자면 전자 역시 억압받지만 후자는 더욱 심하게 억압받으며, 따라서 바로 여기에 소통불가능성과 이해불가능성이, 그러나 역설적으로 새로운 교통과 이해의 가능성이 집약되기 때문이다.[38] 이들 사이의 간격을 (제거하는 것이 아니라) 줄여야 하고, 이에 따라 기존의 번역과 언어의 실천을 개조해야 한다.

이때 전략적 대상이 되는 것 중 하나가 (위의 실천을 집약하고 물질화하는) 기존의 대중교육이다. 발리바르는 대중교육이 이런 공동작업의 수단이자 이 공동작업의 성과에 더 많은 대중들이 접근할 수 있게 하는 수단이 되어야 한다고, 또는 그런 방향으로 변혁되어야 한다고 주장한다. 대중교육의 한계에도 불구하고 이를 우회한다면 엘리트주의를 넘어서기 힘들다는 것이다. 대중교육의 변혁을 통해 다자적이고 다문화적인 '번역들의 체제'를 구축하고, 일부 엘리트가 아닌 시민 대중들이 (시민들의 진정한 '공통' 관용어를 상징하는) 이 같은 번역 실천에 접근할 수 있게 하는 것. 발리바르는 이것이야말로 참으로 학습의 문화혁명, 곧 보편적인 문맹철폐와 의무교육의 정신을 또 다른 수준에서 재발견해야 하는 것이며, 이 엄청난 과업을 위해서는 수세대에 걸친 예술가, 교육자, 기술자의 노력이 필요할 것이라고 말한다. 하지만 오직 이때에만 '포스트국민적'인 역사적 전환에 대한 진정한 전망이 재확립될 수 있다. 또 세계화에 대한 '전지구적 내전'이라는 악몽적 표상에서 벗어나, 새

---

[38] 이와 함께 오늘날 국민형태의 위기를 과잉결정하는 계급적 불평등이 심화되고 있으며, 다양한 인간학적 차이와 문화적 경계를 가로지르는 사회적 동일성들의 탈-접합이 국민 내부의 교통/이해가능성을 축소시키고 있다는 점, 따라서 이것 자체가 번역의 새로운 대상이 된다는 점도 강조해야 한다.

롭게 출현하는 관민족적 정치공간을 대중적으로 전유해 (언어적이고 행정적인 국경/경계를 가로질러 시민들 스스로 각자의 착상과 기획을 논쟁할 수 있는) 진정한 의미에서의 관국민적 공적 영역으로 변혁하는 데 기여하는 중요한 물질적 조건이 확보될 수 있다.

4. 발리바르와 우리

지금까지 우리는 시민권, 그리고 시민권과 연관된 다른 개념들을 중심으로 발리바르의 최근 작업을 간략하게나마 살펴봤다. 앞서 말했듯이 발리바르의 작업은 정세에 대한 개입의 성격이 강하다. 발리바르가 주로 염두에 두고 있는 것은 유럽의 정세이므로 발리바르의 작업을 그대로 우리 현실에 적용할 수는 없다. 그렇지만 발리바르가 대결하려는 정세가 유럽에서 발원해 (식민주의를 거쳐) 전세계로 확대된 근대 정치제도와 이데올로기의 '위기'이며, 우리 역시 이 위기에서 자유롭지 않다는 점에서 발리바르의 작업은 적지 않은 시사점을 준다. 더구나 근대 정치의 위기를 다루는 발리바르의 고유한 방식이 위기를 낳은 외적 요인보다는 근대 정치, 나아가 정치 자체의 본질을 이루는 범주들(시민권, 공동체, 갈등, 권리, 주체, 동일성 등)에 내재적인 모순과 이율배반을 반성하고 그에 관한 대안을 모색하는 것이므로, 위와 같은 범주 안에서 정치를 사유하고 실천하는 모든 이들은 발리바르의 작업에서 매우 흥미롭고 실천적인 영감을 얻을 수 있을 것이다.

우리에게는 그것이면 충분하다. 철학은 사유를 기존의 체계에서 해방하고 이로써 대안의 가능성을 여는 것이지, 사유과정의 끝에서 비로소 얻어지는 해법을 주는 것이 결코 아니기 때문이다. 그리고 별도의 체계로 머물지 않고 새로운 사유와 실천 속으로 '소멸하기,' 그렇지만 기존의 사유와 실천이 위기에 빠질 때 그 모순과 아포리아로부터 항상-다시 '부활하기.' 이것이 바로 역사 속에서 철학이 실존하는 고유한 방식이기 때문이다.

6 조르조 아감벤
K

양창렬(파리1대학교 철학과 박사과정)

Giorgio Agamben

1942년 4월 22일 이탈리아의 로마에서 태어남. 1965년 로마대학교에서 시몬느 베이유의 정치사상 연구로 박사학위를 받음. 1966년(그리고 1968년) 프랑스 남부의 르토르에서 열린 마르틴 하이데거의 세미나에 참석하면서 하이데거의 사유로부터 큰 영향을 받음. 1974년 브르타뉴대학교의 이탈리아어 강사로 근무하며 피에르 클로소프스키 등과 교류(이를 계기로 평생 이어질 프랑스 지성계와의 지적 교류가 시작됨). 1974~75년 영국의 바르부르크연구소 연구원, 1979~94년 발터 벤야민 이탈리아어판 전집 편집자, 1986~93년 파리의 국제철학학교 프로그램 디렉터 등으로 일하면서 하이데거의 사유로부터 비판적인 거리를 둘 수 있게 됨. 현실 사회주의가 몰락한 1989년을 전후로 미학자에서 정치철학자로 변신한 뒤 1995년부터 '호모 사케르' 연작을 발표하며 일약 전 세계 지성계의 주목을 한 몸에 받게 됨. 1988~92년 이탈리아의 마체라타대학교와 1993~2003년 베로나대학교를 거쳐, 현재는 베네치아건축대학교에서 철학과 미학을 가르치고 있음.

조르조 아감벤의 정체를 보여주는 다양한 키워드는 다음과 같다. 이탈리아 로마 출신, 학부에서 법학 전공, 시몬느 베이유의 정치철학에 대한 박사학위 논문 작성, 1966년과 1968년 프랑스 남부의 르토르에서 열린 마르틴 하이데거의 세미나에 참석, 이탈리아어판 발터 벤야민 전집 편집, 파리 국제철학학교에서 강의 등. 그러나 이런 정체(성)로부터 한 발자국 물러서서 바라보면, 아감벤은 먼저 한 명의 토지측량사이다. 프란츠 카프카의 『성』에 등장하는 요제프 K가 그랬던 것처럼. 아감벤은 언젠가 카프카의 『성』에 나오는 요제프 K의 직업이 '토지측량사'라는 사실에 주목해야 하며, 「법 앞에서」에서 시골사람이 문을 닫게 만드는 것은 마치 '경첩'의 역할과 같다고 말했다.[1] 카프카의 요제프에게 붙은 K라는 레테르를 아감벤에게 돌려주는 것도 타당한데, 이 글은 바로 그 '조르조 K'에 대한 이야기이다.

아감벤이 정치철학자로서 이름을 떨치게 된 것은 '호모 사케르' 연작 때문이다.[2] 연작의 첫 권인 『주권권력과 벌거벗은 생명』

---

[1] K는 고대 로마의 토지측량 용어인 카르도(kardo)의 약자로서 다음과 같은 뜻이 있다. ① 북쪽에서 남쪽으로 그은 기본선, ② 경계, 참조축, 구역, ③ 경첩, 전환점, 전환축, ④ 춘분, 추분, 하지, 동지. Giorgio Agamben, "K," *The Work of Giorgio Agamben: Law, Literature, Life*, eds. Justin Clemens, et. als., Edinburgh: Edinburgh University Press, 2008, pp.13~27. 이 글은 아감벤의 최근작 『벌거벗음』(*Nudità*, 2009)에 재수록됐다.
[2] 호모 사케르 연작은 현재까지 『주권권력과 벌거벗은 생명』(1권/1995), 『예외상태』(2-1권/2003), 『군림과 영광』(2-2권/2007), 『언어활동의 성사』(2-3권/2008), 『아우슈비츠에서 남은 것』(3권/1998)까지 출간됐다. 아감벤은 현재 '삶의 규칙,' '내전,' '삶-의-형태' 등을 주제로 나머지 책들을 준비하고 있다.

에서 아감벤은 주권권력이 법질서를 스스로 중단하고 예외상태(추방, 수용소)를 만듦으로써 벌거벗은 생명을 산출한다고 주장했다. 이 주장은 9·11 이후 미국에서 애국자법이 시행되고, 테러와의 전쟁을 빌미로 관타나모 수용소에 강제 구금된 사람들의 이야기가 전해지면서 시의적절한 것으로 증명됐다. 호모 사케르란 죽음의 위협에 노출되어 살아도 살아 있지 않은 자들, 정치-사법 영역에서 배제된 자들과 다름없으며, 아감벤 역시 자신의 책에서 수용소의 수감자들, 생물학적으로만 살아 있는 뇌사자들, 인간 모르모트, 국적을 상실한 난민들을 다루고 있다. 그리하여 영미 학계에서는 아감벤의 예외상태론에 기대어 호모 사케르의 현대적 형상을 추적하는 연구들이 줄을 잇고 있기도 하다.[3]

호모 사케르에 대한 라틴어 정식("호모 사케르란 사람들이 범죄자로 판정한 자를 말한다. 그를 희생물로 바치는 것은 허용되지 않지만 그를 죽이더라도 살인죄로 처벌받지는 않는다")의 수수께끼 같은 모호함을 푸는 것은 아감벤의 오랜 관심사였다.[4] 아감벤은 이미 『언어활동과 죽음』(1982)에서 위 용어가 비천한 동시에 존귀한 존재를 가리키는 모호함을 갖고 있음을 지적했고, 『도래하는 공동체』(1990)에서 다시 한 번 위 정식을 언급하며, 호모 사케르 연작의 실

---

[3] 국내 논문으로는 다음을 참조하라. 서길완, 「호모 사케르와 그것의 변형: 아감벤의 호모 사케르, 헐벗은 삶 그리고 캠프의 개념을 중심으로」, 『비평과 이론』(제13권/2호), 2008. 특히 185~206쪽을 참조.
[4] Hannah Leitgeb und Cornelia Vismann, "Das Unheilige Leben: Ein Gespräch mit dem italienischen Philosophen Giorgio Agamben," *Literaturen*, vol.2, no.1, 2001, p.17.

험대로 간주되는 『목적 없는 수단』(1996)에서도 그 개념에 대한 실마리를 제시한 바 있다. 이밖에도 아감벤의 저작 전반에 걸쳐 반복되고 있는 '성스러운 것과 세속적인 것의 대립'을 통해 그의 정치철학을 조망하는 것이 가능하다.

하지만 이 글은 『주권권력과 벌거벗은 생명』의 핵심이라 할 수 있는 주권의 논리 또는 노모스를 다루는 1부에 주목할 것이다(1부는 호모 사케르의 형상들을 추적하는 2~3부의 주춧돌 노릇을 한다). 칼 슈미트는 노모스nomos란 네메인(나누다)nemein에서 파생된 단어로, 인민의 정치적·사회적 질서가 공간적으로 가시화되는 형태를 뜻한다고 지적한 적이 있다.[5] 목초지나 영토를 측정·분할하는 질서라는 노모스의 뜻이 밝혀주는 장소확정Ortung과 질서Ordnung의 연결관계는 아감벤에게 직접적인 영향을 미쳤다. 안과 바깥, 포함과 배제의 장소를 정함으로써 질서를 유지하는 주권권력의 노모스를 측량하고, 이미 그어져 있는 선들을 지우고 다시 긋는 것, 이것이야말로 토지측량사 아감벤의 주요한 관심사이다.

1. 말하다: 어떻게 생명체는 언어를 갖게 됐는가?

『주권권력과 벌거벗은 생명』 1부에서 이해하기 어려운 것 중 하나는, 아감벤이 주권의 형식을 말하면서 불쑥 '언어' 모델을 끌어들인

---

[5] 칼 슈미트, 최재훈 옮김, 『대지의 노모스』, 민음사, 1995, 13~22쪽.

다는 사실이다.[6] 물론 언어활동에 대한 성찰과 정치에 대한 성찰 사이에는 강한 연관성이 있다. 왜냐하면 "언어활동은 모든 인류를 잇는 공통의 요소"이기 때문이다.[7] 하지만 아감벤은 언어 모델에서 주권의 포함적 배제 모델로 이행한 것이지 그 반대가 아니다.

아감벤은 『유아기와 역사』(1978)와 『언어활동과 죽음』 사이에 『인간의 목소리』 혹은 『윤리, 목소리에 관한 에세이』라는 저작을 쓰기 위해 무수한 노트를 적어뒀다고 한다. 결국 책으로 현실화되지 못한 이 노트들의 기획은 「언어경험」이라는 텍스트[8]에 남아 있다. 아감벤은 자신이 늘 따르는 방법론상의 원칙이 루트비히 포이어바흐가 발전가능성 Entwicklungsfähigkeit이라고 말한 지점, 즉 그 텍스트나 맥락이 발전할 가능성이 있는 장소locus와 순간을 끄집어내는 것이라고 말했다.[9] 이 원칙을 아감벤의 텍스트, 그것도 쓰이지 않은 텍스트에 적용해보면 어떨까? 그렇다면 지워진 텍스트, 즉 사라지면서 여타의 작업 속에 보존된 부정적 토대로서의 텍스트야말로 가장 큰 발전가능성을 포함하고 있는 것이 아닌가 말이다.

---

6) 아감벤은 『아우슈비츠에서 남은 것』 3장에서도 증언과 시적 탈주체화의 경험을 연결하면서 '언어' 모델을 참조한다. 언어 모델과 정치권력 모델 사이에 함축된 도식적 유사성에 주목할 경우, (곧 살펴보겠지만) 우리는 언어 모델에 대한 아감벤의 참조가 우연이 아님을 알 수 있다.
7) Adriano Sofri, "Un'idea di Giorgio Agamben," Reporter, November 9-10, 1985, p.33; Leland de la Durantaye, Giorgio Agamben: A Critical Introduction, Stanford, CA.: Stanford University Press, 2009, p.156. 재인용.
8) 이 텍스트는 1989년 『유아기와 역사』의 프랑스어판 서문의 용도로 작성됐다.
9) Giorgio Agamben, Che cos'è un dispositivo?, Roma: Nottetempo, 2006, p.20; Signatura rerum: Sul metodo, Torino: Bollati Boringhieri, 2008, p.8.

아감벤은 자기 사유의 동인動因을 정의하는 것은 "언어가 있다," "내가 말한다"는 것의 의미에 대한 물음이라고 말했다.[10] 물론 이 물음이 호모 사케르 연작의 모티브를 모두 설명해줄 수는 없지만 아감벤의 근본적인 물음, 그리고 그에 대한 답, 그리고 이 문답이 구성하는 도식을 보여줄 수는 있다.

철학적 문제 중의 철학적 문제인 '목소리'의 문제를 최초로 정립한 바로 그 텍스트에서 시작해보자.

> 인간은 언어logos 능력을 가진 유일한 동물이다. 단순한 목소리phōnē는 다른 동물도 갖고 있으며 고통과 쾌감을 표현하는 데 쓰인다. 다른 동물들도 본성상 고통과 쾌감을 감지하고 이런 감정을 서로에게 알릴 능력이 있기 때문이다. 그러나 언어는 무엇이 유익하고 무엇이 유해한지, 그리고 무엇이 옳고 무엇이 그른지 밝히는 데 쓰인다. 인간과 다른 동물들의 차이점은 인간만이 선과 악, 옳고 그름 등등을 인식할 수 있다는 것이다. 그리고 이런 인식의 공유에서 가족과 국가가 생성되는 것이다.[11]

이 구절의 전후 맥락을 고려하면 아리스토텔레스의 주장은 이렇다. 자연은 어떤 목적 없이는 아무것도 하지 않는다. 자연은 인간이라는 동물에게 정치적 기능을 수행할 수 있도록 언어를 주었다.

---

10) Giorgio Agamben, *Infanzia e storia. Distruzione dell'esperienza e origine della storia*, Torino: Einaudi, 1978(증보판 2001), p.x.
11) 아리스토텔레스, 천병희 옮김, 『정치학』, 숲, 2009, 제1권 1253a9~17.

왜냐하면 사람들끼리 토론하려면 목소리가 아니라 언어가 필요하기 때문이다. 하지만 위 텍스트는 다른 발전가능성도 포함하고 있다. 위 텍스트는 목소리/언어, 고통/쾌감, 유익함/유해함, 옳음/그름 등의 구분, 더 나아가 동물성에서 인간성으로의 이행을 표시하고 있다. 여기서 아감벤은 목소리와 언어의 관계가 무엇이며, 목소리는 어떻게 언어로 이행하게 되는가에 주목한다.

인간은 언어를 가진 동물, 또는 말할 수 있는 동물인 한에서 정치적인 동물이다. 이는 마치 여타의 동물과 인간이 언어를 가졌느냐의 유무에 따라 구별되는 듯이 보인다. 그러나 우리는 "인간은 언어 능력을 가진 유일한 동물"이라는 정의에 주목해야 한다. 동물과 인간이 있는 것이 아니다. 인간은 동물로서의 인간과 말하는 이로서의 인간으로 분열되어 있다. 인간은 소리에서 언어로 이행하는 중에 언어적·정치적 주체로 구성되는 것이며, 이 과정은 인간의 동물됨(단순히 소리를 낼 뿐인 살아 있는 생명체로서의 인간됨)을 지우면서 보존한다. 인간은 스스로를 취소하는 동시에 언어 속에서 말할 수 없는 것으로서 스스로를 보존하는 생명체이다.[12]

인간에게 목소리에서 말로의 이행은 자연스러운 과정이 아니다. 동물들은 항상 이미 랑그 속에 있다. 각각의 동물에게는 저마다 고유한 울음소리가 있다. 동물은 그 소리를 가지고 즉각 소통할 수 있다. 동물은 따로 말을 배우지 않아도 태어나자마자 소통이 가능

---

12) Giorgio Agamben, *Il linguaggio e la morte: Un seminario sul luogo della negatività*, Torino: Einaudi, 1982, p.105.

한 것이다. 이와 달리 인간은 항상 이미 말하는 존재인 것은 아니다. 인간에게는 고유의 목소리가 없다. 적어도 단어들의 의미를 교환하는 언어활동에서 음성의 역할은 부재한다. 우리는 언어활동에서 목소리가 아니라 소리(분절된 음성)[13]를 거친다. 아감벤은 아리스토텔레스를 따라 언어활동에서 목소리는 글자라는 상징물로 분절되고, 의미작용을 통해 담화를 구성한다고 주장한다.[14] 글자에 의해 이해될 수 있는 목소리에 한해서만 의미전달이 가능하다. 음성이 글자로 대체될 때 목소리는 '말할 수 없는 것'으로 남는다. 언어는 이 말 못함을 수용espropriazione함으로써 언어 주체를 구성케 한다. 이 수용은 항상 '포함적 배제'로서 '말 못함'에 한계를 정한다. 이와 같은 수용의 과정에서 '말 못함'은 말의 한가운데에 '부정적인 것'으로서 보존된다.[15] 인간이 '언어를 가졌다'는 것은 바로 위와 같은 뜻으로 이해해야 한다.

---

13) 소리란 더 이상 목소리가 아니며(음성으로서의 소리는 이미 일어났고 지나갔다), 아직 의미를 가진 말이 아니다. 다시 말해서 소리는 목소리가 취소되고, 의미작용이 도래하게 되는 부정적 토대이다. 모든 언어활동은 소리라는 '부정성의 장소'에서 일어난다. Agamben, *Il linguaggio e la morte*, p.49.
14) "그런데 말소리에 담긴 것은 마음속에서 겪은 것에 대한 상징물이며, 글은 다시 말소리에 담긴 것에 대한 상징물이다. 그리고 글자가 모든 사람들에게 같지 않듯이 말소리도 같지 않다. 그러나 마음속에서 겪는 바는 모든 사람에게 같은데, 이것에 대한 표현물이 일차적으로 말과 글이다. 사물들도 마찬가지로 같다"(강조는 인용자). 아리스토텔레스, 김진성 옮김, 『범주들/명제에 관하여』, 이제이북스, 2009, 16a3~7. 이 구절에 대한 아감벤 자신의 주석으로는 다음을 참조하라. Agamben, *Il linguaggio e la morte*, pp.52~54; Giorgio Agamben, *La potenza del pensiero*, Vicenza: Neri Pozza Editore, 2005, pp.21~23.
15) Agamben, *Il linguaggio e la morte*, p.21.

아감벤이 아리스토텔레스의 텍스트를 통해 던지고 싶은 질문은 이것이다. "인간의 목소리에서 그 무엇이 동물적 소리에서 언어로의 이행을, 자연에서 폴리스로의 이행을 분절하는가?" 우리는 언어활동 속에서, 즉 이런저런 분절체계 안에서 서로의 말을 알아듣기 마련이다. A가 B에게 무엇인가를 말했다고 가정하자. B는 A가 뜻하는 바를 인식하기 위해서 이렇게 자문해야 한다. 'A, 즉 네가 하는 그 말은 무슨 뜻인가?' 이 질문은 '네가 내뱉은 목소리는 어떤 글자로 분절되어 있었는가?'를 전제한다. 이는 '너의 그 소리는 무엇이었는가?'라고 묻는 것과 마찬가지이다. 여기에서 소리는 목소리 안에 있었던 것, 다시 말해서 과거처럼 이미 지나가버린 것인 한에서만 스스로를 드러낼 수 있다.[16] 요컨대 원초적인 분절이 모든 담화에서 항상 전제된다. 언어학도 사정은 마찬가지이다. 언어학은 말하는 존재들이 어떤 특수한 언어를 말한다는 사실factum linguae을 전제로 받아들인다. 여기서 '어떤 특수한 언어'는 언어와 비-언어의 구별, 한 언어와 다른 언어의 구별에 기초한다. 언어학, 특히 문법grammatikē의 원리는 무엇보다 이 글자gramma의 분절 메커니즘(목소리의 문법화, 문자화[17])이다.

그렇지만 언어학의 공리가 되며, 결코 의문에 부쳐져서는 안 되는 것이 있다. 그것은 언어활동이 일어나고 있다는 사실factum loquendi, 또는 말하는 존재들이 있다는 사실이다. 우리는 언어를 통

---

16) Agamben, *La potenza del pensiero*, p.22.
17) Agamben, *La potenza del pensiero*, p.74.

해 말하고 인식하기 마련이다. 하지만 거기서 어떻게 벗어날 수 있는가? 언어를 A가 B에게 메시지를 전달하는 수단으로 간주되는 의미를 띤 말로 바라보는 '부르주아적 견해'에서는 이런 질문 자체가 제기될 수 없다. 그렇다면 음성은 어떨까? 음성은 항상 이미 지나가버린 뒤이기 때문에, 음성으로 되돌아간다는 것 역시 불가능하다. 하지만 우리는 벤야민을 따라 "전달의 수단도 대상도 수신자도 없고," "내용을 갖지 않을 뿐 아니라 전달가능성 일반을 전달하며," "아무것도 의도하지 않고 아무것도 표현하지 않는" 언어인 순수언어die reine Sprache를 생각할 수 있다.18) 아감벤에 따르면 벤야민의 순수언어란 언어활동, 말하고 있다는 사실, 전달가능성으로서의 언어에 대한 순수한 경험이다. 이 신비한 경험이 가능한 까닭은 음성과 분절된 말, 랑그와 파롤, 기호적인 것과 의미론적인 것이 분열되어 있기 때문이다. 바로 이 분열과 차이에 대한 초월적 경험은 벤야민이 다가올 철학의 주제로 삼아야 한다고 말한 칸트적 사유 유형의 경험에 해당한다.19) 요컨대 언어경험은 언어를 외부의 지시대상을 가리키거나 의미전달의 도구(목적으로 향하는 수단)가 아니라 말하고 있다는 사실 자체, 즉 의미작용 없는 전달가능성(목적 없는 수단)을 전시하는 경험인 한에서 '잠재성'의 경험이다.

---

18) 발터 벤야민, 최성만 옮김, 『언어 일반과 인간의 언어에 대하여/번역자의 과제 외』, 도서출판 길, 2008, 77, 79, 139쪽.
19) "인식의 언어적 본질에 대한 성찰에서 획득되는 인식 개념은 그에 상응하는 경험 개념을 만들어낼 것[이다]." 벤야민, 『언어 일반과 인간의 언어에 대하여/번역자의 과제 외』, 114~115쪽.

사유란 언어활동 속에서 인간의 목소리를 찾으려는 시도이다. 그 목소리는 숲길에서 동물이 덤불숲 사이로 순식간에 도주하듯이 이미 우리 눈앞에서 사라져버린 뒤이지만 말이다. 우리의 사유는 우리의 목소리를 만나지는 못한다. 그 대신 우리는 더 이상 음성이 아니고, 아직 의미를 갖는(우리의 말하고자 함이 현실화된) 말이 아닌 단어를 지금 붙들어둘 수 있다. 의미작용되는 것, 즉 단순히 소리를 말로 내뱉는 것이 아닌, 그렇다고 우리의 목소리와 마주치는 것도 아닌, 즉 언어활동의 중지(침묵) 속에서 단어를 붙들어두는 것이 바로 사유이다. 이것은 말하고자 함의 현실화로부터 한 발자국 물러선 '순수한 말하고자 함'의 경험이다. 무한한 랑그의 연쇄를 중단하고, 또 침묵할 수 있기 때문에 인간에게는 이념idea이라는 것이 있을 수 있는 셈이다. 이처럼 사유란 현실화되지 않을 수 있는 잠재성, 즉 비-잠재성의 잠재성/역량이다.

우리가 주목한 것은 언어의 분절체계가 갖는 포함적 배제의 메커니즘, 그리고 그것에서 벗어나는 언어경험 또는 사유의 경험이다. 지금까지의 논의를 간단히 도식화하면 다음의 도식과 같다. 우리가 아감벤의 정치철학을 논하기 위해 언어론으로 우회한 까닭은, 그에게 언어와 정치의 문제가 따로 떨어져 있지 않기 때문이었다. 특히 언어경험이 곧 정치의 문제인 까닭은 그것이 도래할 공동체의 초석이 되기 때문이다. 도래할 공동체는 국민/민족, 인종, 성별과 같은 고유성을 하나도 갖지 않는 '순수한 존재자들'이 특수한 언어에서 벗어나 '그저 말한다는 사실'에 기초할 것이다.[20] 그렇다면 이제 '순수한 존재자들'의 문제로 넘어가자.

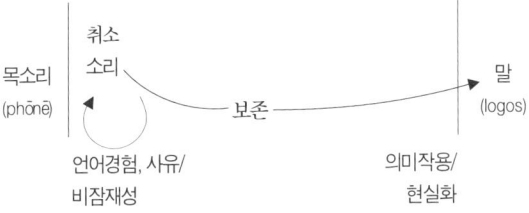

2. 살다: 어떻게 벌거벗은 생명은 폴리스에 거주하게 됐는가?

아감벤은 『주권권력과 벌거벗은 생명』의 서문에서 미셸 푸코의 생명정치론을 비판적으로 검토한다. 푸코와 아감벤 사이의 쟁점은 여러 가지가 있으나,[20] 이 글의 논의와 관련해 중요한 것은 두 가지이다. 첫째, 푸코는 "근대적 인간은 생명 자체가 정치에 의해 문제시되는 동물"이라고 말하면서, 조에 ^{zoē}(모든 생명체에 공통되는 살아 있다는 단순한 사실 자체)가 비오스 ^{bios}(한 개인이나 집단에 고유한 살아가는 방식이나 형태)의 영역인 폴리스에 도입된 것을 '근대' (18세기 말~19세기 초)의 결정적 사건으로 본다. 푸코는 '죽게 만들고 살게 내버려두는' $^{faire\ mourir\ ou\ laisser\ vivre}$ 주권권력과 '살게 만들고 죽게 내버려두는' $^{faire\ vivre\ ou\ laisser\ mourir}$ 생명권력을 맞세웠다. 그

---

20) Giorgio Agamben, *La comunità che viene* (1990), Torino: Bollati Boringhieri, 2001, pp.53, 56; 조르조 아감벤, 김상운·양창렬 옮김, 『목적 없는 수단: 정치에 관한 11개의 노트』, 도서출판 난장, 2009. 특히 7장 참조.
21) 양창렬, 「생명권력인가 생명정치적 주권권력인가: 푸코와 아감벤」, 『문학과 사회』(제75호/가을), 2006, 238~254쪽.

렇기 때문에 '생명'이 정치의 화두가 된 것은 목숨을 거둘 권리인 주권권력에서 생명권력으로의 이행과 밀접한 관련이 있다. 더욱이 이때 생명권력은 살아 있는 존재들의 집합으로서의 '인구'에 대한 관리와 통제를 의미한다. 한 개인의 삶이 아니라 '생명 일반'과 관련된 사항들, 예를 들어서 보건, 위생, 출산율, 성생활 등이 정치의 화두가 됐다고 보는 것이다.

이와 반대로 아감벤은 조에를 폴리스의 영역에 도입하고, 벌거벗은 생명을 정치화하는 것이 서양 정치의 '원초적 구조'라고 생각한다. 그런 의미에서 『주권권력과 벌거벗은 생명』의 서두는 이미 푸코의 문제틀로부터의 이탈 선언으로 시작한 것이다. 왜냐하면 아감벤은 생명권력의 문제를 근대가 아니라 고대로 거슬러 올라가 발견하고 있으며 죽음 대 생명이 아니라, 생명의 분열과 그 안에서 조에가 비오스에 의해 배제되면서 포함되는 관계에 천착하기 때문이다. 이로부터 자연스럽게 아감벤은 법·제도적 권력 모델에 대한 푸코의 거부를 재고한다. 벌거벗은 생명을 정치 영역에 포섭하는 것이 주권권력의 핵심이라면서 말이다. 아감벤은 조에와 벌거벗은 생명을 명확히 구분하지 않고 쓰는 경우가 종종 있으나, 엄밀히 말해 벌거벗은 생명은 예외상태 속에 놓인 조에에 한정된 것이다. 이때 문제가 되는 생명은 '인구'로 간주된 통계학적 대상이 아니라 주권의 폭력 앞에 노출된 개별자들이다. 결국 푸코에 대한 아감벤의 차이는 책의 제목 자체에 명시되어 있다. '주권권력'은 본래부터 생물학적 생명을 예외상태 속에서 배제하는 동시에 포함함으로써 '벌거벗은 생명'을 만들어낸다.

『주권권력과 벌거벗은 생명』 1부에서 아감벤은 예외상태라는 개념과 '예외'의 메커니즘을 논하기 위해 슈미트를 참조하고 있다. 슈미트에 따르면 주권자는 법질서의 외부와 내부에 동시에 존재한다. 이것이 바로 주권의 역설이다. 슈미트가 "주권자란 예외상태에 관해 결정하는 자"라고 말할 때, 이는 주권자가 스스로 규칙의 효력을 정지함으로써 예외상태를 창출하고, 이 예외(즉, 법질서의 외부)에 놓인 것을 바깥에서 붙든다는 뜻이다. 한편으로 규범의 정지는 폐지를 뜻하지 않으며, 규범의 정지가 확립하는 아노미의 지대는 법질서와의 관계를 잃지도 않는다. 법은 법이지 않을 수 있는 잠재성의 상태에 있는 것일 뿐이다. 다른 한편, 이때 바깥에서 붙들리는 것은 바로 벌거벗은 생명이다. 바로 이것이 예외상태에 기초한 생명정치가 뜻하는 바이다.[22] 이처럼 주권자의 노모스는 단순히 퓌시스와 반대되는 노모스 또는 실정법이 아니다. 오히려 그것은 외부와 내부, 자연과 예외, 퓌시스와 노모스가 구분되지 않는 복합적인 장소를 확정함으로써 질서를 유지하는 것이다.

아감벤은 언어론의 도식을 주권권력이 행사되는 예외적 메커니즘에 적용하고 있다. 또는 언어론의 도식과 예외적 메커니즘 사이에는 동형성이 있다고 말할 수 있다. 목소리는 사라질 수 있는 것, 취소되고 보존되는 것인 한에서만 소리로서 부수적으로 출현한다. 로고스는 바로 이 사라지는 것에 바탕을 두고 있다. 마찬가지로 벌거벗은 생명은 주권자의 생살여탈권에 의해 거둬질 수 있는 것인

---

22) 조르조 아감벤, 김항 옮김, 『예외상태』, 새물결, 2009, 13, 51~52쪽.

한에서만 부수적으로 출현한다. 언어활동 속에서 취소되고 보존된, 즉 분절된 음성인 소리가 의미과정을 거쳐 말이 되고, 또 말하는 주체를 만들어내는 것과 마찬가지로, 주권권력의 포함적 배제에 의해 벌거벗은 생명이 분절되어 이런저런 사회적 주체들이 만들어진다. 이 분절 메커니즘을 아감벤은 '장치'라고 부르기도 한다. 주체란 생명체들(생명체들의 목소리, 몸짓, 행동, 의견 등)이 장치들과 맞대결한 결과로 생겨나는 것이다.[23] 장치들은 항상 주체화 과정을 함축하며, 그것들의 주체를 생산해내야만 한다. 그렇다면 주권권력이 벌거벗은 생명을 쥐락펴락하는 폭력에만 눈길을 주어서는 안 된다. '언어'라는 장치든, 생명정치적 주권권력의 메커니즘이든 간에 그것은 의미작용 또는 주체화를 가능케 하는 데 그 목적이 있다.

아감벤은 순수한 조에와 순수한 비오스의 관계를 문제 삼는 것이 아니다. 비오스나 주권자와 무관하게 따로 존재하는 조에, 조에와 무관하게 존재하는 비오스는 의미가 없다. 조에라는 극과 비오스라는 극 사이에 만들어진 공간인 예외상태 속에서 주권자의 예외적 폭력에 노출되는 한에서만 출현하는 벌거벗은 생명이 문제인 것이다. 모든 비오스는 자체 안에 취소된 채 보존된 벌거벗은 생명을 포함하고 있다. 그도 그럴 것이 근대 국민국가에서 벌거벗은 자연적 생명은 국가의 기반이 되었는 바, 이는 출생을 의미하던 나티오natio라는 단어와 국민nation이라는 단어 사이의 인접성에서도 확

---

[23] Agamben, *Che cos'è un dispositivo?*, p.22. 아감벤은 같은 페이지에서 "언어는 가장 오래된 장치인지도 모른다"고 적고 있다.

인된다. 오늘날 우리는 태어나는 즉시 국민이 된다는 것을 떠올려 보라.[24] 하지만 이것은 자동적이고 연속적인 과정일까?

호모 사케르, 가령 집중수용소의 유대인들은 국적을 박탈당하고 나서 몰살수용소로 보내졌다. 이들은 국적을 잃으면 인간이기를 그치고 '그를 죽이더라도 살인죄로 처벌받지는 않는 자,' 심지어 '예외상태에서는 그들을 죽이는 것이 적법한 것이 되는 자'가 된다는 것을 보여준다. 국민 정체성이 국민이 아닌 타자들을 배제하거나 예외상태에 집어넣으면서 구성되어왔다는 것은 자명한 일이다. 하지만 유대인이나 난민의 사례는 국민에 속하던 자들도 얼마든지 호모 사케르가 될 수 있음을 보여준다. 따라서 슬라보예 지젝의 말대로, 법질서에 포함된 자와 법 바깥에 있는 호모 사케르 사이의 수평적 나눔의 선이 관건이 아니다.[25] 이 나눔의 선이 어떻게 한 인간을 수직적으로 가로지르는가, 즉 법의 차원에서는 시민 또는 법적 주체로 다뤄지던 자가 법이기를 그친 법의 차원에서는 어떻게 잠재적으로 호모 사케르가 될 수 있는가가 관건이다. 다시 한 번 말하거니와 호모 사케르의 특이성은 그것이 조에와 비오스, 탄생과 국민 사이에 '심연'이 가로놓여 있으며, 국민 정체성 또는 사회적으로 우리가 담지하는 여러 가지 주체성이란 이 심연 위를 아슬아슬하게 거닐고 있는 결과물이라는 사실을 보여준다는 데 있다. 아감벤은 집중수용소의 유대인들을 참조하면서 호모 사케르의 삶을 생존

---

24) 아감벤,『목적 없는 수단』, 31쪽.
25) Slavoj Žižek, *Welcome to the Desert of the Real*, London: Verso, 2002, p.32.

이라 명명한다. 생존이란 벌거벗은 생명을 견디며 살아가는 것이다. 한마디로 벌거벗은 생명의 그저 단순한 지속이 생존이다. 또한 생존이란 말은 아우슈비츠에서 살아 돌아온 사람들이 보여주듯이 비인간적인 것을 견디고 살아남은 것을 뜻하기도 한다. 첫 번째 의미의 생존은 인간성이 완전히 파괴된 인간의 삶이다. 그러나 인간성을 완전히 비워냈을 때, 즉 주체화할 수 있는 것이 하나도 남아 있지 않을 때 우리에게 '남는 것'이야말로 진정으로 인간적인 것이 아닌가? 아우슈비츠에서 살아남은 자들이 증언하는 것은 바로 그것이다. 그렇기 때문에 "증언의 주체는 탈주체화를 증언하는 주체이다."[26] 여기서 '탈주체화'의 자리는 우리가 언어의 도식에서 봤던 '침묵'의 자리에 해당한다. 주체화로부터 물러나는 것은 언어활동 속에서 말하는 '나'가 중지되는 것과 같다.[27] 벌거벗은 생명과 생존자는 조에에서 비오스 사이의 심연, 즉 벌거벗은 생명을 분절하고 주체를 생산하는 메커니즘에 균열이 있음을 증언할 수 있는 위치에 있다. 그리고 그것은 언제나 탈주체화, 침묵, 사유의 경험 등을 통해서만 가능하다.

지금까지의 논의를 바탕으로 우리는 다음과 같은 도식을 다시 그려볼 수 있을 것이다. 우리가 앞서 그려본 언어의 도식과 지금의 도식을 비교해보라. "'어떻게 해서 생명체가 언어를 갖게 됐는가?'라는 질문은 '어떻게 해서 벌거벗은 생명은 폴리스에 거주하게 됐

---

26) Giorgio Agamben, *Quel che resta di Auschwitz: L'archivo e il testimone*, Torino: Bollati Boringhieri, 1998, p.112.
27) Agamben, *Quel che resta di Auschwitz*, p.121.

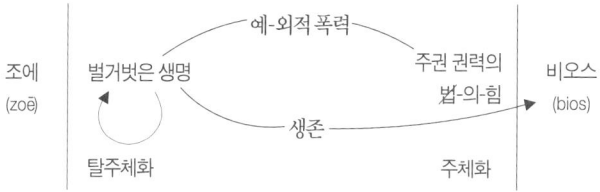

는가?'라는 질문에 정확히 대응한다"[28]던 아감벤의 주장이 이제는 빈 말로 들리지 않을 것이다.

3. 「법 앞에서」: 위상학에서 시차로의 전회

지금까지 우리가 살펴본 아감벤의 도식을 가지고 카프카의 「법 앞에서」를 읽어보자.[29] 줄거리는 대강 이렇다. 어느 시골사람이 법에 들어가고자 한다. 하지만 법의 문 앞을 지키고 있는 문지기가 그 사람더러 지금은 들어갈 수 없고 나중에는 들어갈 수 있다고 말한다. 결국 시골사람은 문지기의 허락을 받기 위해 문 앞에서 하염없이 기다리다 죽음을 맞이하게 된다. 아감벤은 「법의 형식」이라는 장(1부 4장)에서 이 우화를 다루고 있다. 그 장은 여러 측면에서 '전회' kehre를 수행하고 있기에 눈여겨볼 만하다.

---

28) 조르조 아감벤, 박진우 옮김, 『호모 사케르: 주권권력과 벌거벗은 생명』, 새물결, 2008, 44쪽.
29) 프란츠 카프카, 박환덕 옮김, 『소송』, 서울대학교출판부, 2004, 215~217쪽.

카프카의 세계에서 법은 접근불가능하고 알 수 없는 것으로 나타나곤 한다. 예를 들어 요제프 K가 예심판사의 법전을 보는 것은 허용되지 않고, 소송절차는 공개되지 않으며, 법정의 기소장조차도 피고와 변호인에게는 접근불가능하다. 카프카에 따르면 "우리들의 법률은 일반적으로 알려져 있지 않다. 그것은 우리들을 지배하고 있는 소수 귀족집단의 비밀에 속한다. 이런 낡은 법률이 엄수되어 있는 것을 우리들은 믿어 의심치 않는데, 자기도 모르는 법률로 말미암아 지배되거나 구속당하는 것은 이루 말할 수 없는 고통이다."[30] 그리고 「법 앞에서」에 등장하는 시골사람은 율법을 알지 못하고 지키지 못하는 무식한 유대인, 또는 문지기의 허락을 무한정 기다리면서 삶을 허비하는 무기력한 현대인을 상징하는 것만 같다. 이것이 카프카의 우화에 대한 일반적인 해석이다.

아감벤은 카프카의 「법 앞에서」가 주권적 추방령의 구조를 모범적으로 보여준다면서 「법의 형식」이라는 장을 시작한다. (다분히 슈미트에 기댄) 예외상태의 논리에 대한 이야기를 듣고 나서 우리는 자연스레 주권적 추방령이 가진 위상학적 구조(법은 아무것도 명령하지 않고 스스로의 적용을 유예함으로써 시골사람에게 적용된다. 법은 시골사람을 자신의 외부에 내버림으로써 자신의 추방령 속에 붙들어놓는다)에 대한 논의를 기대하게 된다. 왜냐하면 아감벤은 앞에서 "예외상태란 시공간적인 정지라기보다는 복합적인 위상학

---

30) Franz Kafka, *Beschreibung zur Frage der Gesetze*, S.91 ; 김정진, 「카프카 문학에 있어서 '율법'의 문제」, 『독일 문학』(제17집), 77쪽. 재인용.

적 형상으로서, 예외와 규칙뿐만 아니라 자연상태와 법, 외부와 내부가 서로 관통한다. 우리는 바로 이런 위상학적 식별불가능 지대에 우리의 시선을 고정해야만 한다"[31]고 말했기 때문이다.

그러나 위상학과 관련해 우리가 들을 수 있는 이야기는 대동소이하다. 주권자는 "법 외부에 위치하면서 법의 외부란 없다고 선언"한다는 점에서 역설적이며,[32] 예외상태는 "법질서 바깥에 있는 것도 안에 있는 것도 아니다"라거나 "귀속되면서도 바깥에 있다"는 등의 얘기가 전부이다.[33] 아감벤은 예외상태의 위상에 대한 논의는 제쳐두고, 법의 '텅 빈 형식'에 관한 논의로 넘어가 버린다. 심지어 「추방령과 늑대」라는 장(2부 6장)에서도 추방령과 도시가 위상학적으로 어떤 관계를 맺고 있으며, 추방령을 통해 어떻게 장소확정과 영토화가 가능한지에 대한 논의는 찾아볼 수 없다.

자크 데리다는 '법' 자체가 일종의 장소^{topos}라고 말하면서 시골사람, 문지기, 법 사이의 위상학적 관계를 논한 바 있다.[34] 문지기는 법 앞에서 법을 등지고 있다. 그리하여 법의 현전, 법 앞에선 사람의 현전을 금지한다. 시골사람은 법 앞에서 법과 마주하지만 사실상 법을 대리하는 자 앞에 서 있을 뿐, 법 자체와 맞설 수는 없다. 문은 늘 열려 있으나 시골사람은 법 자체를 볼 수 없는 것이다.

---

31) 아감벤, 『호모 사케르』, 97쪽.
32) 아감벤, 『호모 사케르』, 55~56쪽.
33) 아감벤, 『예외상태』, 52, 72쪽.
34) Jacques Derrida, "Préjugés, devant la loi," *La faculté de juger*, par Jacques Derrida, et al., Paris: Les Éditions de Minuit, 1985, pp.118~123.

이처럼 법 앞에 선 인간은 '법 앞에' 출두했다는 점에서 법의 주체이기는 하나, 법에 들어갈 수는 없으므로 '법 바깥에' 있다.

아감벤의 주장을 데리다 식으로 각색하면 이렇다. 시골사람은 법의 문 앞에 있다. 하지만 법의 문은 이미 열려 있기 때문에 안과 바깥이 구별되지 않는다. 따라서 시골사람은 '법 앞에' 있는 동시에 '법 안/밖에' 있다. 데리다와 아감벤의 주장은 미묘하게 엇갈린다. 열쇠는 '안/밖에' 있다. 데리다는 시골사람이 "법 아래나 법 안에 있지 않다"[35]고 말했다. 이 때문에 법의 초월성은 유지된다. 반면 아감벤의 독해에서 시골사람은 '이미' 법 안에 들어가 있다.

여기서 몇 가지 '전회'에 주목해야 한다. 시골사람이 법의 안/밖에 있다면 그가 법과 관련해 어느 곳에 위치하는지 확정하는 것이 어려워진다. 왜냐하면 법의 안과 바깥을 구분할 수 없는 예외상태에서는 장소확정 자체가 불가능하며, 예외상태를 통해서만 특정한 질서와 장소확정이 가능해지기 때문이다.[36] 그렇기 때문에 아감벤에게는 장소확정의 문제가 아니라, 안/밖의 구분불가능성을 만들어내는 법의 텅 빈 형식이 중요해진다. 그렇지만 그것도 어디까지나 조건부이다. 아감벤은 데리다, 마시모 카치아리, 게르숌 숄렘, 임마누엘 칸트, 그리고 뒤에 떨어져서 등장하는 장-뤽 낭시를 가로지르는 모티브가 "의미 없이 효력을 갖는 법의 순수한 형식"[37]이라고 말한다. 아감벤에 따르면, 이들은 공통되게 카프카가 말하

---

35) Derrida, "Préjugés, devant la loi," p.122.
36) 아감벤, 『호모 사케르』, 63쪽.

는 법이 아무것도 명하지 않고, 내용도 없으며, 문지기에 의해 지켜지지도 않고 열려 있기 때문에 아무도 그 안으로 들어갈 수 없을 뿐 아니라, 시골사람을 법 외부로 추방하면서 추방령 속에 잡아둔다는 사실에 주목한다.

하지만 아감벤의 말처럼 "우리 시대가 사유에 위임한 과제는 단지 의미 없지만 유효한 법의 극단적이며 침해 불가능한 형태를 파악하는 것에 그치지 않는다. 자신의 과제를 그것만으로 한정시킨 모든 사유는 우리가 앞서 주권의 역설(또는 주권자의 추방령)로 규정한 바 있는 존재론적 구조를 단지 반복할 따름이다. …… 의미 없지만 유효한 법의 텅 빈 형식이라는 이념을 초월해 내버려짐을 사유할 수 있을 때에만, 우리는 주권의 역설에서 벗어나 모든 추방령에서 자유로운 정치로 나아갈 수 있을 것이다."[38]

법의 순수한 형식을 말하는 자들은 결국 (슈미트가 말하는) '주권의 역설'을 반복하게 된다. 그도 그럴 것이 자신을 중지하면서 예외상태(법의 문 앞의 공간)를 만들고 벌거벗은 생명(무한정 기다리는 시골사람)을 붙들어두는 법은 여전히 '초월적'이다. 그런 법은 언제나 우리의 해석을 기다리는 비밀스러운 '문 너머'가 있다는 환상 메커니즘에 기초한다. 아감벤은 숄렘과 벤야민 사이의 논쟁을

---

[37] 아감벤은 『예외상태』에서 위의 것을 "법-의-힘" 또는 "법의 유령적 형상, 무한한 해체"라고 규정하기도 한다.
[38] 아감벤, 『호모 사케르』, 137~138쪽. 내용도 대상도 알 수 없는 텅 빈 형식이 만들어내는 선험적 죄의식의 메커니즘을 분해하는 카프카의 면모를 보이려는 시도로는 다음을 참조하라. 질 들뢰즈·펠릭스 가타리, 이진경 옮김, 『카프카: 소수적인 문학을 위하여』, 동문선, 2001.

통해 바로 이런 해석과 거리를 두려고 하고 있다. 이 쟁점은 법과 삶/생명 사이의 관계와 관련 있다.[39]

숄렘은 『카발라와 그 상징들에 대하여』[40]에서 어떤 유대인 현자가 초대 그리스도교 교부 중의 하나인 오리게네스에게 해줬다는 이야기를 다음과 같이 전해준다.

> 성서는 방이 여럿인 대저택과 같다. 각각의 방 앞에는 열쇠가 있다. 허나 그 열쇠는 맞는 열쇠가 아니다. 모든 방의 열쇠는 뒤섞여 있는 탓에, 방문을 열기 위해서는 올바른 열쇠를 찾아야만 한다. 그것은 위대한 동시에 어려운 과제이다.

이 우화는 「법 앞에서」의 모티브로 간주된다. 방은 법이고, 열쇠는 법을 해독하기 위한 열쇠이다. 열쇠가 뒤죽박죽이기 때문에

---

[39] 카프카 해석을 둘러싼 숄렘과 벤야민의 분기점은 '법'에 있다. 1931년 8월 1일자 편지에서 숄렘은 벤야민이 프랑크푸르트라디오 방송에 출현해 카프카의 「중국의 만리장성」(1917)에 대해 설명한 것을 논평한다. 거기서 숄렘은 카프카가 생산하는 문학의 유일한 대상은 신의 심판이며, 카프카 세계의 중심에는 법이 있다고 쓴다. 그리고 벤야민이 카프카의 법 개념에 침묵하고 있다는 비판을 덧붙인다. 벤야민은 숄렘에게 보낸 편지(1934년 8월 11일)에서 "카프카에게 메시아적 범주는 '반전'(Umkehr)과 '공부'"라고 적고 있다. 그리고 베르너 크라프트에게 보낸 편지(1934년 11월 12일)에서는 겉보기에 중요한 것 같은 카프카의 '법' 개념이 엄밀히 말해 속임수임을 보이겠다고 예고했다. 이 약속은 「프란츠 카프카, 열 번째 기일에 즈음하여」에서 이행된다. 발터 벤야민, 반성완 옮김, 「프란츠 카프카」(1934), 『발터 벤야민의 문예이론』, 민음사, 1983, 62~96쪽.

[40] Gershom Scholem, *Zur Kabbala und ihrer Symbolik*, Zürich: Rhein-Verlag, 1960, p.23.

법의 글귀를 해석하는 데 애를 먹는 것이 카프카적인 상황과 닮았다. 이 우화와 관련해 숄렘과 벤야민의 생각은 갈라진다. 숄렘은 '성서를 해독하지 못하는 학생들'을 말하고, 벤야민은 '성서를 잃어버린 학생들'을 말한다. 숄렘이 기대고 있는 탈무드의 스승은 닫힌 문, 뒤섞인 열쇠를 말하고 있다. 성서(토라)의 의미는 마치 예외상태에 있는 법의 암호처럼 가려져 있지만, 언젠가는 열릴/읽힐 수 있다는 희망을 준다. 허나 우리네 인간의 한낱 생으로는 그 과제를 완수할 수 없다. 반대로 「법 앞에서」에서 문은 처음부터 열려 있다. 아무것도 감춰진 것은 없다. 심지어 "거기에 맞는 열쇠가 없는 성서는 사실 성서가 아니라 삶이다."[41] 따라서 벤야민과 아감벤이 보기에 본질적으로 유한한 인간의 삶과 해석을 기다리는 성서가 문제인 것이 아니라, 열쇠가 사라져 버린 시대(예외가 규칙이 된 시대)에 성서(법)와 구별불가능해진 삶이 문제인 것이다.[42]

벤야민은 카프카의 세계를 하나의 '극장'에 비유했다.[43] 벤야민의 묘사를 다음과 같이 카프카의 텍스트에 적용할 수 있으리라. 법 앞은 하나의 무대이다. 누구나 법 앞에 갈 수 있다. 엄밀히 말하면 인간은 태어날 때부터 무대 위에, 즉 법 앞에 서 있는 존재이다. 어떤 기준으로 시골사람이 법 앞에 와 있는지는 풀릴 수 없는 문제이다. 시골사람이 법을 잘 아느냐 하는 것은 전혀 중요하지 않다.

---

41) 1934년 8월 11일 벤야민이 숄렘에게 보낸 편지. 아감벤, 『호모 사케르』, 126쪽. 재인용.
42) 아감벤, 『예외상태』, 121쪽.
43) 벤야민, 「프란츠 카프카」, 78쪽.

시골사람에게 기대되는 것은 그가 살던 대로 살라는 것이다. 시골사람은 법이 자신에게 어떤 것을 명령하는지 알기 위해, 자신의 자리를 찾아 헤매는 사람이다.

예외상태, 즉 법 앞에 붙들려 있는 자는 포로도 피고인도 아닌 단순한 '수감자'이다.[44] 법 바깥의 공간에서 법과 계속 관계 맺는 삶이 문제가 아니라, 소송 속에 있으나 정상적인 생활이 가능한 것이야말로 법 또는 소송과 구별불가능해져버린 삶의 참모습이라고 생각해야 하지 않을까? 마치 『소송』에서 어떤 이가 요제프 K더러 "체포됐지만, 그것은 당신이 직장에 나가는 것을 방해하지 않는다"고 말했던 것처럼. 『성』에서 마을은 분명 성 내부가 아니지만, 마을에 사는 것과 성에 사는 것이 구별되지 않는 것처럼. 우리는 늘 예외, 포함과 배제를 공간적으로 표상하려고 한다. 특히 어떤 고립된 예외적 공간(수용소, 유형지, 방리유, 대기지대 등)을 떠올리면서 말이다. 물론 그곳은 실제로 포함적 배제가 이뤄지고, 가시화된 물질적 공간이다. 그러나 아감벤이 포함적 배제를 말할 때, 특히 안/밖이 구별되지 않는 규칙이 되어버린 예외상태를 말할 때, 그런 공간 표상은 의미를 상실한다. 내부와 외부의 구별불가능성, 법과 삶의 구분불가능성, 법 안과 밖의 분리불가능성 속에서 '경계'는 이제 우리 자신을 가로지른다. "심판은 바깥에서 오는 것이 아니라 피의자의 정신에 조금씩 새겨지는 것이다."[45] 문지기가 마지막에 시골사

---

44) 아감벤, 『예외상태』, 17~18쪽.
45) 특히 다음을 참조하라. Franz Kafka, *Kafka: Œuvres complètes*, tome.1, Paris: Gallimard, 1976, p.1080.

람에게 외친 말, "여기는 당신 외에는 아무도 들여보낼 수 없소. 왜
냐하면 이 입구는 오직 당신만을 위한 것으로 정해져 있기 때문이
요"는 바로 이렇게 이해해야 한다.

    이제 아감벤이 명시한 적은 없으나, 우리가 보기에 가장 중요
한 전회를 다룰 차례이다. 「법 앞에서」의 첫 구절로 돌아가 보자.

> 법률 앞에 한 사람의 문지기가 서 있다. 이 문지기에게 한 사람의
> 시골남자가 찾아와서는 법률 안으로 들여보내달라고 부탁한다.
> 그러나 문지기는 지금은 들여보내줄 수 없다고 말한다. 그 남자는
> 곰곰이 생각하고는 그럼 나중에는 들어가도 좋으냐고 묻는다.
> "그것은 가능해"라고 문지기는 말한다. "그러나 지금은 안 돼."

    "지금은 안 돼, 하지만 나중엔 가능해"가 야기하는 지연의 메
커니즘을 데리다만큼 잘 보여준 사람도 없을 것 같다. 데리다에 따
르면 시골사람은 문지기가 말한 '아직 (들어갈 수) 없다'pas encore와
'나중엔 (들어갈 수 있다)'plus tard는 말 때문에 항상 준비하고 기다
려야 하는 판결 앞에 있는 자le préjugé이다. 지금은 안 되고 나중엔
된다는 이 독특한 금지는 '차이差移/différance'의 구조이다. 문지기는
나중에 들어가는 것은 "가능해, 그러나 지금은 안 돼"라고 말하면
서 '아직 아님' 또는 '지연'의 논리를 말하는 셈이다. 하지만 카치아
리가 정확히 지적했듯이 문이 닫혀 있기 때문이 아니라, 문이 이미
열려 있고 우리는 이미 그 열림 속에 있기 때문에 그곳으로 들어가
는 것이 존재론적으로 불가능한 것은 아닐까?[46]

6. 조르조 아감벤 | 양창렬   237

사실 시골사람은 법 앞에 들어선 순간 이미 법 안에 들어가 있으면서, 아직 들어가지 않았다. 이것이 '바깥에서 붙들리다' 또는 '포함적 배제'가 갖는 시간적 의미이다. 단순히 지금은 아니고 나중에는 들어갈 수 있으리라는 가능성 때문에 '지연,' '연기,' 접근불가능한 것에 계속 매달리는 과정/소송^{Procès}(또는 '과정'으로서의 '소송')이 가능해지는 것이 아니다. 그렇다고 문지기에 대한 공포나 법의 텅 빈 형식만으로 시골사람이 문에 들어가지 못하는 상황을 설명할 수도 없다. 오히려 시골사람은 '항상 이미'와 '아직 아님'의 '시차'^{時差} 때문에 법 안/밖에 붙들려 있다. 예외상태에 놓인 벌거벗은 생명들은 과거와 미래 사이에서 현재의 공간을 찾지 못하고 선형적인 시간 속에 휩쓸려 들어간 "터널 속에서 입구도 출구도 알지 못한 채 있는 여행객들"(카프카)이나 다름없다. 시골사람은 이미 항상 연대기적 시간 속에 있으면서도 아직 도래하지 않은 종말론의 시간에 대한 희망과 기대 때문에 그 어떤 적극적인 행동도 하지 못하는 듯 보인다. 이런 이율배반적인 삶은 '지연 속에서 살아가는 삶'$^{Leben\ im\ Aufschub}$(숄렘)이 아니고 무엇인가?[47]

하지만 아감벤의 해석이 독특한 이유는 카프카의 이야기를 시골사람의 실패에 관한 우화로 해석하는 데 반대하기 때문이다. 법을 지키는 문지기는 주권의 통치를 집행하는 천사와 다름없다.[48] 법의 안/밖이 구별되지 않고, 법과 삶이 구별되지 않는 예외상태에

---

46) Massimo Cacciari, *Icone della legge*, Milano: Adelphi, 1985, p.69.
47) Giorgio Agamben, *Il tempo che resta: Un commento alla Lettera ai Romani*, Torino: Bollati Boringhieri, 2000, p.69.

서 우리가 마주하는 것은 어쩌면 주권자가 아니라 세상을 경영하는 '관료들' 아닐까? 모든 다락방에 법원사무국이 존재하며, 모든 것이 다 법정에 속해 있는 카프카적 세계 속에서, 우리는 문 뒤에 다른 문이 있다고 상상할 수조차 없다. 그것은 미로, 네트워크, 도처가 문이며, 도처에 문지기가 있는 식이다. 어쩌면 지금 바로 눈앞에 있는 문지기와의 대결이야말로 최후의 결전이다. "그[시골사람]는 다른 문지기 같은 것은 잊어버리고, 이 최초의 문지기야말로 법 안으로 들어가는 데 유일한 장애라고 생각하게 된다." 아감벤에 따르면 "시골사람의 행동은 법의 효력을 정지시키기 위해 결국 문을 닫도록 만들려는 인내심 가득한 고도의 전략"[49]이었다. 그렇다면 메시아의 도래를 준비하는 사도apostolo는 미래를 등지고 있을 것이며, '새로운 천사'는 법의 문에 등을 지고 앉아 있는 시골사람의 모습을 하고 나타날 것이다. 한쪽 눈으로는 끊임없이 문지기를 관찰하며(그 문지기의 "모피깃에 있는 벼룩"까지), 다른 쪽 눈으로는 자기 자신(자기 자신의 잠재성)을 응시하고서.

---

[48] 유대 전통에서 문을 지키는 것은 천사의 직무 중 하나이다(Agamben, "K," p.21). 또한 근대의 경영·통치 용어들, 예를 들어 위계, 장관, 임무 같은 단어들은 중세 시대 천사론의 용어를 이어받은 것이며, 통치자들(archai), 집권자들(exousiai), 지배자들(kyriotētes) 같은 단어 역시 천사들을 지칭하는 용어이다. 「법 앞에서」에서 말단 문지기는 시골사람더러 "모든 방마다 문지기가 서 있는데, 안쪽으로 갈수록 더욱더 힘이 세진다"고 말하는데, 이것은 신의 공무원인 천사들의 위계를 정확히 보여주는 구절이다. Giorgio Agamben, *Il regno e la gloria: Per una genealogia teologica dell'economia e del governo*, Vicenza: Neri Pozza, 2007. 특히 6장("천사론과 관료제")의 논의를 참조하라.
[49] 아감벤, 『호모 사케르』, 131쪽.

4. 법의 문에 경첩 달기

시골사람은 벤야민 식으로 말하면 잠재적인 예외상태를 현실화시켰다는 것이 아감벤의 생각이다. 하지만 아감벤은 시골사람이 이런 메시아적 임무를 완수하는 논리에 대해서는 언급하지 않는다. 바로 그 지점이 발전가능성을 간직한 가장 철학적인 요소이다.

아감벤이 다 하지 못한 이야기를 이어나가는 두 가지 방법이 있다. 하나는 시골사람의 행위를 '~하지 않을 잠재성'의 관점에서 해석하는 것이다. 첫 번째 문을 지나면 그를 기다리는 것은 또 다른 문일 것이다. '문 안/밖에 놓여 있음'이라는 배제적 포함의 관계 자체를 끊지 않는 이상 시골사람은 언제나 법의 논리에 붙들려 있을 것이다. 시골사람은 문 안으로 들어가지도, 아예 문을 등지고 그 공간에서 빠져나가지도 않는다. "나는 문 안으로 들어가지 않는 게 더 좋다"는 듯 말이다.[50] 우리가 보다 주목할 또 다른 해석은 '항상 이미'와 '아직 아님'의 이율배반을 쪼개는 메시아적 '지금-시간'으로 카프카의 이야기를 재구성하는 것이다. 카프카의 유대-메시아적 직관과 벤야민이 말하는 '예외상태가 상례가 된 상황에 상응하는 역사의 개념'(8번째 테제)을 연결하기 위한 단초는 『유아기와 역사』나 『남겨진 시간』(2000) 등에 언뜻언뜻 엿보인다.

---

[50] "나는 할 수 있다/없다"가 무슨 뜻인가라는 물음은 "말하다," "살다"와 더불어 아감벤의 3대 물음 중 하나이다. Agamben, *La potenza del pensiero*, p.273. 아감벤이 논구한 '할 수 있다'의 의미에 대해서는 다음을 참조하라. 양창렬, 「아감벤의 잠재성 개념과 그것의 정치적 함」, 『자율평론』(제19호/겨울), 2007.

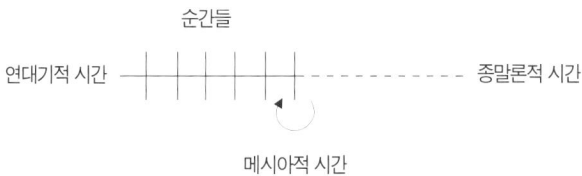

　서구 철학사에서 '순간,' '지금'은 과거와 미래를 나눠주면서 이어주는 경계일 뿐 그 자체는 언제나 사라지는 운명에 처한 것으로 간주되곤 했다. 마치 언어활동에서 소리가 그런 것처럼. 연속적이고 선형적인 진보적 역사 개념(벤야민에 따르면 '균질하고 공허한 시간'[13~14번째 테제])은 '지금 이 순간'을 취소하고 보존하는 한에서만 가능하다. 반대로 종말론적인 시간은 파선으로 표현됐듯이 균질하지도 연속적이지도 않으며, 엄밀히 말해 우리의 시간 표상을 벗어나 있다. 왜냐하면 그것은 '시간의 끝'이기 때문이다.

　아감벤은 메시아적 시간과 종말론적 시간을 구분한다. 메시아적 시간이란 메시아적인 휴지(休止)를 가지고 나눌 때 연대기적 시간과 종말론적 시간 사이에 남은 시간이며, 연대기적 시간에 대해 작업해 내부에서부터 그것을 변형함으로써 시간을 끝내는 시간이다.[51] 시간과 시간의 끝 사이에 있을 일종의 휴지기("그 속에서 시간이 멈춰서 정지해버린 현재"[52])에서는 무슨 일이 벌어지는가?

---

51) Agamben, *Il tempo che resta*, pp.63, 68.
52) 발터 벤야민, 최성만 옮김, 「역사의 개념에 대하여」, 『역사의 개념에 대하여/폭력 비판을 위하여/초현실주의 외』, 도서출판 길, 2008, 347쪽. 이하 이 글에서 인용할 경우 본문에서 테제 번호만 표기.

〔시골사람은〕 마침내 시력이 약해져 자신의 주위가 정말로 어두워졌는지 아니면 자신의 눈이 착각을 일으키고 있는지 알 수 없게 된다. 그러나 지금은 암흑을 통해 여러 겹의 법률의 문으로부터 꺼지지 않고 비쳐 나오는 빛을 확인한다. 그는 이제 오래는 살지 못하리라. 죽음을 앞둔 그의 뇌리에는 전 생애의 모든 경험이 모여들어, 이제까지 문지기에게 던진 일이 없는 하나의 질문이 된다.

이렇듯 메시아적 휴지기에서는 과거의 모든 경험이 압축되어 하나의 이미지로 나타난다. 그런데 이 구절은 마치 벤야민의 또 다른 테제를 예고하는 듯하다.

구원된 인류에게 비로소 그들의 과거가 완전히 주어지게 된다. 이 말은 구원된 인류에게 비로소 그들의 과거의 매 순간순간이 인용 가능하게 될 거라는 뜻이다. 살았던 순간들 하나하나가 최후의 심판일이 될 날의 의사일정에 인용 대상이 될 것이다(3번째 테제).

여기서 관건은 과거를 구원하는 것이다. 자신의 과거를 완전히 소유하고, 자신의 과거를 낱낱이 인용할 수 있게 된 자만이 진정으로 구원받는 것이다. 그렇다면 과거를 구원하고 인용한다는 것은 무슨 뜻인가? 아감벤은 벤야민이 칼 크라우스에 대해 쓴 에세이를 참조하며, '인용'이란 "단어를 맥락에서 뽑아내 맥락을 파괴하고, 단어에 그것의 기원을 환기시키는 것"이라고 말한다. 이때 기원으로 돌아가는 것은 실제로 그랬던 바대로 그 단어를 복원하는 것이 아니라, 전통과 단절하고 과거를 완수함으로써 그것의 끝으로 끌고 가는 것이다.[53] 마찬가지로 죽음을 앞둔 "위험의 순간에 섬광처럼 스치는 어떤 기억"(6번째 테제)은 과거의 모습이 원래 어땠는지를 떠올리는 것이 아니다. 그것은 "이미 흘러간 어떤 것이 지금과 만나 섬광처럼 성좌구조를 이루는" 변증법적 이미지를 포착하는 것이다.[54] 요컨대 과거를 구원하는 것이 과거를 완수하고 끝내는 것인 이유는 "구원이라는 것이 현존재에 덧붙여지는 프리미엄이 아니라 오히려 어떤 한 인간의 마지막 출구"[55]이기 때문이다.

벤야민은 숄렘에게 보낸 편지에서 카프카의 메시아적 범주가 '반전'과 '공부'라고 했다. 그리고 반전이란 "자기 자신의 현존재를 다시 읽는 것"[56]이라고 덧붙였다. 희미한 빛을 본 뒤 모든 경험이 모여들어 마지막 질문을 던지는 '결정적 순간'[57]에 있는 시골사람은 바로 이 '반전'을 보여주고 있다. 벤야민의 말마따나 "반전 개념의 역사철학적이고 정치적인 파급력"[58]에 주목해야 한다. 그리고 우리는 벤야민이 「역사의 개념에 대하여」에서 과거, 인용, 구원에

---

53) Agamben, *La potenza del pensiero*, pp.224~226.
54) 발터 벤야민, 최성만 옮김, 「'역사의 개념에 대하여' 관련 노트들」, 『역사의 개념에 대하여/폭력비판을 위하여/초현실주의 외』, 도서출판 길, 2008, 273, 358쪽.
55) 벤야민, 「프란츠 카프카」, 78쪽.
56) 1934년 8월 11일 벤야민이 숄렘에게 보낸 편지. 아감벤, 『호모 사케르』, 126쪽. 재인용.
57) 이것은 동물이 튀어 오르기 전에 몸을 움츠리는 것과 같은 압축된 시간이자 간추린 시간이다. 사실 이때야말로 긴장, 보다 정확히 말하면 잠재성은 최고조에 이른다. 벤야민이 17번째 테제에서 "긴장으로 가득 찬 상황"을 언급하는 것은 이와 무관하지 않다.
58) 벤야민, 「'역사의 개념에 대하여' 관련 노트들」, 357쪽.

할애한 모든 구절(3, 5, 6, 7, 16, 17번째 테제)을 카프카에 대한 주해로 다시 읽을 수 있을 것이다. "매초가 메시아가 들어올 수 있는 작은 문이다. 그 문이 움직이는 돌쩌귀가 회상이다"[59]라는 사실을 염두에 두면서 말이다. 시골사람의 회상, 즉 반전을 통한 과거의 구원이야말로 열린 문에 '경첩'을 달면서 법의 문을 닫게 만들고, 메시아가 들어올 수 있게 하는 것이다.

그렇다면 마지막 질문을 던져보자. 시골사람은 어떻게 됐을까? 문지기는? 법은? 이 질문들은 최후의 심판 이후에 천사들과 법이 어떻게 될 것인가의 문제와 직결된다.

사도 바울은 「고린토인들에게 보내는 첫 번째 편지」(15장 24절)에서 이렇게 적고 있다.

그러고는 종말입니다. 그때에 그리스도께서는 모든 권세와 모든 권력과 권능을 파멸시키고 katargēsēi 나서 나라를 하느님 아버지께 넘겨드리실 것입니다.

이 구절에서 권세, 권력, 권능은 '천사들'을 가리키는 용어이다. 즉, 최후의 심판 이후에는 인간적이든 천사적이든 모든 권력이 종말을 고하고 우리는 직접적으로 신 아래 있게 된다. 결국 메시아의 도래와 더불어 신이 직접 군림하기 때문에 더 이상 천사들의 매개에 의한 통치와 행정은 존재하지 않는다. 신은 천사들을 파멸시

---

[59] 벤야민, 「'역사의 개념에 대하여' 관련 노트들」, 384쪽. 강조는 인용자.

킨다. 다시 말해서 신은 모든 권력을 파괴할 뿐만 아니라 '무위'로 돌리고, '비활성화'시키며, '실업의 상태'로 남겨둔다.[60]

메시아적 완수 이후에는 법 역시 무위로 돌아가고 비활성화된다. 이는 법이 완전히 사라진다는 뜻이 아니다. 그보다는 오히려 법이 그 기능과 효력을 상실하고 전혀 다른 방식으로 새롭게 '사용'된다는 뜻이다. 벤야민은 일찍이 카프카에 대한 글 말미에 "단지 연구되기만 하고 더 이상 실행되지 않는 법, 바로 이 법이 정의로 나아가는 문이다. 정의로 나아가는 문이 공부이다"[61]라고 썼다. 그리고 아감벤은 위 구절을 다음과 같이 풀이하고 있다. "언젠가 인류는 아이들이 사물을 그 용법에서 벗어나서 가지고 놀듯이 법을 가지고 놀게 될 것이다. 그것들에 규준적인 용법을 돌려주기 위해서가 아니라 그 용법들로부터 완전히 해방시키기 위해서."[62] 이것은 무슨 뜻인가? 아감벤이 전하고 있는 카발라주의자들의 주장에 따르면, 원래의 토라(율법)는 정해진 텍스트가 아니라 오로지 헤브루 알파벳으로 만들 수 있는 가능한 조합의 총체이다. 아무런 정합성도 없는 문자들의 뒤범벅, 무질서한 문자들의 더미인 원래의 토라는 의미 없으며 아무것도 명령하지 않는 법이다. 우리가 앞서 봤듯이 이런 법은 '의미 없지만 효력을 갖는' 예외상태의 법과 다를 바 없다.[63] 메시아의 도래를 통해 법의 효력이 완수된다면, 그 법은 문

---

60) Agamben, *Il regno e la gloria*, pp.176~178.
61) 벤야민, 「프란츠 카프카」, 95쪽.
62) Agamben, *Stato di eccezione*, p.81.
63) Agamben, *La potenza del pensiero*, pp.255~267.

자 그대로 원래의 토라로 복원된, 그러나 약간 다르게 복원된 법일 것이다. 법은 원래의 토라와 마찬가지로 문자들의 더미일 것이다. 약간 다른 것이 있다면, 그때는 문자 맞추기 놀이하듯이 우리가 그 법을 사용할 수 있게 된다는 것일 테다.

메시아가 들어올 수 있는 문을 열기, 열린 문(스스로를 중지함으로써 효력을 갖는 법)에 경첩을 달기라는 메시아적 과제를 위해서 무엇을 할 것인가? 벤야민이 숄렘에게서 들었다는 의미심장한 우화에 귀를 기울여보자.

> 하시딤[경건한 유대인들]은 도래할 세계에 대해 이야기했다. 그 이야기는 모든 것이 이곳과 꼭 같을 것이라고 한다. 우리의 방은 도래할 세계에서도 지금과 마찬가지일 것이다. 우리 아이는 다음 세상에서도 지금 자고 있는 바로 그곳에서 자고 있을 것이다. 우리는 이생에서 걸치고 있는 옷들을 저 생에서도 입고 있을 것이다. 모든 것이 지금과 같이 남아 있을 것이다. 약간 다르게.[64]

이 '약간 다르게'가 '전부'이다. 에른스트 블로흐는 위 우화를 전하면서 이렇게 말했다. "이 약간을 실현하는 것은 너무 어려우며, 이 세상에서 인간이 그 방도를 찾기란 너무 어렵기 때문에 메시아의 도래가 필요하다." 아감벤의 카프카 해석에서 우리가 알 수

---

[64] Agamben, *La comunità che viene*, p.45. 또한 벤야민이 "폭력으로서 세계를 변경시키려고 하지 않고, 다만 세계를 조금 바로잡게 될 그런 메시아"에 대해 말했음을 기억하자. 벤야민, 「프란츠 카프카」, 89쪽. 강조는 인용자.

있듯이, 이 '약간'은 시골사람이 문을 닫게 만들기 위해 끈질기게 노력하고 과거의 종지부를 찍는 결정적 순간에, 다시 말해서 시골사람이 연대기적 시간에서 '약간' 거리를 두고 '휴지기'를 도입하는 바로 그 순간에 도래한다. 아감벤이 보기에 메시아적 시간은 흔히 생각하듯이 도래할 시간이 아니다. 메시아의 재림^{parousia}은 문자 그대로 '곁에 있음'으로 이해되어야 한다. 현재 속에서 현재 곁에 있는 시간, 연대기적 순간에 다른 한 순간을 덧붙이는 것이 아니라, 순간을 포착해 그것을 연대기적 시간 내부에서부터 완성시키는 것이 메시아적 시간이다. 흘러 지나가는 순간들의 연속으로서의 시간 표상에 종지부를 찍을 수 있는 '기회의 시간'^{kairos}은 매순간 주어지지만, 우리의 '사유'가 그것을 포착하지 않는 한 손가락 사이의 모래 알갱이처럼 흩어져 버릴 것이다.

7 샹탈 무페
경합적 다원주의로서의 급진민주주의
홍철기 (서울대학교 정치학과 박사과정)

Chantal Mouffe

1943년 벨기에 에노 주의 샤를루아에서 태어남. 1961년 루뱅가톨릭대학교에 입학해 철학을 공부하다가 1964년 소르본대학교로 건너가 루이 알튀세르가 조직한 『자본』 세미나에 참석하면서 알튀세르주의자가 됨. 1968년을 전후로 한 격동의 세월을 좌파 활동가이자 콜롬비아 보고타의 콜롬비아국립대학교 철학 강사로 보낸 뒤(1967~73년), 자신의 활동경험을 객관화하기 위해 1974년 영국 에섹스대학교의 정치철학 석사과정에 입학함. 1985년 당시 에섹스대학교에서 정치이론을 가르치고 있던 에르네스토 라클라우와 더불어 맑스주의의 경제결정론과 계급정치학을 비판하는 『헤게모니와 사회주의 전략』을 발표하며 이른바 '신사회운동'의 대표적 이론가로 받아들여지게 됨. 1988~95년 프린스턴대학교, 코넬대학교, 파리국립과학연구소, 국제철학학교 등의 연구원으로 활동하면서 급진적이고 다원적인 민주주의 기획을 제시하는 여러 편의 논문과 저서를 발표함. 현재 영국 웨스트민스터대학교 민주주의연구소의 정치이론 교수로 있음(1995년부터 재직).

벨기에 출신의 정치철학자 샹탈 무페는 1985년 아르헨티나의 동료 정치철학자 에르네스토 라클라우(1935~)와 함께 쓴 『헤게모니와 사회주의 전략』[1]을 통해 이른바 포스트맑스주의의 대표적인 이론가로 일찍이 자리매김했다. 하지만 정치철학자로서, 그리고 민주주의 이론가로서 무페의 독자적인 입지는 그 이후에 『정치적인 것의 귀환』을 필두로 한 일련의 저작들[2]을 통해 구축되고 정교화된 '경합적 다원주의'agonistic pluralism의 개념을 빼놓고는 생각할 수 없을 것이다.

경합적 다원주의 혹은 경합적 민주주의의 정치이론은 정치의 본질이 서로 다른 이익, 세계관, 정체성 등의 충돌·갈등을 조정하고 중재하거나 그런 한계들을 초월하는 데 있다고 보는 입장에 적극적으로 반대한다. 오히려 경합주의 이론가들은 이 충돌과 갈등, 적대야말로 정치의 본질이자 그 존재론적인 조건으로 간주되어야 한다고 주장한다. 더 나아가서 그들은 이에 그치지 않고 민주주의 정치공동체의 진정한 생명력 역시 바로 이런 다원적 입장들끼리의 적대, 갈등, 긴장관계 유지에 달려 있다고 본다.

경합주의 이론가들의 공통점은 그들이 언제나 정치를 역설적인 본성을 지닌 것으로 이해한다는 데 있다. 사실 단결, 통합, 합의

---

[1] 에르네스토 라클라우·샹탈 무페, 김성기 외 옮김, 『사회변혁과 헤게모니』, 도서출판 터, 1990.
[2] 샹탈 무페, 이보경 옮김, 『정치적인 것의 귀환』(1993), 후마니타스, 2007 ; 이행 옮김, 『민주주의의 역설』(2000), 인간사랑, 2006 ; *On the Political*, Abingdon : Routledge, 2005.

등은 현실 정치 담론에서 없어서는 안 될 말이겠지만 이 기표들이 언제나 그 기의와는 불확정적인 관계에 있다는 점을 간과해서는 안 된다. 그렇지 않을 경우 단결, 통합, 합의를 추구하는 정치는 차이와 갈등의 제거라는 명목 아래 차이와 갈등을 야기하는 행위와 주체를 모두 적대시할 것이기 때문이다. 단결, 통합, 합의가 원래의 복잡한 맥락을 상실하고 단순히 적대와 갈등에 대한 증오로 표출될 때 결국 이전보다 더 강도 높은 적대와 갈등으로 되돌아갈 수밖에 없다는 것이 바로 '정치의 역설'이다. 민주주의를 포함한 그 어떤 정치적 사안도 그것이 정치적 성격을 지니는 한에서 이 역설에서 벗어날 수 없다. 따라서 경합주의 이론은 오히려 적대와 갈등을 정치의 회피할 수 없는 조건으로 인정하고 이것을 정치공동체 내부에 적극 포함시키는 방법을 찾는 것이 보다 강도 높고, 파괴적이며, 폭력적이 될 수 있는 맹목적인 (단결, 통합, 합의의 산물로 의도됐든 아니든) 적대에 대한 대안이 될 수 있다고 주장한다.[3]

경합주의 개념은 투쟁을 의미하는 고대 희랍어 아곤agon에 그 뿌리를 두고 있지만, 사실 투쟁과 갈등은 언제나 정치철학을 괴롭혀온 주제였다.[4] 예를 들어 현실주의 정치철학자인 토머스 홉스의 자연상태 개념의 경우처럼 극단적인 갈등과 투쟁의 상태가 존재한다는 사실은 정치를 과학적으로 이해하기 위한 전제조건으로 간주

---

3) William Connolly, *Identity/Difference*, Ithaca: Cornell University Press, 1991; Bonnie Honig, *Political Theory and the Displacement of Politics*, Ithaca: Cornell University Press, 1993; James Tully, "The Agonic Freedom of Citizens," *Economy and Society*, vol.28, no.2, (May) 1999, pp.161~182.

되어왔다. 하지만 바로 홉스의 사유가 그렇듯이 정치철학은 갈등의 원인이 사적 이익이나 종교적 신념의 차이에 있다고 보면서 이를 '정치 이전의' 어떤 것으로 치부한다. 그렇게 볼 때 정치의 목적은 바로 이런 전前-정치적인 갈등과 무질서를 (합리적으로) 극복하면서 조화, 질서, 합의, 평화 등을 이루는 것이 된다. 이들 정치철학과 경합주의 이론의 차이는 바로 갈등과 적대의 본래적인 정치적 성격을 인정하느냐의 여부에 직결된다.

정치의 조건이 갈등과 적대에 있음을 인정한다는 것은 형이상학적으로는 정치를 합리주의적인 토대 위에 세우려는 모든 시도의 불가능성을 인정한다는 것을 의미하며, 이는 모든 경합주의 이론이 공유하고 있는 특징이다. 이런 이유에서 경합주의 이론은 대부분 구체적인 제도구상을 제시하기보다는 탈구조주의적이거나 탈토대주의적인[5] 형이상학적 비판 담론의 경향을 띤다. 경합주의 이론가들의 입장에서 정치란 진리나 공동선 같은 확고하고 불변하는 토대 위에 세워질 수 있는 어떤 것이 아니라 오히려 유동적이고 불

---

4) 파스키노는 정치질서에 대한 위협으로서의 갈등과 투쟁은 정치이론에 의해 크게 세 가지로 개념화되어왔다고 본다. 우선 자유주의는 개인에 대한 국가의 초법적 권력행사를 위협의 원천으로 보고 이에 대해 권력분립과 같이 국가권력을 제한하는 처방을 제시한다. 이와 달리 공화주의적 관점은 정치체 내부의 갈등을 조절할 제도의 부재를 위협으로 간주하며 '갈등의 제도화'로서의 '혼합정체'를 해결책으로 본다. 마지막으로 화해불가능한 세계관들 사이의 갈등을 정치질서에 대한 주된 위협으로 간주하는 근대 주권이론의 전통이 있다. 이때 위협의 제거는 동질적인 사회의 구성과 중첩적 합의를 통해서만 이뤄질 수 있다. Pasquale Pasquino, "Political Theory, Order, and Threat," *NOMOS XXVIII: Political Order*, eds. Ian Shapiro and Russell Hardin, pp.19~41.

안정한 적대와 갈등, 혹은 극단적으로는 토대의 부재 위에 세워질 수밖에 없는 것이다. 이런 의미에서 이들에게 정치란 본질적으로 사상누각砂上樓閣이며 이 조건의 극복불가능성을 전제하지 않고는 정치철학을 시작할 수 없다. 이런 점에서 경합주의 이론가들은 공통적으로 해체주의적 경향을 보이며 정치를 실증적인 이익이나 목표의 실현과 관련된 집합행동의 문제로 보기보다는 언어게임의 집합으로 이해한다.

무페는 이런 경합주의 이론을 현재의 정치상황에 대한 급진적인 이론적 개입의 형태로 재구성한다. 무페의 경합적 다원주의 이론은 경합 민주주의 모델이 정치의 본성에 부합할 뿐만 아니라 (우파와 중도의) 신자유주의와 신보수주의의 국내적·전지구적 헤게모니에 도전하는 데 있어서 좌파 정치를 위한 결정적인 대안이 될 것이라고 주장한다. 무페는 단순히 다원적 입장과 정체성 사이의 갈등적 공존을 긍정하는 것을 넘어서 보다 구체적인 당파적 판단과 정치적 입장에서 경합적 다원주의 이론의 정당성을 주장한다.

다른 경합주의 이론가들은 주로 프리드리히 니체와 야콥 부르크하르트의 고대 그리스 문화 연구[6]에 나타난 경합의 개념에서 영향을 받거나 한나 아렌트와 미셸 푸코를 주된 이론적 원천[7]으로 삼

---

5) Oliver Marchart, *Post-Foundational Political Thought: Political Difference in Nancy, Lefort, Badiou and Laclau*, Edinburgh: Edinburgh University Press, 2007. 특히 서문("사회적인 것의 부재하는 토대에 관하여")을 참조하라.
6) 프리드리히 니체, 이진우 옮김, 「호메로스의 경쟁」, 『유고(1870년~1873년)』, 책세상, 2001; Jacob Burckhardt, *Griechische Kulturgeschichte*, hrsg. Felix Stähelin, Stuttgart: Deutsche Verlags-Anstalt, 1930.

고 있다. 그러나 이와 달리 무페는 안토니오 그람시의 헤게모니 이론과 칼 슈미트의 '정치적인 것'의 개념에 기대어 현대 자유민주주의가 단순히 정치의 탈정치화depoliticization 경향을 넘어서 '포스트-정치'post-politics로 들어서는 상황을 보다 시의적절하면서도 내재적으로 비판하고 있다.[8]

한편으로 무페는 자유민주주의의 탈정치화를 초래한 정치적 자유주의나 심의민주주의deliberative democracy 같은 비판적 정치이론의 결정적인 한계이자 실책으로서 정치에서의 합의에 대한 (거의 맹목적인) 강조를 지적한다. 이는 실천적으로는 유럽 좌파의 '제3의 길'이나 중도적 합의에 대한 강조와 직결되는데, 결국 이들 입장은 정치 자체의 적대적인 본성을 무시하거나 합리적 합의의 도출 필요성을 강조함으로써 정치로부터 갈등적 요소를 배제하려 한다. 문제는 합의로부터 배제되고 억제된 적대나 갈등이 (국내적으로) 극우 포퓰리즘이나 (국제적으로) '악의 축' 담론에서와 같이 '우리'

---

7) 한나 아렌트, 이진우 옮김, 『인간의 조건』, 한길사, 1996; 허버트 드레피스·폴 라비노우, 서우석 옮김, 『미셸 푸코: 구조주의와 해석학을 넘어서』, 나남, 1990.
8) 한국에서의 포스트-정치적 경향과 그 대안으로서의 공화주의적 정치라는 맥락에서 무페의 이론을 적용한 사례로는 다음의 글을 참조하라. 안병진, 「탈정치치론의 시대: 참여정부와 뉴라이트의 탈정치론과 공화주의적 대안 모색」, 『동향과 전망』 (통권67호/여름), 2006, 93~126쪽. 이 글에서는 탈정치화와 포스트-정치의 의미 차이를 구분하기 위해서 서로 다른 번역어를 사용할 것이다. 슬라보예 지젝에 따르면, 탈정치화가 소극적으로 정치적인 것(적대)을 억압하고 배제하는 것일 때, 포스트-정치는 탈정치화에 의해 '억압된' 정치적인 것의 귀환에 대해 적극적으로, 그리고 심지어는 폭력을 수반하면서까지 저지하려는 목표의 담론과 실천으로 이해된다. Slavoj Žižek, "Carl Schmitt and the Age of Post-politics," *The Challenge of Carl Schmitt*, ed. Chantal Mouffe, London: Verso, 1999.

와 '그들'을 극단적으로 구분하는 형태를 띠고 정치의 영역으로 귀환할 때 합의의 정치만으로는 이에 무력하고 취약할 수밖에 없다는 점이다. 따라서 무페는 억압됐던 적대가 폭력적인 형태를 띠고 귀환하는 것을 효과적으로 저지하기 위해서라도 우리가 정치공동체 내적으로 정치질서와 양립가능한 형태의 '우리'와 '그들'의 관계를 수립해야 한다고 주장하는데, 바로 이것이 반대자들adversaries 사이의 경합적 다원주의 모델이다.

이 글은 크게 세 부분으로 나뉜다. 우선 무페가 기대고 있는 이론적 배경으로서의 정치적인 것의 개념을 검토한 이후에 그로부터 무페가 도출하는 '적이 아닌 반대자들' 사이의 경합적 다원주의 모델을 분석할 것이다. 그리고 마지막으로 경합주의 이론 일반과 함께 특히 무페의 이론이 안고 있는 이론적·실천적 문제점을 검토할 것이다. 이를 통해 급진민주주의 이론의 대안적인 방향에 대한 전망을 발전시킬 수 있을 것이다.

1. 정치적인 것의 근절불가능성

오늘날의 모든 결정적인 정치철학 논쟁은 정치Politik의 영역과 구분되는 정치적인 것das Politische의 차원을 회피하거나 이를 우회할 수 없다. 1927년 슈미트가 처음 이 개념을 공식화한 이래로 정치적인 것의 개념은 현대 정치철학의 결정적인 개념이 됐고, 이제 정치적인 것의 개념을 둘러싼 논쟁은 "우리 시대에 정치철학의 적합성,

혹은 부적합성"을 확정할 수 있을 만큼의 중요성을 지닌다고 말할 수 있을 정도가 됐다.[9]

우선 정치적인 것의 차원은 미적인 것, 윤리적인 것, 경제적인 것과 같은 인간 활동의 다른 영역을 구성하는 논리, 혹은 각 영역의 고유성을 나타내는 기준과 구분된다. 하지만 정치적인 것의 핵심적인 개념적 정의는 무엇보다 '정치' 자체와의 구분을 통해 이해될 수 있다. 무페에 따르면 (슈미트와 동시대의 독일 법학에 있어서는 국가로 표현되는) 정치란 "인간의 공존을 조직화하는 실천과 제도의 집합"을 의미하는 반면, 정치의 전제가 되는 정치적인 것은 "인간 사회를 구성하는……적대의 차원"을 의미한다. 마르틴 하이데거의 용어법을 빌려서 말하면, 정치란 존재적ontisch 수준을 지칭하고, 정치적인 것이란 존재론적ontologisch 수준의 문제라는 것이다.[10] 즉, 정치가 정치적 현상의 사실적인 수준을 뜻한다면 정치적인 것은 이 정치현상의 형이상학적 조건, 혹은 토대의 문제이다. 따라서 정치적인 것은 특정한 제도, 혹은 인간 사회의 특정 분야나 차원으로 제한되거나 환원될 수 없는 "모든 인간 사회에 본래부터 있으며 우리의 존재론적 조건을 결정하는 하나의 차원"인 셈이다.[11]

사실 정치철학 안에는 정치적인 것의 정의를 둘러싼 비교적 명확한 입장의 차이가 존재한다. 슈미트로 대표되는 진영은 정치적

---

9) Agnes Heller, "The Concept of the Political Revisited," *Political Theory Today*, ed. David Held, Cambridge: Polity, 1991, p.336.
10) Mouffe, *On the Political*, pp.8~9.
11) 무페, 『정치적인 것의 귀환』, 13쪽.

인 것을 친구와 적 사이의 적대로 정의하는 반면, 아렌트를 따르는 반대 진영은 동일한 차원을 정치적 자유의 공간으로 이해한다. 따라서 전자의 입장에서는 친구-적의 구분과 그 대립의 가장 극단적인 형태인 전쟁의 가능성을 전제하는 행위야말로 가장 정치적인 것으로 간주된다. 이와 달리 후자의 입장에서는 정치적 혁명, 즉 시민적 공화주의civic republicanism의 정치제도를 창설하는 '새로운 시작'이 가장 정치적인 행위로 이해된다.[12] 무페는 여기서 비판적인 관점을 유지하면서도 전자의 입장을 받아들이는데, 그 이유는 다음과 같이 생각해볼 수 있다.

무엇보다 무페가 정치적인 것을 적대의 차원으로 이해하는 슈미트적 입장을 받아들이는 이유는, 그것이 적대의 근절불가능성 ineradicability이라는 현실주의적 관점을 명확하게 지지하기 때문이다. 무페는 "슈미트와 함께, 슈미트에 대항해서"만 자유민주주의의 강화, 혹은 급진화가 가능하다고 주장할 정도로 슈미트의 정치적인 것의 개념이 자유민주주의에 대해 갖는 비판적 함의를 중시한다.[13] (아렌트가 말하는 정치적 자유가 아니라) 정치적 적대야말로 '인간의 조건'이기 때문에 누구도 이로부터 벗어날 수 없고, 모든 인간

---

12) 칼 슈미트, 김효전 옮김, 『정치적인 것의 개념』, 법문사, 1992; 한나 아렌트, 홍원표 옮김, 『혁명론』, 한길사, 2004; Heller, "The Concept of the Political Revisited," pp.335~336; Marchart, *Post-Foundational Political Thought*, pp.35~44. 정치적인 것의 개념을 둘러싼 이런 관점의 차이에도 불구하고 두 입장은 정치적인 것이 질서나 규범이 아닌 우연성과 사건의 영역이라고 본다는 점에서는 서로 의견이 일치한다.
13) 무페, 『정치적인 것의 귀환』, 12쪽.

사회의 제도와 실천은 이를 전제할 수밖에 없으며, 따라서 현대 정치의 가장 주요한 제도와 실천인 자유민주주의 역시 결코 여기서 예외가 될 수 없다는 것이다.

이런 적대의 우선성, 혹은 사회의 구성적 조건으로서의 적대에 관한 무페의 이론은 슈미트의 정치적인 것의 개념에 대한 단순한 주석은 아니다. 이미 그람시의 정치이론에 영향을 받아 급진민주주의 정치철학을 정초한 『헤게모니와 사회주의 전략』에서부터 적대는 정치를 사유하기 위한 중심 개념으로 등장한다. 사회를 단일하고 객관적인 정체성(혹은 통일성)으로 봉합하는 것이 불가능하다는 것은 곧 사회적 적대가 모든 것의 전제가 된다는 의미(사회적 적대의 우선성)이며, 이는 무페의 민주주의 이론에 핵심이 되는 헤게모니 개념의 전제조건이기까지 하다.[14]

---

14) 잘 알려져 있다시피, 그람시의 헤게모니 개념은 경제적 지배가 아닌 이데올로기적 지배와 지적·도덕적 지도력의 우선성을 강조한다. 이런 헤게모니 개념을 통해 권력과 지배, 종속과 저항에 관한 (비본질주의적) 담론이론을 발전시킨 라클라우와 무페는 정치가 단순히 경제적 토대의 상부구조이거나 토대로부터 (상대적으로) 자율적인 영역이 아니라 본질주의적으로 정의되거나 실증적으로 입증할 수 있는 토대의 부재(혹은 더 정확히 말해서 그 불가능성)와 필연적으로 연관되어 있다고 본다. 따라서 적대적인 사회세력들이 존재하지만 이 적대의 전선이 불안정하다는 사실, 즉 계급을 포함한 어떤 사회적 정체성도 완전하고 단일하며 안정적인 사회(그리고 적대)를 구성할 수 없다는 것은 이들이 제시하는 헤게모니 개념의 전제가 된다. 그래서 헤게모니는 "장엄한 정체성의 전개가 아니라 위기에 대한 대응"이 되는 것이다. 이런 논리의 연장선상에서 라클라우와 무페는 그람시의 개념에 여전히 본질주의적 속성이 남아 있다고 비판한다. 첫째로 그람시의 개념은 그 주체를 여전히 근본 계급의 차원에서 사유하고 있으며, 둘째로 사회의 헤게모니적 구성은 언제나 단일한 중심을 전제한다는 것이다. 라클라우·무페, 『사회변혁과 헤게모니』, 17, 170~173쪽.

하지만 자유주의와 민주주의의 특정한 접합형태인 자유민주주의를 근본적으로 다시 사유하려면 그람시로부터 슈미트로의 이행이 불가피하다. 사실 그람시(헤게모니 개념)를 통해서 무페는 고전적 맑스주의 정치학의 경제주의적 한계로부터 벗어나 정치를 그 자체로 사유할 수 있는 계기를 마련했다고 할 수 있지만 민주주의가 곧 자유민주주의를 의미하는 현재의 상황에서는 정치적인 것의 관점에서 자유주의와 민주주의의 관계 자체를 근본적으로 문제시하는 것이 필요하며, 그 출발점은 슈미트가 될 수밖에 없다.

자유민주주의의 가장 철저한 비판자로 간주되는 슈미트는 자유주의와 민주주의가 그 원리에 있어서 상호이질적이며 배타적이기까지 하다고 지적한 바 있는데, 이런 슈미트의 지적은 자유민주주의 공동체의 구성원인 시민의 자격citizenship을 둘러싼 경계설정의 문제, 즉 누가 시민이고 누가 시민이 아닌가의 문제와 함께 자유민주주의에서 이뤄지는 정치적 결정이나 합의의 본성을 전혀 다른 관점에서 이해할 수 있도록 해준다.[15]

슈미트가 보기에 자유주의와 민주주의의 이질성은 무엇보다 평등 개념의 차이에서 극명하게 드러난다. 자유주의는 평등의 주체를 개인으로 간주하기 때문에 자유주의적 평등이란 국가나 민족의 경계와는 무관하게 세계시민주의적인 성격을 갖는 무차별적인 '형식적' 평등인 반면, 민주주의에서의 평등이란 그 정치공동체의 구성원인 시민들 사이에서만 존재하는 차별적인 '실체적'substantive

---

15) 무페, 『민주주의의 역설』, 62~63쪽.

평등이다. 이 두 가지 평등 개념은 서로 양 극단을 이루는 것으로서 이런 개념상의 차이를 불러오는 것은 공동체의 정치적 성격, 즉 어떤 종류의 적대를 전제하는 공동체인가 하는 문제와 관련된다. 특히 슈미트는 후자의 실체적 평등을 동질성으로서의 평등 개념으로 정의한다. 즉, 적들과는 구분되는 친구들로만 이뤄진 시민들(집합적으로는 인민, 혹은 민demos)의 동질성 없이는 민주적 평등을 생각할 수 없다는 것이다. 따라서 이와 같은 정치적 평등 개념에서는 자유주의의 비정치적 평등과는 달리 "동질적인 자들은 평등하게 대하고, 이질적인 자들은 축출하는" 정치적 차별과 구분이 평등의 결정적인 계기를 이룬다.16)

이런 의미에서 슈미트에게 민주주의는 참여가 아니라 정치적 통일체politische Einheit이다. "민주주의는 슈미트에 따르면 근본적으로 통치자와 피치자의 동일성이다. 민주주의는 '민'의 통일성과 민의 의사가 갖는 주권이라는 근본 원리에 연결되어 있다. 누가 민주적 권리의 담지자인가를 결정하는 기준 없이 인민의 의사는 형성될 수 없다."17) 즉, 민주주의는 대다수 혹은 전체 시민의 포괄적이고 평등한 정치참여를 의미하기에 앞서 인민의 구성에서 누가 '포함'되고 '배제'되는가에 대한 결정의 문제가 될 수밖에 없다는 것이다. 이렇듯 슈미트의 실체적 평등은 형식화된 평등 개념의 '매끈한

---

16) 무페, 『민주주의의 역설』, 64~71쪽; 『정치적인 것의 귀환』, 167~169쪽; 칼 슈미트, 김효전 옮김, 『현대 의회주의의 정신사적 지위』, 관악사, 2007, 20~21쪽; 김기범 옮김, 『헌법이론』, 교문사, 1976, 245~260쪽.
17) 무페, 『민주주의의 역설』, 71~72쪽.

공간'에 정치적인 것의 차원(친구인 '우리'와 적인 '그들'의 구분)이 어떻게 '홈 패인 공간'을 기입하는지를 보여준다.[18]

적대가 정치의 존재론적 조건이라는 무페의 생각은 정치적 자유에 대한 그녀의 입장과도 연결되어 있다. 무페에게 자유란 존재론적 수준의 문제가 아니라 존재적 수준의 문제이기 때문에 근대 자유주의가 표방한 자유에 대한 정치적 해석, 그리고 그것의 급진적 재해석의 범위를 넘어서지 않는다. 정치적 자유의 영역은 정치의 조건이라기보다는 정치의 사실적 수준에 속하는 제도와 실천의 문제이다.[19] 그와 같은 제도와 실천은 자유민주주의라는 상징공간의 중심 기표들인 '평등과 자유'를 둘러싸고 정치의 영역에서 벌어지는 해석의 갈등을 통해서만 실현되고 유지될 수 있는 것이다.[20] 이런 생각 때문에 무페의 이론은 다중의 제헌권력 행사를 통해서 새로운 민주공화국의 제도를 창설하고 정치적·사회적 자유와 평등을 실현하거나, 최소한 새로운 시작의 경험에 대한 시민들의 끊임없는 참여를 통해 정치적 자유의 공간을 유지하는 데 목표를 두는 급진민주주의 이론들과는 분명한 거리를 두고 있다.[21] 무페에게 급진민주주의 이론이란 근대 서유럽 자유민주주의의 제도와 이

---

18) 이때 동질성이란 인종적 유사성에 토대를 두는 것이 아니라 주권에 대한 '복종'과 그에 따른 '보호'라는 원리에 기초한 것이다. 즉, 슈미트에게 정치적 통일체로서의 인민은 한 명의 주권자에게 복종한다는 공통 원리를 통해 동질적이 된다고 할 수 있다. 홉스가 말한 '보호와 복종의 상호관계'에 대한 슈미트의 해석에 대해서는 다음을 참조하라. 슈미트, 『정치적인 것의 개념』, 63, 148~150쪽.
19) Mouffe, *On the Political*, p.9.
20) 무페, 『정치적인 것의 귀환』, 89쪽.

상을 인정하면서도 이에 대한 경합적 민주화agonistic democratization를 이뤄내는 것을 목표로 한다.22) 그리고 이런 급진화의 주요 동력이 바로 자유민주주의 안에서의 자유주의와 민주주의의 영속적인 긴장관계(자유주의와 민주주의 양자 어느 쪽도 반대편을 자신에게 종속시킬 수 없는 이른바 "사회의 새로운 정치형태로서의 자유민주주의의 특정성specificity을 구성하는 주요 동력")이다.23)

2. 적대에서 경합으로

무페의 경합적 다원주의 개념은 슈미트가 생각한 민주주의와 정치적인 것의 관계설정에 대한 비판에서 다시 출발한다고 볼 수 있다. 무페는 슈미트의 이른바 '거짓 딜레마,' 즉 인민의 민주적 통일성과 다원주의 사이에는 어떤 공통분모도 존재하지 않는 양자택일의 관계만이 존재한다는 딜레마가 거짓임을 지적한다.24) 이는 곧 적대

---

21) Antonio Negri, *Il potere costituente: Saggio sulle alternative del moderno*, Milan: SugarCo, 1992; Miguel Vatter, *Between Forms and Events: Machiavelli's Theory of Political Freedom*, Boston: Kluwer Academic Publishers, 2000.
22) Chantal Mouffe, "Preface: Democratic Politics Today," *Dimensions of Radical Democracy: Pluralism, Citizenship, Community*, ed. Chantal Mouffe, London: Verso, 1992, pp.1~14.
23) 무페, 『민주주의의 역설』, 74쪽. 이 점 때문에 무페는 현대 민주주의 이론의 핵심 사상가인 존 롤즈와 위르겐 하버마스 모두에게 비판적인 거리를 취한다. 양자는 모두 정치적 합의라는 목표를 위해서 자유주의(롤즈)나 민주주의(하버마스) 어느 한쪽이 우위에 있다고 본다는 것이다. 무페, 『민주주의의 역설』, 142~146쪽.

관계란 오직 친구와 적, '우리'와 '그들'의 구분과 적대라는 양상만을 갖기 때문에 적대의 구분선이 자유민주주의 공동체 내부로 함입될 때는 '자멸'과 '내전'만을 가져오리라는 슈미트의 입장을 말한다. 물론 단순히 민주주의 내부에 친구와 적의 관계를 새겨넣는 행위는 매우 위험한 결과를 초래할 수 있다. 가령 유럽의 극우 포퓰리즘 운동이 이민자들을 '내부의 적'으로 규정하는 것이 바로 그 위험성을 보여준다. 따라서 슈미트의 딜레마는 무페의 관점에서는 적대의 '다른 양상'을 확립함으로써만 극복이 가능하다. 그것은 적대 자체와 구별되는 경합의 관계, 즉 정치적 타자를 적이 아닌 반대자로 인식하는 관계로서 경합적 다원주의 이론의 관건은 바로 전자로부터 후자를 구분해내는 일이다.

슈미트가 가장 잘 설명했듯이 적대란 친구와 적의 구분으로 표현되는 관계이다. 친구는 규합되어야 하며 적은 파괴되거나 최소한 축출되어야 한다. 이에 반해 무페가 보는 반대자는 공동체 내부에서 "그 존재가 정당성을 지니며 반드시 그 존재에 대해 관용해야만 한다." '우리'는 여전히 반대자와 투쟁하지만 이때 투쟁의 대상은 반대자의 존재가 아니라 반대자의 생각이며 여전히 그 생각을 옹호할 수 있는 권리가 인정되어야 한다. 문제는 적과 반대자의 범주를 구분하는 것이지 어느 한 쪽이 다른 쪽으로 환원되는 것이 아니므로, 경합관계의 독자성을 인정하더라도 여전히 "민주적 '게임의 규칙'을 인정하지 않고 따라서 스스로를 정치공동체로부터 배제

---

24) 무페, 『민주주의의 역설』, 87~88쪽.

하는 자들"은 적의 범주에 속하게 된다. 따라서 적의 개념은 사라지지 않고 전치될 뿐이다.[25] 그리고 바로 이런 반대자들간의 적대 관계를 무페는 경합의 관계로 이해한다. "경합이란 적대의 다른 현상형태인데, 그것은 적들 사이의 관계가 아니라 '반대자들,' 〔그것도〕 '우호적인 적들'이라는 역설적인 방식으로 정의되는 반대자들, 즉 공통의 상징공간을 공유하기 때문에 친구이지만 이 공통의 상징공간을 다른 방식으로 조직하고자 하기 때문에 적이기도 한 사람들 사이의 관계를 수반한다."[26]

이런 반대자의 범주는 정치적이라기보다는 경제적이라고 할 수 있는 '경쟁자' competitor 개념과도 구분되어야 한다. 왜냐하면 반대자들의 경합적 관계에서 핵심은 당사자들 사이에 "자유와 평등이라는 자유민주주의의 윤리적·정치적 원리들에 대한 공유된 신조"가 존재하면서도 "그 원리들의 의미와 실행방식"에 대한 동의가 부재한다는 데 있으며, 이 불일치란 단순히 합리적 토론이나 이익

---

25) 무페, 『정치적인 것의 귀환』, 15쪽.
26) 무페, 『민주주의의 역설』, 30~31쪽. 하지만 사실 슈미트에게도 적은 두 가지로 구분된다. 그것은 정치적인 적과 비정치적인 적, 혹은 공적(公敵)과 사적(私敵), 폴레미오스(polemios)와 엑트로스(echthros), 호스티스(hostis)와 이니미쿠스(inimicus), 에너미(enemy)와 포(foe)의 구분에 상응하는 것으로 전자만이 정당한 적이며, 후자는 부당한 적 규정이다. 전자가 적을 그 자신의 영토의 경계로 되돌려 보내기 위해 격퇴해야 할 대상으로 본다면, 후자는 적을 범죄자로 격하시키면서 끝까지 추적해 괴멸시켜야 할 대상으로 간주한다(슈미트, 『정치적인 것의 개념』, 36~37, 44쪽). 슈미트의 이런 두 가지 적 개념과 무페의 적/반대자 개념쌍에 차이가 있다면 전자의 두 가지 적 개념 모두에는 언제나 폭력적인 유혈투쟁의 극단적인 가능성이 전제되어 있는데 반해서, 후자의 반대자 개념에는 그런 가능성이 제거되거나 최소화되어 있다는 점에 있을 것이다.

과 선호의 집적^{aggregation}으로 해소될 수 없는 것이기 때문이다.[27] 따라서 무페의 경합적 다원주의에서는 당사자들간의 경쟁적 관계 자체가 중요한 것이 아니라 경합적 관계가 전제하는 다원적 불일치의 해소불가능성과 근본적인 적대의 근절불가능성이 문제가 된다. 적대란 언제나 '정치적인 것의 귀환'이라는 형태로 친구와 적의 구분을 되살릴 수 있기 때문에 이 적대관계를 슈미트처럼 있는 그대로 긍정하거나 자유주의자들처럼 합리적 합의를 통해 배제하는 것이 아니라 이를 경합적 적대관계로 길들임으로써 민주주의 정치 공동체의 생명력을 증대시키는 동시에 그것의 붕괴를 초래할 (중도적인 합의만을 강조하는 제3의 길에 의해 어느 정도는 필연적이지만 여전히 비자발적으로, 그리고 극우 포퓰리즘과 '악의 축'이라는 도덕화된 정치에 의해 의도적이고 적극적으로 촉진되는) 적대관계의 귀환에 적절하게 대처할 수 있다는 것이다.[28]

사실 경합적 민주주의 이론은 투쟁이 종결될 수 없음을 인정함으로써 그와 같은 종류의 무용할 뿐만 아니라 위험하기까지 한 시도에 의해 결국 정치적 적대와 갈등이 사라지는 것이 아니라 다른 장소와 쟁점으로 전치될 것이라는 점을 강조한다.[29] 갈등을 제거하려는 시도는 그 자체로는 정치적 갈등의 탈정치화이지만, 바로 그 탈정치화의 시도 때문에 역설적이게도 단순히 정치를 전치시킬

---

27) 무페, 『민주주의의 역설』, 158~160쪽.
28) Mouffe, *On the Political*, pp.19~20; 『민주주의의 역설』, 158쪽. 각주 31번을 참조할 것.
29) Honig, *The Political Theory and Displacement of Politics*, pp.15~16.

뿐만 아니라 정치적 적대를 과잉정치화overpoliticization한다. 슈미트의 지적처럼 전쟁(그리고 적대)을 범죄시하는 자유주의자의 논리는 그 자체로 정치적이라기보다는 윤리적인 입장으로서 적대 자체를 포기하거나, 그렇지 않으면 전쟁에 반대하는 전쟁이라는 형태로 인류 최후의 전쟁이라고 할 수 있을 만큼의 유례없이 강력한 정치적 적대를 소환해낼 수 있다. 그리고 이는 정치에 반대하는 현대의 모든 정치 담론과 실천에 적용될 수 있을 것이다.[30]

대부분의 경합주의 이론은 경합의 장이 갈등의 극단화(혹은 억압된 적대의 귀환)를 통해 스스로 붕괴되는 것을 막기 위한 기제를 마련하고 있다. 예를 들어 경합주의의 주요 이론가 중 하나인 윌리엄 커널리는 경합의 당사자들간에 일정한 상호존중이 필요하다고 주장한다. 경합의 당사자 사이에서 갈등의 결과로 니체가 비판하

---

[30] 슈미트, 『정치적인 것의 개념』, 43~44쪽. 여기서는 슈미트에 대한 (무페 자신까지 포함해) 지젝의 비판에도 불구하고 여전히 그들과 슈미트 사이에는 중요한 공명의 지점이 존재한다는 사실을 지적해야 할 것이다. (비록 분명하게 슈미트를 비판하려는 의도에서이기는 하지만) 지젝은 이처럼 정치적 적대의 극단화를 통해 억압된 정치적인 것의 귀환을 시도하려는 정치적 기획을 극-정치(ultra-politics)라 부르면서 탈정치화와 과잉정치화의 거의 필연적인 연관관계를 지적하고 있다. "정치의 직접적인 군사화를 통해 갈등을 그 극단에 이르게 함으로써 그것을 탈정치화하려는 시도"가 그것이다. "극-정치에서는 '억압된' 정치적인 것이 거짓 급진화를 통해 정치적 갈등의 교착상태를 해소하려는 시도라는 외형을 띠고 귀환한다. 이는 정치적 갈등을 '우리'와 '그들,' 즉 우리와 적 사이의 전쟁이라는 재정식화를 통해 이뤄지는데 이 전쟁에는 상징적 갈등을 위한 어떤 공통의 근거도 존재하지 않는다"(Žižek, "Carl Schmitt and the Age of Post-Politics," p.29). 그러나 슈미트에게는 이중의 입장이 공존한다. 인류 최후의 전쟁이 가져올 파국적 결과를 우려하며 이를 정치의 도덕화와 경제화라는 이중의 자유주의적 탈정치화의 결과라고 비난하는 현실주의 정치학자로서의 슈미트(『정치적인 것의 개념』)가 한편에 있다. 그 반대편 극에는 인류 최후의 혁명(내전)을 저지하기 위한 주권자의

는 파괴적인 원한의 감정이 생겨나는 것을 막기 위해서는 경합적 존중agonistic respect이 필요하다는 것이다.[31] 무페도 경합의 당사자들 간에 상대방의 경합과 투쟁의 권리를 용인해야 한다는 최소한의 공존 기준을 요구하지만 이는 원한의 정념과 관련된 문제라기보다는 정치적 반대자들간에 공통의 상징공간이 존재한다는 점을 일깨우기 위한 것이다. 그 공통의 상징공간은 공통의 언어게임들이 벌어지는 공간이며, 무엇보다 클로드 르포르가 '민주주의혁명'이라고 부르는 과정에 의해 공동체의 통일성에 대한 최종적인 보장이 소멸("모든 확실성의 표지가 해체")되면서 등장한 근대 자유민주주의의 상징공간이다.[32] 이 공간에서 중심적인 기표는 신(혹은 공동체의 유기적 통일성에 대한 신학-정치적 이미지)이 아니라 만인의 '자유와 평등'이며, 경합의 장에 참여하는 정치적 반대자들로 이뤄진 시민은 바로 이 기표를 중심으로 축적된 연속적인 민주적 전통을

역할과 적-그리스도의 등장을 '억제하는 자'(Katechon)의 정치신학적 임무를 동일시하면서 이를 정당화하는 정치-법신학자로서의 슈미트(『정치신학』)가 있는 것이다. 사실 슈미트 자신은 그 양극 사이에서 진동하고 있는데, 지젝과 무페의 비판은 (정신분석학에 기대면서) 주로 후자의 측면에만 초점을 맞추고 있으며, 그들 스스로가 이런 비판을 통해 전자의 입장에 접근할 수 있다는 사실을 간과하는 것처럼 보인다. 이 이중의 입장에 대해서는 다음을 참조하라. Jean-François Kervégan, "Carl Schmitt et 《l'unité du monde》," *Les Études philosophiques*, no.68, (Janiver) 2004, pp.3~23. 슈미트의 이론에서 '억제하는 자'의 개념에 대해서는 다음을 참조하라. Félix Grossheutschi, *Carl Schmitt und die Lehre vom Katechon*, Berlin: Duncker & Humblot, 1996.

31) Connolly, *Identity/Difference*, p.x.
32) Claude Lefort, *Democracy and Political Theory*, trans. David Macey, Cambridge: Polity, 1988, p.19.

공유한다는 것이다.³³⁾ 무페는 이를 '다원주의의 한계,' 혹은 '갈등적인 합의'라고 부른다. 즉, 경합적 다원주의에서 다원주의는 만인의 자유와 평등이라는 기표의 내용을 서로 다른 방식으로 규정하는 서로 화해불가능한 다수의 입장이 존재함을 전제하지만 그 기표 자체(자유와 평등)를 중심으로 하는 공통의 공간과 전통에 대해서는 일정한 합의가 존재해야 한다는 것이다.³⁴⁾ 그리고 바로 이런 의미에서 무페는 자유민주주의의 급진화란 자유민주주의의 중심기표인 자유와 평등으로 표현되는 이상을 거부하는 것이 아니라 그 중심제도들을 그대로 유지하면서 이 기표의 액면가적 의미를 자유민주주의에 되돌려주는 것, 즉 이 기표들 자체에 충실할 것을 자유민주주의에 요구하는 일이라고 주장한다.³⁵⁾

---

33) 무페, 『정치적인 것의 귀환』, 33~38쪽.
34) 이른바 '다원주의의 한계들'에 관해서는 다음을 참조하라. 무페, 『정치적인 것의 귀환』, 208~212쪽. 반대자들간의 경합관계에서 요구되는 공통의 상징공간에 대해서는 다음을 참조하라. 무페, 『민주주의의 역설』, 31쪽.
35) Mouffe, "Preface," p.2. 특히 무페에게는 국가와 교회의 분리, 권력분립, 국가권력의 제한 같은 자유주의 정치제도가 유지되는 것이 자유민주주의에 공통된 상징공간의 연속성과 민주적 전통의 축적에 결정적이다. 무페는 노베르토 보비오의 편에 서서 참여의 원리가 제도화된 평의회 체계는 자유주의 제도와 양립할 수 없으며 심지어 매우 위험하다고 지적한다(무페, 『정치적인 것의 귀환』, 164~167쪽). 이는 프랑스혁명과 유럽의 사회주의혁명 당시에 등장한 평의회 체계, 그리고 토머스 제퍼슨이 구상한 타운홀 미팅을 기초로 한 정치제도에서 공유되고 있는 자발적 풀뿌리민주주의 제도가 대의제(의회와 전위 정당 모두에 의한)의 위험성을 상쇄시키리라고 본 아렌트의 관점과 분명한 차이를 보인다(아렌트, 『혁명론』, 360~422쪽). 이런 점에서 무페의 기획은 한편으로는 롤즈와 하버마스 등의 칸트주의적 기획, 즉 근대적인 계몽주의 정치기획을 철학적·인식론적으로 정당화하는 입장에는 반대하면서도 그 기획의 정치적 정당성에 대해서는 무비판적이라고 할 수 있다. 다른 한편으로 이는 바로 무페가 자크 데리다의 해체주의와 리

그렇다고 해서 무페의 경합적 다원주의 이론이 정념이나 정서의 문제를 무시하거나 회피하는 것은 결코 아니다. 오히려 무페는 기존의 (특히 칸트적 의미의) 합리주의적 합의를 이상화하는 근대 정치사상이 정서와 정념의 문제를 비합리적인 것으로 배제한다고 비판한다.[36] 정치로부터 정념을 배제하는 것은 민주적 주체를 보편주의적이고 합리주의적인 개인으로 축소하는 과정의 불가피한 귀결인데, 특히 이 때문에 정념이 민주주의에서 집단적 정체성을 형성하기 위한 동원에 결정적 역할을 한다는 점이 무시된다. 그리고 이는 현대 자유민주주의의 상황을 우익 포퓰리즘에게 유리하도록 만든다. 즉, 그들은 자유민주주의의 주류적 이론과 실천이 간과하거나 거부하는 정치의 본질적인 정서적·정념적 본성(특히 민주정치의 주체이자 상징적 주권자인 인민에의 정서적 동일시)을 아무런 견제 없이 정치적으로 활용할 수 있게 된다는 것이다. 또한 이는 유럽의 정당정치가 정념을 정치의 영역에서 적절하게 유도하는 데 무능하다는 증거이기도 하다.[37] 무페는 정념이 인민이나 국민에의 동일시처럼 집단적 정체성 형성을 위한 동원의 역할과 당파적 성격을 동시에 지니고 있다는 점에서 경합적 다원주의의 본질적 부

처드 로티의 실용주의를 이해하고 수용하는 방식이기도 하다(Chantal Mouffe, "Deconstruction Pragmatism and the Politics of Democracy," *Deconstruction and Pragmatism*, ed. Chantal Mouffe, London: Routledge, 1996, pp.1~12).

36) 무페, 『정치적인 것의 귀환』, 183~184, 222~223쪽; 『민주주의의 역설』, 55~56, 147~149쪽; On the Political, p.6.

37) Chantal Mouffe, "The 'End of Politics' and the Challenge of Right-wing Populism," *Populism and the Mirror of Democracy*, ed. Francisco Panizza, London: Verso, 2005, pp.50~71.

분을 이룬다고 본다.38) 즉, 단순히 획일화된 하나의 국민으로의 동원 기제라기보다는 우선 (친구와 적을 구분하는) 정치적 적대의 감정이기 때문에, 정념은 좌우의 이분법적 구분이 담고 있는 정치적 적대의 속성과 부합한다는 것이다.39)

결국 무페의 경합적 다원주의 모델은 단순히 갈등을 중시하는 다원적 민주주의에 그치지 않는다. 물론 무페의 경합적 다원주의는 다른 경합주의 이론처럼 다수의 입장, 정체성, 세계관의 갈등이 민주주의 내부에 존재한다는 사실과 이 갈등이 봉합될 수 없음을 인정한다는 특징을 공유한다. 그러나 무페의 급진민주주의 이론은 이에 그치지 않고 이 갈등이 좌파와 우파 사이의 헤게모니와 대항헤게모니라는 상대적으로 불완전한 이분법적 경합의 관계로 통합·연결될 수 있다고 보며, 또 그렇게 되어야 한다고 주장한다.

이런 주장은 정치란 적대관계뿐만 아니라 헤게모니적 관계를 동시에 전제한다고 생각하는 무페의 입장에서 기인한다. (물리적이거나 물질적인 종속/지배관계와 구별되어) 담론의 장에 고유한 상징적 권력관계를 의미하는 헤게모니적 관계는 적이 배제된 친구들의 관계에도 여전히 어떤 종류의 불평등과 종속, 지배의 관계가 함축되어 있다는 사실을 나타낸다. 한편으로 르포르의 민주주의혁명으로 표상되는 다원주의적 경향은 정체성들간의 분화를 촉진한다.

---

38) Mouffe, *On the Political*, pp.28~29.
39) Mouffe, *On the Political*, p.6. 물론 이런 정념도 우익 포퓰리즘의 경우처럼 극단적인 적대와 원한으로 증폭될 잠재성이 있기 때문에 경합적 관계에 알맞게 길들여질 필요가 있다.

즉, 사회 내부 집단들의 정체성 분화로 인해 이들을 단일한 인민으로 통합하는 것이 점점 더 어려워진다. 라클라우와 무페는 이를 '차이의 논리'라 부르기도 하는데, 그렇다고 해서 친구와 적의 적대관계는 사라지지 않으며 다른 형태로 이 차이가 통합되고 변형된다. 라클라우와 무페에 따르면, 이것을 가능케 하는 논리가 바로 '등가의 논리'이다.[40] 혹은 르포르가 말하듯이 여전히 권력은 이 통합불가능한 주권자 인민으로부터만 나온다고 말해야 하며, 이런 의미에서 극단적인 다원주의의 상황에도 불구하고 정치는 헤게모니, 주권, 권력을 극복할 수 없는 것이다.[41]

　이와 같은 상반되는 두 가지 경향의 공존은 정치공간을 두 극단적인 형태 사이에 존재하는 스펙트럼으로 재편한다. 한편으로는 구체제 대 인민, 인민 대 인민의 적과 같이 친구와 적을 명확하게 구분하는 이분법적 적대, 혹은 갈등의 극이 존재한다. 이는 차이의 논리가 최소화되고 등가의 논리가 최대화된 극으로, 여기서 정치공간은 완전히 이분법적인 진영으로 분할된다. 라클라우와 무페가 '민중적 투쟁'의 상태라고 지칭하는 것이 바로 이 극인데, 이때 정치적 주체는 '민중적 주체 위치'에 있다고 말한다. 그 반대편에는 등가의 논리가 최소화되고 차이의 논리가 극대화되는 다양한 진영들 사이의 파편화되고 분화된 갈등의 양상이 존재한다. 예를 들어

---

40) 라클라우·무페, 『사회변혁과 헤게모니』, 158~162쪽.
41) Claude Lefort, *The Political Forms of Modern Society: Bureaucracy, Democracy, Totalitarianism*, ed. John B. Thompson, Cambridge: Polity Press, 1986, p.279; Mouffe, *On the Political*, p.130.

인민이나 국민으로 단순하게 통합될 수 없는 다양한 문화적·성적 소수자들이나 여성노동자처럼 기존의 정체성/차이의 구도에서는 그 권리를 인정받지 못한 집단적 주체들의 경합관계가 존재하는데, 라클라우와 무페는 이를 '민주적 주체 위치'에서 벌어지는 '민주적 투쟁'이라고 명명한다.[42]

　무페의 경합적 다원주의는 바로 이렇게 구조화된 정치공간을 전제로 해서만 이해될 수 있다. 즉, 다양한 차이를 전제하는 집단적 정체성들 사이의 분화가능성은 그런 다원적 입장들이 좌파와 우파라는 이분법적 경합관계로 재편되고 통합될 가능성을 결코 배제하지 않는다. 오히려 이와 같은 헤게모니와 대항헤게모니의 이분법적 경합관계는 급진민주주의가 현재의 신자유주의 헤게모니 아래에서의 포스트-정치적 경향을 극복하기 위한 수단이자 이를 통해 달성하고자 하는 목표이기도 하다고 해야 할 것이다.

3. 급진적 다원주의의 한계를 넘어서

무페의 경합적 다원주의 이론은 급진주의와 민주주의를 접합하기 위한 의미 있는 이론적 시도라고 이해될 수 있다. 한편으로 급진주의 진영은 지젝의 경우처럼 급진적 대의를 옹호하기 위해서 극도로 형해화된 현재의 민주주의 자체를 포기할 수 있다는 입장을 공

---

[42] 라클라우·무페, 『사회변혁과 헤게모니』, 162~166쪽.

공연히 내세우고 있다. 특히 지젝은 민주주의가 "더욱더 그릇된 쟁점이며 그 유력한 용법에서 너무나 신뢰성을 상실한 개념이기 때문에 아마도 우리는 이를 적에게 넘겨주는 위험을 감수해야 할 것"[43]이라고까지 주장하고 있다. 그러나 이런 판단은 민주주의 이론의 주된 흐름에 의해 그 빌미가 제공된 측면이 있다. 자크 랑시에르는 이와 같이 현대 민주주의 이론과 실천을 급진적인 변혁과 반대의 가능성에 대한 거부로 수렴시키는 강한 경향을 '포스트-민주주의'라고 명명한다. 근대적이고 탈형이상학적 합의제 민주주의consensus democracy[44]와 고대적 원리로의 정치철학적 회귀라는 일견 모순된 두 가지 흐름이 사실은 이 '포스트-민주주의' 개념으로의 수렴 경

---

43) Slavoj Žižek, *On Belief*, London: Verso, 2001, p.123.
44) 무페는 합의제 민주주의가 20세기 민주주의 이론의 두 가지 주된 흐름의 접합으로 이뤄져 있다고 설명한다. 우선 요제프 슘페터에 그 기원이 있는 집적민주주의(aggregative democracy)가 있는데, 여기에서는 정치가 경제로 대체되며 인민주권의 원리는 주기적인 선거를 통해 투표하는 개인들의 선호의 집적으로 대체된다. 이와 함께 합의제 민주주의를 구성하는 두 번째 흐름은 이런 정치의 도구화를 비판하면서 정치를 담론적·윤리적 문제로 대체하는 심의민주주의이다. 양자는 여러 가지 입장의 차이에도 불구하고 (서로 다른 의미의) 합리적 합의에의 도달을 이상화한다는 점에서 합의제 민주주의로 포괄될 수 있다(무페, 『민주주의의 역설』, 125~140쪽). 이런 합의제 민주주의 개념은 비교민주주의 이론에서 다수결 모델(majoritarian model)에 대비되는 합의제 모델(consensus model)의 제도적 개념과는 구별되어야 할 것이다. 이때 민주주의의 합의제 모델이란 선거에서 결정된 다수에 의해서만 정부가 운영됨으로써 소수가 정책결정에서 배제될 수 있는 위험성을 완화하기 위해 연립정부, 행정부와 입법부의 권력균형, 다당제 등의 제도적 특성을 지닌다. 그렇지만 합의제 모델이 양당제에 기반한 다수결 모델(이른바 '웨스트민스터 모델')을 보다 포괄적인 합의로 보완하려는 의도에서 출발했다는 점 역시 지적할 필요가 있을 것이다. Arend Lijphart, *Patterns of Democracy: Government Forms and Performance in Thirty-Six Countries*, New Haven: Yale University Press, 1999.

향을 나타낸다는 것이다.[45] 랑시에르에 따르면 포스트-민주주의란 자유민주주의의 전체주의(공산주의)에 대한 승리를 의미하는 동시에 민주주의가 더 이상 인민에 의해 행사되는 권력이 아니라는 역설을 그 본질로 한다. 포스트-민주주의란 '민'이 사라지고 난 뒤의, 민의 (재)등장 가능성(인민의 이름으로 반대의 입장을 주장하고 갈등을 촉발시킬 수 있는 가능성)이 제거된 통치인 것이다.[46] 이런 상황에서 급진주의와 민주주의의 갈등적 접합을 시도하는 무페의 정치철학적 시도는 매우 현실적이며, 실행가능한 어떤 것으로 보인다. 하지만 몇 가지 난점들을 지적하지 않을 수 없다.

우선 무페의 급진적 다원주의 이론은 여타의 경합주의 이론이 공통적으로 지니고 있는 문제점을 극복하지 못하고 있다. 거의 예외 없이 경합주의 이론은 그 제도적 형태에 대한 구체적 내용, 제안, 구상 등을 결여하고 있으며 단지 이와 같은 민주주의 모델의 인식론적·존재론적 정당성만을 옹호한다. 특히 권력의 편재성만을 주장하다보니 어떤 제도적 대안이 더 바람직하며 경합적 민주주의에 적합한 제도가 무엇인가에 관한 질문을 회피한다.[47] 이는 경합

---

[45] 더 나아가 랑시에르는 합의제 민주주의가 "계몽된 엘리트들의 정부가 대중들로부터 수탁을 받아서 공동선을 성취한다는 정치적 목가(牧歌)"이며, 정치의 종말에 대한 자유민주주의의 선언과 그에 대한 비판으로 정치적인 것의 철학적 귀환을 주장하는 아렌트와 레오 스트라우스 등의 정치철학이 수렴되는 지점이라고 본다. Jacques Rancière, *Disagreement: Politics and Philosophy*, trans. Julie Rose, Minneapolis: University of Minnesota Press, 1999, p.93.

[46] Rancière, *Disagreement*, pp.95~102.

[47] Ian Shapiro, *The State of Democratic Theory*, Princeton: Princeton University Press, 2005, p.38.

적 민주주의의 역사적인 모델들 사이에서도 두드러지는 차이이다. 예를 들어 현대 경합주의 이론의 원형이 되는 고대 그리스의 경합주의 모델에는 경합의 관계를 파괴시킬 수 있는, 시민으로서의 공적 탁월함보다는 사심을 동기로 삼는 위협적인 개인을 제거할 수 있는 도편추방 ostracism이나 폭군살해 tyrannicide 같은 법적·제도적 장치가 마련되어 있었던 반면, (탈)근대적 경합주의에는 이런 측면이 완전히 결여되어 있다고 할 수 있다.[48]

물론 무페는 경합과 민주주의 게임의 규칙을 인정하지 않는 자들을 적으로 배제해야 한다고 말한다. 하지만 현실적으로 볼 때 이런 원칙의 확인은 (무페 자신의 의도와는 상관없이) 정치 엘리트의 사심이 야기하는 위험성을 줄이기보다는 배제의 선상에 있는 소수자들, 특히 아직 민주주의 게임의 규칙에 참여하지 못하는 자들(예를 들어 불법이민자)에 대한 차별과 배제를 정당화할 가능성이 높

---

[48] 이외에도 개인적인 나르시시즘을 공적인 시민의 덕으로 승화시킬 수 있는 메커니즘이자 소수의 영웅적 개인들에게만 허용되던 경합이 보다 포괄적인 형태로 민주화되면서, 민주주의 자체의 질을 상승시키는 데 공헌한 고대적 경합주의 모델은 다음과 같은 점에서 (탈)근대적 경합주의 정치학과 차이를 보인다. 우선 (탈)근대적 경합주의에서 주체는 개인이 아니라 정체성을 공유하는 집단이며, 고대의 영웅적 남성성은 놀이와 게임으로 대체된다. 또한 경합의 목적에도 차이가 있는데 고대적 경합주의는 상대방에 대한 승리가 목적이라면, (탈)근대적 경합주의는 주로 권력관계를 전복시키는 행위 자체의 수행성(performativity)을 강조한다. 그리고 경합의 결과물도 고대적 경합주의에서는 영광·위대함·탁월함 같은 적극적인 어떤 것이었던 반면, (탈)근대적 경합주의가 달성할 수 있는 결과물은 기존의 권력관계, 합의, 중립성 등에 대한 소극적 저항이다. Andreas Kalyvas, "The Democratic Narcissus: The Agonism of the Ancients Compared to that of the (Post)moderns," *Law and Agonistic Politics*, ed. Andrew Schaap, Farnham: Ashgate Publishing, 2009, pp.15~41.

다는 점을 부인할 수 없을 것이다. 이런 부작용을 줄이기 위해서는 보다 구체적인 제도적 구상의 대안이 필요할 것으로 보인다.

무페의 또 다른 난점은 민주적 규칙이 공통의 상징공간을 중심으로 형성되며, 이 언어게임의 공간이 단절 없이 축적된 민주적 전통과 연관되어 있다는 사실에서도 기인한다. 즉, 무페의 급진주의는 자유민주주의가 정치문화적 전통으로 존재한다는 사실을 전제하기 때문에 필연적으로 유럽중심주의를 수반할 수밖에 없다.[49] 냉정한 현실주의자로서 무페 자신도 이 점을 부인하지 않는다. 급진적인 경합적 민주주의의 구체적인 프로그램은 "유럽의 맥락에서만 성공할 수 있을 것이며 그래서 오늘날 좌파의 기획은 오직 유럽적인 기획일 수밖에 없다"[50]는 것이다. 현대 정치철학의 관점에서 볼 때 보편적 정치기획이란 사실 형용모순에 가깝다. 하지만 그럼에도 불구하고 신자유주의의 헤게모니와 포스트-정치적 경향이 전지구적인 현상인데 반해서 무페의 급진민주주의 기획이 유럽의 자유민주주의 정치문화에 제한되어 있다는 점은 경합적 다원주의 이론과 실천의 결정적인 한계로 남는다.[51]

---

49) Kam Shapiro, *Carl Schmitt and the Intensification of Politics*, Lanham: Rowman & Littlefield Publishers, 2008, p.99. 샤피로는 무페가 새무얼 헌팅턴의 문화주의적 경향(문명충돌론)에 근접하는 경향을 보인다고 지적한다. 이와 같은 문제점 때문에 무페는 원론적인 수준에서이기는 하지만 보편주의적이고 일원론적인 세계정치관에 다원주의적(또한 경합주의적이기도 한) 세계정치관을 대립시킴으로써 문명충돌의 위험에 대응할 수 있다고 주장한다. Chantal Mouffe, "Schmitt's Vision of a Multipolar World Order," *South Atlantic Quarterly*, vol.104, no.2, (Spring) 2005, pp.245~251.
50) 무페, 『민주주의의 역설』, 192쪽.

담론이론에 전적으로 기댄 무페의 정치관은 정치와 경제의 관계에 대해서도 이론적 모호함을 남긴다. 기존 맑스주의 정치학의 강한 경제주의적 경향뿐만 아니라 개인주의적이고 다른 의미에서 경제주의적인 자유주의 정치이론에 대한 무페의 비판은 정치의 고유성을 개념화하기 위해서는 불가피한 측면이 있다. 게다가 신자유주의가 전지구적 헤게모니를 관철하는 상황에서 무페가 경제와 정치의 밀접한 관련성을 전적으로 무시하지는 않는다.[52] 하지만 여전히 이 관계는 실천적으로만 접근될 뿐 정치와 경제, 담론과 물질의 관계는 이론적으로 전혀 해명되지 않은 채 남아 있다.

마지막으로 정치에 대한 무페의 담론이론적 접근은 수평적 대립(적과 친구, 국가와 국가, 집단과 집단의 대립)만큼이나 정치에 고

---

51) 이런 한계는 해결하기 힘든 이론적 문제와도 직결된다. 한편으로 무페의 이론은 정치의 보편주의적이고 합리주의적인 '선험적' 토대의 존재를 부정하면서도, 다른 한편으로는 경합의 참여자(반대자)들이 서로를 적으로 간주하지 못하도록 하는 상징적 공통성과 문화적 제도를 전제조건으로 요청한다. 그러나 무페에게는 (해체주의와 정신분석학적 접근방식 때문에) 공통성의 생산과 제도의 창설은 이론적인 불가능성에, 혹은 데리다적인 의미의 '구성적 외부'(constitutive outside)에, 그도 아니라면 역사적으로 프랑스혁명과 같은 민주주의혁명의 정초적 사건의 발발가능성에 맡겨져 있다. 즉, 역사적으로는 정초됐지만 이론적으로는 누구에 의해서도 만들어진 적이 없는 공통성과 제도가 경합적 민주주의의 전제조건인 셈이다. 이런 공통성의 전제는 르포르에 대한 경합주의적 해석의 한계로 지적된다(Bert van Roemund, "Questioning the Law?: On the Heteronomy in Pubic Autonomy," *Law and Agonistic Politics*, ed. Andrew Schaap, Farnham: Ashgate Publishing, 2009, pp.119~131). 이는 "경합이라는 게임의 규칙 자체도 경합에 의해 변경되는 대상일 수 있는가?"라는 질문과도 관련되는 문제이다.
52) 예를 들어 무페는 신자유주의적 헤게모니와 그 결과로 심화되는 경제적 양극화에 대항하기 위해 생산, 복지, 분배에 관한 구체적인 프로그램을 제시하지 않을 수 없게 된다. 무페, 『민주주의의 역설』, 191~192쪽.

유한 수직적 대립의 차원(엘리트와 평민, 통치자와 피치자, 주권자와 다중, 지배와 봉기)을 개념화하지 못한다는 한계가 지적되어야 한다. 정확히 말해서 무페의 접근은 헤게모니 개념을 통해서 후자의 차원을 모두 전자의 차원으로 환원해버린다는 문제점을 안고 있다.[53] 결국 이는 차이의 대(對)개념으로서의 수평적 동일성 개념(통일성 혹은 정체성)을 대표와 지배의 대개념으로서의 수직적 동일성 개념과 구분하지 못하는 오류로 이어진다.[54] 이런 혼동은 단순한 개념적 문제에 그치지 않고 경합의 상징공간에 참여하지는 못하지만 여전히 주권권력의 지배대상이 되는 (그리고 동시에 이에 저항하

---

[53] 안토니오 네그리와 마이클 하트의 다중 개념과 그 실천적 함의에 대한 무페의 신랄한 비판은 특히 다중 개념이 기존의 정치적 주체들인 정당이나 노조와의 헤게모니적 결합관계를 전적으로 거부한다는 점을 겨냥하고 있는데, 사실 이런 무페의 비판은 다중 개념이 함축하고 있는 (제국적 주권과의) 수직적 대립과 갈등의 차원을 단순화한 데 기인한다고 여겨진다. Mouffe, *On the Political*, pp.107~115; Markus Missen, "Articulated Power Relations: Markus Missen in Conversation with Chantal Mouffe"(http://roundtable.kein.org/node/545).

[54] 무페는 민주적 동일성의 실현을 주장하는 정치적 기획은 정치적 통일체만을 강화시킬 것이기 때문에 전체주의와 같은 위험한 결과를 낳으리라고 경고한다. 통치자와 피치자의 동일성이라는 수직적 차원의 통합은 결국 다원주의에 배타적인 "단일한 의사를 지닌 통일된 동질적 존재로서의 '인민'"을 강화시킬 뿐이라는 것이다(무페, 『정치적인 것의 귀환』, 167쪽). 그러나 사실 동일성 개념의 정치적 해석에 있어서 이런 이중의 차원은 쉽게 통약되지 않는다. 가령 아렌트는 통치자와 피치자의 동일성, 혹은 양자의 구분을 제거하는 것은 곧 정치적 자유로서의 '비지배'(no-rule)를 의미한다고 본다(아렌트, 『혁명론』, 97쪽). 무페가 원용하고 있는 슈미트에게서도 통치자와 피치자의 동일성이 갖는 한계는 일차적으로 적과 친구의 구분 혹은 통합의 수평적인 차원이 아니라, 통치자와 피치자의 구분을 핵심으로 하는 대표의 원리이다(슈미트, 『헌법이론』, 224~241쪽). 물론 적과 친구의 구분, 그리고 양자의 극단적 투쟁가능성을 통해서 민주적 동일성의 실현을 제한하려는 것이 슈미트 주권이론의 중요한 목표인 것은 사실이다.

는) 정치적 주체성을 사유하는 데 결정적인 장애물로 작용한다. 이런 점에서 무페의 급진민주주의 이론은 민주주의 자체를 급진화한다기보다는 자유주의와 다원주의만을 급진화하고 있는 것이 아닌가 하는 의문을 갖게 한다.

정리하자면, 경합적 다원주의는 무페의 급진민주주의 기획을 이해하기 위한 핵심이다. 우선 경합적 다원주의는 정치에 대한 본질주의적 이해방식을 비판하면서 정치의 토대가 이념이나 가치가 아닌 적대라는 '불가능한 토대'임을 분명히 한다. 무페는 정치의 이런 적대적 조건과 본성을 인정하고 특정한 방식으로 정치 내부로 수용하는 것이 단순히 화해와 통합, 합의와 단결, 통일성과 정체성을 강조하는 것보다 적대와 갈등에 대응하고 이를 관리하는 데 더 효과적이라고 주장한다. 왜냐하면 무작정 통합과 단결을 강조하고 실행하는 것은 그것을 이루는 방식에 대해 반대할 수 있는 어떤 가능성도 봉쇄·저지하기 위해서 보다 강도 높고 맹목적인 적대를 초래할 것이기 때문이다. 이와 같은 맹목성은 정치를 탈정치화시킴으로써 (종교적 근본주의와 악의 축 담론에서 드러나듯이) 정치적 반대와 갈등을 도덕적인 선악의 문제로 환원하거나 (신자유주의적 통치성의 관점에서 볼 때) 경제적인 이익과 비용의 문제로 대체한다.[55] 이때 반대와 갈등은 정치적으로 정당한 권리행사의 결과로 인정되는 것이 아니라, 도덕적 미성숙의 표출이라거나 쓸데없이

---

[55] 자유주의가 정치를 윤리와 경제라는 양극을 통해 회피하는 탈정치화 경향에 관해서는 다음을 참조하라. 슈미트, 『정치적인 것의 개념』, 85~86쪽; 무페, 『정치적인 것의 귀환』, 60, 84~85, 194쪽.

경제적인 비용을 증대시키는 사안으로만 이해될 것이다. 무페는 이런 정치의 곤경을 서로가 서로에게 반대할 권리를 인정함으로써 파괴적 적대가 초래되는 상황을 막을 수 있다고 주장한다. 다시 말해서 상대방(적)의 괴멸이라는 불가능한 목표를 추구하는 적대를 민주적 경합의 관계로 전환시켜야 한다는 것이 바로 무페의 주장이다. 이와 같은 무페의 경합적 다원주의 모델은 자유와 평등을 신장시키고 민주주의 공동체를 유지시키는 데 필수불가결할 뿐만 아니라 신자유주의 헤게모니에 대항하기 위한 좌파의 당파적 기획으로도 진지하게 고려되어야 할 것이다.

8 악셀 호네트
인정투쟁, 사회적 갈등의 도덕적 구조와 논리
강병호(프랑크푸르트 괴테대학교 철학과 박사과정)

Axel Honneth

1949년 7월 18일 독일 노르트라인-베스트팔렌 주의 에센에서 태어남. 1969~74년 본대학교와 보훔대학교에서 철학, 사회학, 독일 문학을 공부하고, 1974년 베를린자유대학교에서 철학 박사과정을 시작해 『권력비판: 푸코와 비판이론』(1982)이라는 논문으로 박사학위를 취득. 공식적으로 학위를 취득하기 얼마 전 어느 학술지에 발표한 논문을 본 위르겐 하버마스가 손수 전화를 걸어 호네트를 막스플랑크사회과학연구소로 초대(훗날 호네트는 이때의 일을 "당황스럽고도 행복한" 경험이었다고 술회). 1983년 하버마스와 함께 프랑크푸르트 괴테대학교로 옮겨가 그의 조교로 함께 가르치며 교수자격논문을 준비. 1990년 『인정투쟁』이라는 논문으로 교수자격을 취득한 뒤 콘스탄츠대학교의 철학과 교수가 됨. 1992년 베를린대학교로 자리를 옮겼다가, 1996년 하버마스의 후임으로 프랑크푸르트 괴테대학교의 사회철학 교수로 취임. 2001년부터 프랑크푸르트사회연구소의 소장을 겸직하고 있으며, 2007년부터는 국제헤겔학회 회장도 맡고 있음.

'갈등,' '투쟁' 같은 말들은 사람들에게 대체로 부정적 인상을 불러일으킨다. '조화,' '안정,' '협력,' '화합' 같은 말들과 마주 세워놓고 보면, '갈등'과 '투쟁' 같은 어휘의 부정적 뉘앙스는 더욱 두드러진다. 그래서 많은 사람들은 이런 단어, 혹은 이런 단어가 지시하는 사태에 대해 막연한 거부감을 가지고 있다. 그런 거부감은 드물지 않게 사람들로 하여금 실제로 존재하는 이런 사태를 애써 외면하도록 만들기도 하고, 심한 경우에는 이런 사태를 일으키고 있다고 생각되는 사람들에 대한 적대감으로 발전되기도 한다. 그리고 사람들은 간단하게 짐작하곤 한다. 그런 사회적 갈등과 투쟁의 배후에는 별로 고상하지 않은 동기가 놓여 있다고. 돈이나 권력 혹은 명예에 대한 욕심, 주체되지 못한 시기심이나 원한 같은 이기적인 동기. 그래서 사람들은 잘 알아보려고 하지도 않고 쉽게 말한다. "그 놈이 그 놈이야."

다른 한편, 우리는 실제로 이에 상반되는 많은 예를 알고 있기도 하다. 우리가 그토록 자랑스럽게 생각하고 존경하는 일제시대 독립운동 투사들, 1970~80년대 민주화를 위해 박정희·전두환의 군사독재에 맞서 땀과 눈물을 흘리며 싸운 시민들과 학생들, 비인간적 노동조건과 착취와 부당한 대우에 온몸으로 부딪힌 전태일과 노동자들, 공수부대의 벌거벗은 폭력에 전신을 조여 오는 공포와 두려움을 극복하고 맞섰던 1980년 5월의 광주시민들을 기억해보자. 그들은 모두 당시 지배체제에 협력·화합하기를 거부하고, 자

---

* 고맙게도 이 글의 초고를 자발적으로 읽고 조언해준 정진범 씨에게 감사드린다.

신뿐만 아니라 자신과 가까운 사람들에게까지 쏟아지는 고난을 감수하면서 지배체제와 갈등하고 투쟁한 사람들이다. 오늘날 우리가 당연한 듯 누리고 있는 자유와 권리는 바로 이런 사람들의 희생과 헌신에 크게 빚지고 있는 것이다.

이처럼 규범적으로 동기지워진 사회적 갈등이 있고, 도덕적으로 정당한 투쟁이 있다. 그리고 한 사회의 도덕적 발전은 상당 부분 그런 갈등과 투쟁의 산물이다. 악셀 호네트가 초기 헤겔의 '인정認定 투쟁' 개념을 현대의 경험과학과 이론적 발전에 비춰 합리적으로 재구성해 제시한 인정(투쟁)이론은 이처럼 도덕적으로 동기지워진 사회적 갈등의 구조를 분석하고, 이를 통한 사회발전의 동학을 밝히려는 사회철학적 노력이다.

호네트는 위르겐 하버마스를 이어 프랑크푸르트학파의 전통을 잇고 있는 독일의 대표적인 철학자이다. 호네트는 의사소통이론을 기반으로 테오도르 아도르노와 막스 호르크하이머의 비판이론을 갱신해 비판이론 전통에 새로운 생명력을 부여한 하버마스를 이어 프랑크푸르트 괴테대학교 철학과 교수가 됐고, 곧 비판이론의 산실로 명망 높은 프랑크푸르트사회연구소의 소장이 됐다. 이렇게 학문제도적 차원에서만이 아니라 내용적으로도 호네트는 스스로를 프랑크푸르트학파 전통의 계승자로 이해하며, 변화된 현실에 맞춰 이 전통을 발전적으로 이어가려고 애쓰고 있다.[1] 호네트가 자신의 작업을 간편하게 윤리학이나 정치철학으로 분류하지 않고, 굳이 '사회철학'으로 이해하고자 하는 것도 바로 이런 전통에 대한 의식에서 연유하는 것이다. 따라서 다른 이론적 흐름과 구별되는 프랑크푸르트 비판이론의 특징은 무엇인지, 이런 전통과의 연관 속에서 호네트가 '사회철학'이란 이름 아래 자신의 작업을 어떻게 이해하는지를 먼저 살펴보는 것이 인정이론으로 불리는 그의 이론적 기획에 접근하는 좋은 출발점이 될 것이다.

1. 프랑크푸르트학파의 비판이론

1) 규범적 정당화와 경험적 실증으로 뒷받침되는 사회비판이론

현실의 부조리와 부정의를 드러내고 비판적으로 진단하는 비판적 사회이론에는 여러 방법이 있을 수 있고, 실제로 다양한 경향이 있

---

1) 호네트의 저작은 박사학위논문부터 시작해 오래 전부터 국제적으로 많은 사람들의 관심을 끌어왔지만, 호네트에 대한 연구가 거의 봇물처럼 쏟아지기 시작한 것은 최근 몇 년 전부터이다. 호네트의 인정이론을 특집으로 다룬 학술잡지로는 다음을 참조하라. *Theory, Culture and Society*, vol.18, no.2-3, 2001; *Inquiry: An Interdisciplinary Journal of Philosophy*, vol.45, no.4, (December) 2002; *Deutsche Zeitschrift für Philosophie*, vol.53, no.3, (Mai) 2005; *European Journal of Political Theory*, vol.6, no.3, (July) 2007; vol.8, no.1, (January) 2009. 또한 호네트의 이론을 집중적으로 다룬 논문모음집도 활발히 나오고 있는 중이다. Bert van den Brink and David Owen, ed., *Recognition and Power. Axel Honneth and the Tradition of Critical Social Theorie*, Cambridge: Cambridge University Press, 2007; Rainer Forst, hrsg., *Sozialphilosophie und Kritik*, Frankfurt/Main: Suhrkamp, 2009; Hans-Christoph Schmidt am Busch und Christopher F. Zurn, hrsg., *Anerkennung*, Berlin: Akademie-Verlag, 2009. 최근에는 5백 쪽에 이르는 포괄적인 호네트 연구서가 출간되기도 했다. Jean-Philippe Deranty, *Beyond Communication: A Critical Study of Axel Honneth's Social Philosophy*, Leiden and Boston: Brill Academic Publication, 2009.

다. 이런 여러 가지 이론적 흐름과 프랑크푸르트학파의 전통을 구별해주는 것은 무엇보다 비판하는 관점 자체에 대한 반성, 즉 비판의 관점 자체를 규범적으로 정당화하려는 노력일 것이다. '비난'과 대비될 때 분명해지는 것처럼 '비판'이란 말은 그 자체로 정당성에 대한 요구를 함축하고 있다. 다시 말해서 비판은 비난과 달리 자신의 근거와 이유를 제시할 수 있어야 한다. 이런 정당성의 요구는 비판하는 '관점' 자체를 정당화하라는 요구로까지 나아간다. 한 사회의 왜곡과 부조리를 비판하는 사회이론이 특수한 이해관계를 바탕으로 하고 있거나 비판하는 사람의 독단적 관점을 드러내는 것이 아니려면, 결국 그 비판이 주관적인 기호嗜好 비판이나 상대주의적 비판으로 전락하지 않으려면, 그런 사회비판은 좋은 근거를 갖추고 있어야만 할 뿐 아니라 비판하는 자신의 관점 역시 규범적으로 정당화할 수 있어야 한다.[2]

다른 한편, 프랑크푸르트학파가 헤겔 좌파적 혹은 맑스주의적 전통에서 이어받은 중요한 방법론적 요구사항은 사회비판이란 자신이 비판하는 현실에 닻을 내리고 있어야 한다는 것이다.[3] 사회비판의 관점이 순전히 이론적 구성물이라면 그 비판은 지적 유희일 수는 있어도 현실에서 실천적 힘을 갖지는 못할 것이다. 사회이론

---

[2] 프랑크푸르트학파의 1세대 이론가들인 아도르노와 호르크하이머가 겪은 시대적 경험, 이로부터 연유하는 비판이론의 과제설정과 방법적 요구에 대해서는 다음의 간략하면서도 명료한 논문을 참조하라. 장춘익, 「하버마스: 비판적 사회이론의 정립과 정치적 실천의 회복을 위한 노력」, 『사회비평』(제11권/7월), 1994. 이 글은 하버마스의 기획을 중심으로 씌어졌지만 프랑크푸르트학파 비판이론의 전통 일반을 이해하는 데도 상당히 유익하다.

의 비판적 관점은 오히려 이론에 앞서 현실에 미약하게나마 존재하는 해방적 관심이나 도덕적 경험을 포착하고 재구성해내는 것이어야 한다. 이 문제는 비판적 사회이론의 수신자 문제로까지 이어진다. 좋은 근거로 정당한 비판을 했더라도 그 비판을 참고해 현실을 바꾸려는 수신자가 존재하지 않는다면, 결국 그 비판은 무력한 불평이나 허망한 신세타령과 다를 바 없다. 따라서 이론적으로 정당화된 비판적 사회이론의 규범적 관점은 자신의 흔적을 이론 이전의 사회현실 속에 갖고 있어야 하며, 이런 흔적과 이론적 성찰을 통해 확보된 변화의 전망을 현실에서 구현할 잠재적 담지자들에게 말을 걸 수 있어야 한다. 그리고 이런 작업은 철학과 사회과학과의 긴밀한 협력 혹은 통합을 통해서만 이뤄질 수 있다.

2) 사회병리학으로서의 사회철학

사회철학은 이렇게 규범적으로 정당화되고 경험적으로 뒷받침되는 비판적 사회이론의 기획이다. 호네트가 윤리학 또는 정치철학

---

3) 악셀 호네트, 장은주 옮김, 「무시의 사회적 동학: 비판 사회이론의 자리매김」, 『정의의 타자: 실천철학 논문집』, 나남출판사, 2009. 특히 110쪽 이후 참조. 호네트는 프랑크푸르트학파의 비판이론 전통에 관해서도 다수의 글을 발표했다. Axel Honneth, "Eine soziale Pathologie der Vernunft: Zur intellektuellen Erbschaft der Kritischen Theorie"; "Rekonstruktive Gesellschaftskritik unter genealogischem Vorbehalt: Zur Idee der 'Kritik' in der Frankfurter Schule," *Pathologien der Vernunft: Geschichte und Gegenwart der Kritischen Theorie*, Frankfurt/Main: Suhrkamp, 2007; "Kritische Theorie: Vom Zentrum zur Peripherie einer Denktradition," *Die zerrissene Welt des Sozialen*, Frankfurt/Main: Suhrkamp, 1990.

과 구별되는 사회철학의 고유 과제로 생각하는 것은 "사회의 잘못된 발전과정을 진단"[4]하는 것이다. 사회철학은 개인의 삶이나 행위보다는 사회구조와 그 사회 안에서 서로 얽히고설킨 공동의 삶에 집중한다는 점에서 윤리학과 구분된다. 또한 한 사회의 정치형태나 제도에 집중하기보다는 정치영역을 넘어 사회 전반을, 그리고 전체로서 그 사회의 발전과정을 탐구대상으로 삼는다는 점에서 정치철학과도 구분된다. 나아가 사회현상을 단지 기술하는 데 그치는 것이 아니라, 그 사회와 그 속에서 이뤄지는 삶을 규범적으로 평가하고 진단하려 한다는 점에서 사회학과도 갈라진다.

사회철학이 밝혀내고 비판하려는 사회의 "잘못된 발전과정," 즉 병리현상은 무엇일까? 이론사적으로 보면 소외, 물화, 상품물신숭배, 공동체의 상실, 탈개성화, 상품화 같은 개념이 사회의 병리현상을 가리키기 위해 사용되어왔다. 그러나 신체적·정신적 건강을 정의하려는 시도가 그렇듯이, 사회적 삶에 대해 "건강하지 않다, 병리적이다"고 말하는 것은 간단한 일이 아니다. 특정 사회현상을 병리현상으로, "잘못된 발전과정"으로 진단하려면 무엇보다 잘못되지 않은, 바람직한 사회상태에 대한 그림이 필요하다.

---

4) 악셀 호네트, 문성훈 옮김, 「사회적 병리현상: 사회철학의 전통과 현 상황」, 『정의의 타자: 실천철학 논문집』, 나남출판사, 2009, 23~87쪽. 이 논문의 제목("Pathologien des Sozialen")은 '사회적인 것의 병리학'으로 옮겨지는 것이 더 정확할 것 같다. 호네트가 직접 언급하고 있듯이 '파톨로기'(Pathologie)는 개념사적으로 볼 때 병에 대한 이론만이 아니라 병적 현상 자체를 가리키기도 하지만, 그런 언급을 통해 호네트가 해당 논문에서 '파톨로기'를 '병리학'이 아니라 '병리현상'을 의미하는 것으로 사용하겠다고 시사하는 것은 아니기 때문이다.

호네트에 따르면 한 사회를 좋은(혹은 바람직한) 사회라 부를 수 있는 것은 그 사회가 구성원들에게 보람차고 성공적인 삶을 살 수 있는 조건을 제공할 때이다. 반대로 한 사회가 개인들이 자신을 자유롭게 실현할 수 있는 기회와 가능성을 체계적으로 제한·왜곡하고 있다면 우리는 그 사회가 잘못된 방향으로 나아가고 있다고 진단할 수 있을 것이다.

그렇지만 어떤 삶이 보람차고 성공적인 삶인지, 어떻게 사는 것이 자아를 실현하며 사는 것인지에 대해서는 시대에 따라, 문화에 따라, 그리고 개인에 따라 생각이 다를 수 있다. 좋은 삶에 대한 생각이 단지 다를 수 있을 뿐만 아니라, 이 다른 생각들은 각기 서로 우열을 가릴 수 없는 좋은 근거를 가지고 그럴 수도 있다. 또 그렇게 잘 근거지워진, 좋은 삶에 대한 그림이 여러 가지 있는 것이 단 하나만 있는 것보다 바람직하기도 할 것이다. 따라서 사회의 잘못된 발전을 진단하는 병리학으로서의 사회철학은, 독단을 범하지 않기 위해서 보람찬 삶에 대한 어떤 특정한 그림만을 자신의 규범적 기준으로 삼을 수는 없다.

규범적 비판을 위해 좋은 삶에 대한 그림이 필요하면서도 동시에 어떤 특정한 표상을 기준으로 전제할 수 없는 이런 막힌 골목길에서 빠져나갈 수 있는 길로 호네트가 생각하는 것이 "형식적 윤리학," 혹은 "약하고 형식적인 의미의 인간학"이다. 성공적이고 보람찬 삶에 대한 그림은 시대와 문화에 따라 다르지만, 우리는 그동안 축적해온 경험적 지식을 바탕으로 좋은 삶을 살기 위해서 필요한 공통의 인간적 조건을 어느 정도 재구성할 수 있다.

이런 조건은 인간 삶의 특정한 목적을 전제하지도, 문화와 시대에 따른 특수한 삶의 모습을 보편적 삶의 지향으로 특권화하지도, 사람들의 속성을 본질주의적으로 규정하는 것도 피한다. 이런 의미에서 사회철학은 '약한' 인간학을 추구한다. 그리고 바람직한 삶으로 여겨질 수 있는 다양한 삶의 모습의 공통된 전제조건을 이런 인간학적 규정들로 포착해야 한다는 방법론적 요구로 인해, 약한 인간학은 동시에 '형식적' 인간학이 된다. 그런데 이렇게 재구성된 인간적 조건들은 자아를 실현하는 보람찬 삶을 영위하려면 꼭 충족되어야 할 필수적 삶의 조건이라는 의미에서 '규범적' 성격을 가지며, 따라서 형식적 인간학은 형식적 '윤리학'의 성격을 띠게 된다. 그러니까 호네트가 구상하고 있는 사회철학은 약한 철학적 인간학을 바탕으로 구성된 좋은 삶에 대한 형식적 윤리학을 규범적 기준으로 삼아서, 개별 경험과학의 도움을 받아 사회의 그릇된 발전방향을 진단하고 비판하는 것을 과제로 떠맡게 된다.

2. 인정투쟁

1) 좋은 삶의 형식에 대한 구상

보람차고 성공적인 삶의 필수적인 조건은 물질적인 것부터 정신적인 것까지 매우 다양할 수 있다. 중요한 것은 앞서 설명한 규범적 사회이론의 방법론적 요구를 충족시킬 수 있는 선택을 하는 것이다. 예를 들어 기본적인 의식주의 충족은 개인들이 자아를 실현하는 삶의 필수조건이다. 그러나 이 조건은 규범적 사회비판의 이론적 단초로 활용되기에는 말 그대로 너무 기본적이다. 이를 이론의 규범적 토대로 삼게 되면 사회 구성원들을 어느 정도 먹고살게 해주는 사회는 그 사회가 독재사회이든, 여성을 심하게 억압하는 성차별적 사회이든, 민주적 복지사회이든, 도덕적 수준에 있어서 차이가 없게 된다. 비판적 사회이론의 규범적 단서로 필요한 것은 시대와 문화의 차이를 넘어 보람찬 삶을 살기 위해서 인간이라면 꼭 충족시켜야 할 조건, 그러면서도 우리가 상당한 수준에서 규범적 판단을 할 수 있게 해주는 그런 조건이어야 한다.

호네트에 따르면 우리는 그런 규범적 단서를 인간의 "정체성 형성"에서 찾을 수 있다. 여기서 '정체성'이란 일상적으로 사용되는 것보다 훨씬 폭넓은 의미로 이해되어야 한다. 이것은 '한국인으로서의 정체성'이라고 말할 때와 같은 의미에서의 정체성이 아니다.[5] 호네트가 정체성 형성이라는 개념으로 뜻하는 것은 인격적 통합의 성취 혹은 "긍정적 자기관계"의 형성이다. 좋은 삶은 일단 개인이 자기를 실현하는 삶이라고 생각될 수 있다. 자기실현이란 스스로 선택한 삶의 목표를 자유롭게 추구하고 구현하는 것이다. 이런 자기실현을 위해서는 우선적으로 외적 강제가 없어야 한다. 선택의 자유가 없는 곳에서 개인이 스스로를 자유롭게 펼쳐나가기는

---

[5] 이런 의미에서 정체성 개념을 사용하는 인정이론가가 찰스 테일러이다. 이 글의 뒷부분에서 더 자세히 설명할 것이지만, 미국과 캐나다의 정치사회적 맥락에서 나온 테일러 식의 "인정의 정치"가 호네트의 인정이론과 어떻게 다른지를 분명히 인식하는 것이 후자를 적절하게 이해하기 위해 무척 중요하다.

불가능하다. 그러나 단순히 외적 강제만이 아니라 내적 부자유, 심리적 강박, 자신감의 결핍, 자기경멸 등도 자기실현을 방해한다. 따라서 보람차고 성공적인 삶을 위해서는 개인들이 자기 자신에 대한 기본적인 긍정, 자존감과 자신감, 자신에 대한 믿음과 심리적 안정을 달성하는 것이 꼭 필요하다. 이것이 호네트가 생각하는 정체성, 즉 긍정적 자기관계이다.[6] 정체성 형성, 인격적 통합, 긍정적 자기관계처럼 상당히 심리학적인 용어들이 규범적 사회비판이론의 단서로 적합하게 되는 것은, 사람은 자기의 정체성을 홀로 형성할 수 없기 때문이다. 역설적으로 들리지만 인간은 다른 사람들과의 관계 속에서만 자신과 관계할 수 있고, 다른 사람들의 인정을 통해서만 자신을 인정할 수 있다. 긍정적 자기관계는 다른 사람들의 인정을 통해서만 가능하고, 바로 여기에 개인심리학을 넘어서 사회이론으로 나아가는 통로가 확보된다.

2) 인정의 세 가지 형식

자기를 실현하는 보람찬 삶에 필수적인 인간학적 전제조건이 되는 긍정적 자기관계는 크게 세 가지 요소로 이뤄진다고 할 수 있다.[7] 자기신뢰^{Selbstvertrauen}, 자기존중^{Selbstachtung}, 자신에 대한 가치평가^{Selbstschätzung}가 그것이다. 그리고 이에 세 가지 인정형식이 상응한다. 사랑과 보살핌, 권리와 존중, 사회적 가치평가.

---

6) 악셀 호네트, 문성훈·이현재 옮김, 『인정투쟁: 사회적 갈등의 도덕적 형식론』, 동녘, 1996, 282쪽 이하 참조.

사랑과 보살핌. 호네트가 자기신뢰로 가리키고자 하는 사태는 사람들이 자신의 육체적인 욕구와 바람, 정서적 느낌과 필요를 스스로 신뢰하고, 두려움 없이 표현할 수 있는 상태이다. 기본적인 조건이 충족된 사회화 과정을 거친 사람들은 대부분 큰 어려움 없이 이런 상태에 도달하기 때문에 우리는 육체적이고 정서적인 측면에서 스스로를 신뢰할 수 있다는 사실의 중요성을 일상적으로 잘 실감하지 못한다. 그러나 이런 신뢰가 깨져버리는 경험을 한 사람들의 증언에서 우리는 이런 가장 기본적인 자기관계의 중요성을 거슬러 유추해볼 수 있다. 예컨대 강간이나 고문 같이 자기 몸에 대한 통제를 상실하고, 자신의 육체적·정서적 필요와 욕구가 완전히 경멸되고 파괴되는 극단적인 경험은 다른 사람에 대한 신뢰뿐만 아니라 당사자가 자신의 신체와 맺는 가장 기본적인 관계까지 파괴한다. 학대받은 아동들의 경우에도 이런 기본적인 자기신뢰의 결핍이 관찰된다. 배고픔과 배설처럼 기본적인 육체적 필요나 두려움, 호기심, 애정 어린 관심에 대한 바람 같은 정서적 욕구가 무시되고 공격받게 될 때 아이들은 자신의 몸, 자신의 몸에서 오는 가장 기본적 반응에조차 친숙해지지 못할 뿐만 아니라 그것을 거북해하고 표현하기를 두려워하게 된다.

---

7) 호네트는 이런 아이디어의 단초를 헤겔의 초기 저작, 그러니까 『정신현상학』을 쓰기 이전에 헤겔이 예나에서 쓴 저작들에서 발견한다. 조지 허버트 미드는 이런 아이디어의 형이상학적 옷을 벗겨내 경험적 사회심리학으로 재구성했는데, 호네트는 『인정투쟁』에서 초기 헤겔로부터 미드로 이어지는 이론사적 흐름을 좇아 자신의 인정이론을 발전시켜나간다. 이 글에서 나는 이런 이론사적 측면은 생략한 채 그 내용을 체계적으로 제시하는 데 집중한다.

이런 부정적인 예에서 거꾸로 알 수 있는 것은 사람들이 기본적인 육체적·정서적 필요와 욕구와 친숙해지고, 이에 대한 긍정을 배우는 것은 애정 어린 돌봄의 관계에서라는 점이다. 어머니와 아기의 관계가 좋은 예이다. 아동발달심리학적 연구에 따르면 어린 아기는 자신과 한 몸이 된 듯한 어머니의 신속한 반응과 보살핌 속에서, 깨물고 공격해도 보복하지 않는 어머니의 자애로움 속에서 자신을 사랑받을 만한 존재로 느끼며, 사랑받는 존재로서의 자신감 속에서 자신의 욕구와 필요를 긍정하고 이를 두려움 없이 표현하는 법을 배운다. 이처럼 육체적 욕구와 정서적 필요를 가진 존재로서의 인간에게는 지속적인 긍정과 인정의 경험이 필요하다. 이런 인정은 보통 가족, 친구, 연인 같은 정서적으로 친밀한 관계 속에서 구현된다. 그래서 호네트는 이런 정서적 차원에서의 인정을 '사랑' 혹은 '보살핌'이라고 부른다.

권리와 존중. 자기신뢰가 정서적·육체적 차원에서 자신의 욕구와 바람을 긍정하는 것이라면, 긍정적 자기관계의 두 번째 요소인 자기존중에서 문제가 되는 것은 법적·도덕적 차원에서의 존엄성과 자율성[8]이다. 정체성의 첫 번째 단계에서 인간이 육체적 필요와 욕구를 가진 존재로 고려됐다면, 여기서는 기본적인 도덕적 능력을 가진 인격적 존재로 고려된다. 인간은 충동과 욕구를 가진 존재이지만 이에 전적으로 지배되지는 않는다. 오히려 이성을 통해

---

8) 『인정투쟁』의 국역판 옮긴이들은 아우토노미(Autonomie)를 일관되게 '자주성'으로 옮기고 있는데, '자율성'이 보다 적절한 번역어일 것이다.

자신의 순간적 욕구와 이기심으로부터 거리를 취할 수 있는 기본적인 도덕적 능력을 가지고 있다. 이런 의미에서 사람은 "가격"이 아니라 "존엄성"을 가진 존재이다(임마누엘 칸트). 이런 인간존중 사상이 분명하게 함축하고 있는 것은 평등과 자율성의 이념이다. 현실적인 여러 차이에도 불구하고 기본적으로 모든 인간은 인간으로서 평등하고, 따라서 누구도 함부로 간섭해서는 안 되는 자율성을 가진 존재이다. 무엇보다 이런 평등과 자율성의 이념을 공고하게 만든 것은 만인이 평등하다는 원칙 위에 제정된 법과 권리의 체계일 텐데, 법은 도덕과 달리 제재수단을 장착하고 있어서 사회 구성원들 사이의 평등(특히 법적 권리와 관련된 평등)을 단지 장려할 뿐만 아니라 강제할 수도 있다.

조엘 파인버그의 사고실험은 법적·도덕적 권리를 갖는다는 것이 인간의 정체성에 미치는 영향에 대해서 많은 시사점을 준다.[9] 마음씨 좋은 사람들로 이뤄진 사회를 상상해보자. 이 사회는 우리가 현재 알고 있는 발달된 민주적 복지국가에 상응하는 수준의 삶의 조건을 제공한다. 다만 이 사회에는 권리라는 개념이 없다. 그러니까 현대 민주사회에서 '권리'라는 코드를 통해 이뤄지는 것들이 저 마음씨 좋은 사람들의 사회에서는 자발성, 선의, 동정, 시혜를 통해 이뤄진다. 자발성을 통해 이뤄진다는 점에서 이 사회는 현실의 민주복지국가보다 매력적일 수 있다. 그러나 이런 사회의 결정

---

9) Joel Feinberg, "The Nature and Value of Rights," *Rights, Justice, and the Bounds of Liberty: Essays in Social Philosophy*, Princeton: Princeton University Press, 1980.

적인 도덕적 하자는 이 사회의 구성원들이 자신을 다른 사람들과 똑같이 동등하게 여기는 자기존중심을 형성할 수 없다는 것이다. 다른 사람의 선의와 시혜에 의존하는 것이 아니라 당당하게 요구하고 주장할 수 있을 때 우리는 "다른 사람의 눈을 똑바로 쳐다볼 수 있다."[10] 똑같은 존엄성을 지닌 평등한 인간으로 대우받지 못하고, 참정권을 비롯한 각종 권리를 박탈당하고, 일상생활에서 2등 인간으로 대우받는 것이 당사자에게 얼마나 큰 모독감과 심리적 상처를 남기고 분노를 일으키는지에 대해서는 미국 흑인인권운동을 비롯해 많은 기록들이 있다.

또한 잘 알려져 있다시피 자아존중심의 부족은 사랑과 우정 같이 동등한 사람들끼리 맺는 관계를 어렵게 만들기도 한다. 앞서 살펴봤듯이 자기신뢰는 친밀한 정서적 관계 속에서 사랑과 보살핌 같은 인정형식을 통해 형성된다. 그런데 여기서 인정의 대상은 보편적 인간 존재로서의 '나'이거나 '너'가 아니다. 사랑과 보살핌의 대상은 '나'의 친구로서의 '너,' '너'의 연인으로서의 '나,' '나'의 자녀 혹은 조카로서의 '너'이다. 그러니까 우리는 사랑과 보살핌이라는 특별하게 긴밀한 관계 속에서 대체될 수 없는 유일한 존재로 인정된다. 이와 달리 권리존중이라는 인정형식 속에서 우리는 모든

---

10) Feinberg, "The Nature and Value of Rights," p.151. 권리와 자기존중의 관계에 대해서는 다음의 글로부터도 많은 시사점을 배울 수 있다. Andreas Wildt, "Recht und Selbstachtung, im Anschluß an die Anerkennungslehren von Fichte und Hegel," *Fichtes Lehre vom Rechtsverhältnis*, hrsg. Michael Kahlo, Ernst A. Wolff, und Rainer Zaczyk, Frankfurt an Main.: Klostermann, 1992. 특히 127쪽 이하를 참조하라.

인간 존재에게 공통되는 도덕적 능력과 자율성을 갖춘 존재로, 같은 인격으로, 평등한 존재로 만난다. 이런 인정이 두드러지는 곳은 한 사회의 공통된 관심사가 토론되고 결정되는 넓은 의미의 정치 영역, 예컨대 공적 토론의 영역이다.

사회적 가치평가. 긍정적 정체성을 갖기 위해서는 육체적 욕구와 정서적 필요를 가진 존재로, 인간적 존엄성과 자율성을 가진 존재로 인정받는 것을 넘어서 다른 사람과 구별되는 고유한 능력과 개성을 가진 '개인'으로 인정받는 것도 중요하다. "개성적이다, 독특하다"는 평판에 현대 사회가 부여하는 높은 가치, 그리고 반대로 "개성이 없다, 특색이 없다"는 판단이 개인들에게 주는 실망감과 좌절감은 단지 신체를 가진 보편적 인격으로 인정되는 것으로는 채워지지 않는 우리 정체성의 빈 공간을 표시해준다.

앞서 말했듯이 우리는 정서적 친밀성 속에서도 특별하고 대체될 수 없는 존재로서 서로에게 사랑과 보살핌을 요구한다. 그렇지만 이때의 유일무이함이란 개인의 특성에서 비롯되는 어떤 것이 아니다. 그보다는 오히려 개인들 각자가 서로 맺고 있는 '관계'의 특별함에서 연유하는 것이다. 이런 유일무이한 관계 속에서 배려되는 것은 육체를 가진 인간이라면 누구나 갖기 마련인 욕구와 정서적 필요이다. 이와 달리 인정의 세 번째 형식인 사회적 가치평가에서 고려되는 것은 개인이 발휘하는 고유한 재능과 능력이다. 개인들의 재능과 능력은 공동의 삶을 지속시키고, 풍부하게 만드는 데 기여한다. 그리고 이와 같은 공동의 삶에 얼마나 기여했느냐에 따라 개인과 그 재능·능력은 사회적으로 평가되고 존경받는다.

예를 들어 실업자가 겪는 고통은 단지 수입의 감소라는 물질적 측면에 한정되지 않는다. 관련 연구들이 공통되게 증언하는 바에 따르면 실업자들은 이제 쓸모없는 인간이 됐다는 느낌, 무능력한 사람이라는 주위의 시선으로 더욱 괴로워한다. 경제적 궁핍이 아니라 소용없는 존재라는 자괴감이 흔히 실업을 알코올중독으로 이어주는 다리가 된다. 독일의 예를 들면, 판매직과 같이 보수가 적은 직종에서 일하면 그냥 실업자로 등록해서 실업수당을 받는 것과 실질 소득에서 큰 차이가 없다. 사람들은 쉽게 그 돈을 더 받으려고 한 달 내내 일하느니 그냥 놀면서 조금 적은 돈을 받는 것이 낫겠다고 생각하지만, 막상 자신이 실제로 선택해야 하는 순간에는 절대적 다수가 일하는 것을 선택한다. 이런 결정은 단순히 경제적으로는 설명되지 않는다. 오히려 상당 부분 자신이 사회에 필요하고 가치 있는 존재라는, 노동을 통해 받을 수 있는 인정이 사람들의 정체성에서 차지하는 크기로부터 설명될 수 있다.

자기신뢰가 친밀한 사적 관계 속에서, 자기존중이 도덕적·법적 권리체계 속에서 성취된다면, 재능과 능력에 대한 평가는 연대의 틀 속에서 이뤄진다. 사회 구성원들이 서로의 활동과 성취를 공동의 삶에 대한 가치 있는 기여로 해석한다는 점에서, 가치평가라는 방식을 통해 구성되는 상호적 인정관계를 우리는 연대의 틀이라고 부를 수 있다. 이런 연대의 틀은 공동의 가치체계를 전제한다. 개인들의 어떤 속성과 활동이 공동체에 어떤 기여를 하며, 그 기여는 또한 얼마나 값진 것으로 저울질되어야 하는가 하는 판단에 기준이 되는 문화적 가치체계 말이다.

3. 사회발전과 인정투쟁

자신의 욕구와 느낌을 신뢰하고 두려움 없이 표현할 수 있는 자신에 대한 기본적 신뢰는 정체성을 구성하는 다른 요소들의 "심리적 전제조건"이 된다. 이런 '바탕' 위에서 자기 자신을 다른 사람과 동등한 권리를 가진 존재로 이해하는 자기존중과, 자신을 고유한 능력과 재능을 가진 개인으로 이해하는 자기평가가 형성된다. 도덕적·법적 권리의 존중으로 표현되는 두 번째 인정형식이 대상으로 삼는 것은, 인간이면 우리가 누구에게나 부여하는 존엄성과 그것의 바탕이 되는 기본적인 도덕적 능력이다. 인간 각자는 어떤 경우에든 한낱 수단으로 사용되어서는 안 되며, 항상 동시에 "목적 그 자체"(칸트)로 여겨져야 한다. 현실의 구체적인 개인이 실제로 어떤 못난 모습을 하고 있든 모든 인간은 인간적인 삶을 살고, 인간적인 대우를 받을 권리를 가지고 있다. 이처럼 근원적인 의미에서 모든 인간은 동등하기 때문에 더 존엄하다, 덜 존엄하다는 저울질이 성립되지 않는다. 개인들이 다른 사람과 구별되는 자신만의 독특한 재능과 특성에 의해 평가되는 사회적 가치평가는 이와 다르다. 공동의 삶에 대한 개인들의 이바지는 비교하는 잣대로 재어지고, 그에 따라 많거나 적은 보상을 받게 된다.

    이 세 가지 인정형식은 개인이 자신과 관계할 수 있는 방식을 가리킨다. 인정형식이 분화될수록 사람들은 자신을 다양한 차원에서 경험할 수 있으며, 이를 통해 보다 많은 자아실현의 기회와 가능성을 얻게 된다. 그렇다고 이런 인정형식이 행위자의 마음먹기에 따라 자의적으로 다양해질 수 있는 것은 아니다. 정체성은 혼자 형성할 수 있는 것이 아니라 본질적으로 사회적 상호작용의 산물이다. 이때 사회적 상호작용이란 얼굴과 얼굴을 맞대고 이뤄지는 인간관계만을 의미하지 않는다. 일상적 인간관계도 기본적으로 보다 넓은 맥락에서 만들어진 사회적 기준과 행위기대를 바탕으로 이뤄지며, 이런 기준과 기대들은 대면적對面的 인간관계 속에 스며들어 있을 뿐만 아니라 사회적 제도들을 관통하고 있다.

이런 의미에서 우리는 사회의 "인정질서"에 대해서 말할 수 있다. 당연한 말이지만 한 사회의 인정질서는 그 사회의 변화에 따라 달라질 수 있고, 역사적으로 볼 때에도 계속 달라져왔다. 달리 표현하면 우리는 인정질서의 변화에서 사회의 변화를 읽을 수 있는 바, 그 변화에 따라 우리가 사회적 상호작용 속에서 자기 자신과 관계 맺는 방식이 변해왔다. 물론 육체적 욕구와 정서적 필요라는 인간조건 때문에 '사랑'이라는 인정형식은 고대로부터 오늘날에 이르기까지 그 변화의 폭이 그렇게 크지 않았을 것이다. 그러나 근대에 출현한 낭만주의적 애정관과 보호받아야 할 유년기라는 생각이 보여주듯이, 인간학적 조건에 가장 근접에 있는 인정형식조차도 인정질서의 변화에 따라 그 구체적 내용이 변해왔다. 어떤 활동과 노동을 사회(혹은 공동의 삶)에 가치 있는 것으로 판단할 것인가 하는 사회적 가치평가의 인정질서는 그 변화의 폭이 훨씬 크다. 가령 이제는 사농공상士農工商이란 가치평가 체계가 흔적도 없이 사라져버렸다. 최근에는 주로 여성이 맡는 육아와 가사노동도 '사회적으로' 가치 있는 것으로 여겨져야 한다는 주장이 힘을 얻어가고 있다. 보다 "혁명적인" 변화는 권리와 존중이라는 인정질서의 출현일 것이다. 근대 이전 인류의 절대 다수는 인간이 평등하다는 생각을 평생 동안 단 한 번도 해본 적이 없을지 모른다. 민주주의가 발전됐다는 서구에서조차 모든 성인 남녀에게 참정권이 보장된 것은 기껏해야 1백 년 정도밖에 안 된다. 미국에서 흑인에 대한 인종차별이 '공식적으로' 사라진 것은 50년도 채 되지 않는다.

이런 변화와 발전은 그냥 저절로 이뤄진 것이 아니다. 단순하게 생산력이 발전하니 그에 맞춰 부수적으로 이뤄진 것도 아니다. 물론 물질적 토대의 변화는 변화와 발전의 환경을 조성한다. 그러나 애매하게 주어져 있는 변화의 가능성이 특정한 방향을 취하는 데는 혁신적 생각과 새로운 이념이 필요하다. 그리고 이것이 현실을 바꾸는 실제적 힘이 되는 것은 비로소 많은 사람들의 집단적 노력과 행동을 통해서이다. 호네트는 인정을 둘러싼 투쟁이란 개념을 통해 이런 역사적 발전을 거시적 차원에서 설명하고자 한다. 기존의 인정질서 속에서 정당한 인정을 받지 못하는 사람들, 부당하게 무시당하는 사람들은 보다 정의로운 인정질서의 수립을 위해 나서게 된다. 이런 설명틀의 장점은 무엇보다 사회의 변화를 설명하는 데 그치는 것만이 아니라, 이를 해석하고 규범적으로 판단할 수 있는 가능성까지 동시에 확보케 해준다는 것이다.

1) 자본주의 사회의 규범적 질서의 성립

호네트에 따르면 자본주의 사회의 규범적 토대는 무엇보다 신분질서가 특정한 방식으로 해체되며 성립됐다.[11] 신분제란 출신과 가

문을 중심으로 한 사회적 가치평가 체계이다. 여기서는 누릴 수 있는 사회적 존경, 법적 권리, 그리고 물질적 재화의 크기 등이 출신 성분에 의해 규정된다. "모든 전통 사회에서는 법적 존중과 사회적 가치평가가 합성되어 그 사회의 도덕적 토대를 이루고 있었다. 부르주아 자본주의 사회질서의 형성과 더불어 이런 혼합일체가 깨어진다. …… 법적 인정이 위계적 가치질서로부터 분리되어, 이제 사회 구성원 각자는 원칙적으로 다른 모든 사람들과 마찬가지로 법적 평등을 누리게 된다."[12]

그렇지만 인정질서의 "규범적 구조변동"은 이런 분리에서 끝나지 않는다. 혈통과 출신을 중심으로 하던 문화적 가치평가 체계가 이제 "개인의 업적"이라는 이념에 맞춰 재편되고, 법적 권리를 모든 사회 구성원들이 동등하게 누리게 된다. 다시 말해서 사회적 위신, 명예, 경제적 재화가 신분에 상관없이 개인들이 이뤄낸 성취에 따라 분배되는 것이다. 물론 이런 규범적 구조변동이 실제로 삶의 구석구석에 구현되는 것은 아니다. 예컨대 현실에서는 구체적

---

11) 호네트가 설명하려는 것이 자본주의 사회 자체의 형성인지, 아니면 훨씬 좁게 그 사회의 '규범적 토대'의 성립인지는 분명하지 않다. 호네트가 사용하는 표현의 빈도수만 보면 자본주의 사회 자체의 형성을 설명하려는 듯한 인상을 받기가 쉽지만, 그의 이론을 훨씬 더 설득력 있게 만들려면 규범적 질서로 대상을 좁게 설정하는 것이 나을 것이다. Axel Honneth, *Umverteilung oder Anerkennung?: Eine politisch-philosophische Kontroverse*, Frankfurt/Main: Suhrkamp, 2003, S.287~288. 한편 자본주의 사회질서의 성립과 관련해 이 책(162쪽 이하)과 『인정투쟁』(193쪽 이하)에서의 설명은 약간 다르다. 전자에서는 사랑이라는 인정관계의 자립화에 새로운 무게가 주어진다.

12) Honneth, *Umverteilung oder Anerkennung?*, S.165.

인 업적이나 능력이 없는 사람일지라도 재벌집 자식으로 태어났다면 그 사실 하나만으로 평생을 호강하며 살 수 있는 물질적 조건과 사회적 위신까지 모두 누릴 수 있다. 그러나 이런 사실에도 불구하고 법적 평등, 개인의 업적이라는 이념이 한 사회에 원칙으로 닻을 내렸는가, 아니면 그렇지 못하고 있는가 하는 것은 하늘과 땅 차이이다. 그래서 자본주의 사회의 성립과 함께 혁신적 사상과 이념에 힘입어 이뤄진 규범적 질서의 구조변동은 이념과 현실의 괴리에도 불구하고 결코 과소평가될 수 없다.

평등 이념을 근본 토대로 하는 법적 인정질서의 성립과 개인의 성취를 중심으로 한 사회적 가치평가 체계의 재편이 만들어낸 결코 간과할 수 없는 차이는, 이로써 그 사회에 투쟁의 현실적·규범적 토대가 마련됐다는 것이다. 현실에서 법적 관행은 '유전무죄 무전유죄'를 구현하고 있을 수도 있다. 그러나 그런 관행은 '억울하면 돈 벌어라'라는 논리로 정당화될 수 없다. 구체적으로 헌법이 "모든 국민은 법 앞에 평등하다"(헌법 11조)고 선언하고 있기 때문이다. 헌법으로 성문화되어 있을 만큼 현실에 확립되어 있는 이런 규범적 원칙에 힘입어 이제 정당화의 부담이 달라진다. 법적 권리체계에서처럼 분명하게는 아니지만, 현대 사회에 닻을 내린 개인의 업적이라는 원칙도 재화와 명예의 분배와 관련해 비판과 투쟁의 규범적 토대 역할을 하고 있다. 유산이나 부동산 투기 같은 불로소득에 대한 중과세 요구, 취직과 승진심사에서 성별·본적·출신학교 등이 아니라 개인의 실제 능력이 더 중요하게 고려되어야 한다는 요구 등에서 잘 드러나듯이 말이다.

2) 사회갈등의 도덕적 구조와 논리

현실과의 괴리에도 불구하고 규범적 원칙이 비판과 투쟁을 근거짓고 북돋을 수 있는 것은 원칙에 본질적으로 내재하는, 구체적인 맥락을 넘어서는 "의미초과"semantischer Überschuss 때문이다.[13] 원칙이라는 것은 개별 상황을 넘어서는 일반성을 지니고 있기 때문에 구체적 상황에 적용되기 위해서는 항상 해석되어야 한다. 여기서 해석을 둘러싼 겨루기가 벌어진다. 새롭게 고려되어야 할 사실관계에 대한 지식, 창조적 발상, 설득력 있는 논증, 이를 뒷받침하는 사회적 힘이 합쳐지면 규범적 원칙은 그 내용이 풍부해지게 된다. 이는 단지 철학적 사변이 아니라 근대 이후 권리체계의 발전사에서 확인할 수 있는 경험적 사실이다.

그 안에 깃든 의미초과 덕분에 원칙이 스스로 지속적인 갱신을 하게 되는 과정과 논리를 이해하는 데는 오늘날 법학에서 거의 상식이 된 토머스 험프리 마샬의 논의를 참고하는 것이 도움이 된다.[14] 법적 평등의 대상은 국가공동체의 구성원들로서, 일단 그 내용은 외적 침입으로부터의 평등한 자유였다. 예를 들어 누구도 법적 절차 없이 체포·구금되어서는 안 된다. 여기서 실제로 국가공동체의 시민으로서 평등하다는 것은, 소극적 자유의 평등을 넘어 그 사회의 '온전한' 구성원이 된다는 것을 의미한다는 새로운 발상

---

13) Honneth, *Umverteilung oder Anerkennung?*, S.302ff.
14) Thomas Marshall, "Citizenship and Social Class," *Sociology at the Crossroads*, London: Heinemann, 1963. 나는 호네트의 재정식화에 의존한다. 『인정투쟁』 199쪽 이하를 참조하라.

이 생겨난다. 이 단계에서 '온전하다'는 것은 그 사회의 정치적 의사결정에 참여할 수 있는 권리를 의미했다. 이렇게 해서 충분한 재산을 가진 성인 남성들만이 아니라 부의 크기에 상관없이 모든(물론 처음에는 성인 남자들만을 포함한) 사회 구성원이 참정권을 가져야 한다는 투쟁의 목표가 정해진다. 노동자계급을 중심으로 한 하층계급의 참정권 운동에 힘입어, 이제 평등한 기본권은 정치적 참여의 권리로까지 그 내용이 풍부해진 것이다.

여기서 다시 '온전한 구성원'에 대한 새로운 해석이 발동한다. 평등 원칙의 초과적 의미가 다시 한 번 동원되는 것이다. 실제로 평등하기 위해서는 형식적으로 같은 권리를 갖는 것만으로는 부족하다. 그런 권리를 실제로 '발휘'할 수 있는 동등한 기회가 주어져야 한다. 우선은 무상 의무교육을 위한 투쟁이 전개된다. 성인이 되어서 자신의 권리를 실제로 행사할 수 있으려면 기본적인 지적·문화적 소양이 필수적이기 때문이다. 똑같은 논리에서 경제적 능력과 활동 유무에 상관없이 모든 사회 구성원에게 최소한의 삶의 조건이 보장되어야 한다는 요구가 제기된다. 이런 혁신적 해석과 투쟁에 힘입어 적어도 20세기의 서구 복지국가에서는 평등의 이념 아래 성립된 기본권의 체계가 사회보장의 권리로까지 확장된다.

자본주의 사회 성립 이후의 규범적 발전은 이런 평등 이념의 확장과 풍부화말고, 인정관계들 사이의 "새로운 경계설정"이라는 측면에서도 설명된다.[15] 앞서 살펴본 것처럼 낭만주의적 애정관의

---

15) Honneth, *Umverteilung oder Anerkennung?*, S.222ff.

성립, 포괄적인 신분질서의 붕괴와 더불어 근대 자본주의 사회에서는 보살핌, 권리, 연대라는 세 가지 인정관계가 형성됐다. 친밀성의 관계는 배려의 원칙에 따라, 권리관계는 평등의 이념에 근거해, 연대는 개인의 업적이라는 기준에 입각해 구성됐다. 각 인정질서는 고유의 원칙에 근거하고 있으므로 상대적 자율성을 누린다. 그러나 각 인정영역의 자립화는 (그 자체의 진보적 의미에도 불구하고) 경우에 따라 개인의 인간적 존엄성과 자율성을 위협하는 방향을 취할 수도 있다. 친밀성 영역의 자립화는 여성과 아동이 가정폭력과 학대에 대책 없이 노출되는 의도하지 않은 결과를 가져올 수도 있고, 업적평가 영역의 자립화는 사회적 약자를 경제적 착취에 무방비로 노출시킬 수도 있다. 인간의 존엄성과 자율성을 원칙으로 한 법적 권리체계는 이런 탈선을 교정하는 역할을 한다. 인간의 존엄성과 자율성은 모든 사람에게 무조건적으로 부여된 속성이다. 이런 무조건성에 힘입어 도덕적 존중의 원칙은, 다른 인정영역에서 사람들의 존엄성과 자율성이 훼손될 때 이에 개입해 이를 복구할 규범적 권위를 갖게 된다.[16] 아동학대방지법이나 이혼에 관한 법률, 노동조건을 규정하는 법률이나 사회보장제도와 관련한 법적 규정에서 우리는 이런 발전의 예를 볼 수 있다.

3) 진보의 기준: 포용과 개인화

자본주의 사회의 규범적 토대, 그리고 그 이후 사회관계의 규범적 발전에 관한 이런 설명으로부터 우리는 오늘날의 사회적 갈등을 해석할 수 있는 몇 가지 시사점을 배울 수 있다. 우선적으로 눈에

띄는 것은 자본주의 사회의 규범적 질서가 성립하고 발전하는 과정에서 인간의 존엄성과 자율성, 평등의 이념이 맡아온 중요한 역할이다. 오늘날에도 인종적·문화적 소수자들이 자신들의 권리와 생활방식의 인정을 위해 자주 이 원칙에 호소하는 것을 볼 때 이 이념의 초과적 의미는 아직 다 소진되지 않았다고 할 것이다.

그 다음으로 이상의 논의로부터 사회적 갈등과 투쟁을 판단할 기준이 도출될 수 있다. 모든 사회적 갈등과 투쟁이 환영할 만한 것은 아니다. 생존을 위한 투쟁도 있지만, 이미 확보한 기득권을 공고히 하고 확대하려는 위로부터의 계급투쟁도 있다. 그동안의 노력을 통해 확보된 사회의 도덕적 발전을 되돌리려는 움직임도 항상 있다. 따라서 매우 추상적일지라도 현실의 다양한 투쟁과 갈등을 규범적으로 판단할 기준이 필요하다.

좋은 사회란 보람차고 성공적인 삶의 인간학적 조건이 되는 긍정적 자기관계의 조건을 가능한 한 많이 제공하는 사회이다. 여기

---

16) 이 점에서 세 가지 인정형식이 규범적으로 동등하다는 호네트의 주장은 수정될 필요가 있다. 세 인정형식 사이에 "극복될 수 없는 긴장관계"가 있을 수 있음을 잘 알고 있는 호네트는 이런 긴장관계를 세 인정질서의 성립과 함께 출현한 근대의 운명처럼 생각한다. 이런 긴장관계에 대해 호네트는 한편으로 도덕적 존중에 "절대적 우선성"을 부여하며, 다른 한편으로는 세 가지 인정형식의 규범적 동등성 테제를 고수한다. 이 두 진술이 서로 모순되지 않으려면 도덕적 존중의 절대적 우선성을 규범적 의미에서가 아니라 실용적 의미에서, 혹은 역사적 현실의 기술이라는 의미에서 이해해야 한다. 그러나 호네트는 구체적 내용에서 자주 도덕적 존중의 '규범적' 우선성을 암시하고 있다. 나는 이런 측면에서 호네트의 인정이론이 의무론적으로 재해석될 여지가 있다고 생각한다. 악셀 호네트, 이현재 옮김, 「아리스토텔레스와 칸트 사이에서: 인정도덕에 대한 스케치」, 『정의의 타자: 실천철학 논문집』, 나남출판사, 2009, 237쪽; 『인정투쟁』, 289쪽; Honneth und Nancy Fraser, *Umverteilung oder Anerkennung?*, S.213, 223, 297ff.

서 '많이'란 두 측면에서 이해된다. 우선은 보다 많은 사람들에게 정체성 형성의 기회와 조건이 보장되어야 한다. 다른 한편 '많이'는 질적 의미로 이해될 수 있다. 개인이 자신과 긍정적으로 관계 맺을 수 있는 방식과 측면이 늘어나 자기실현의 폭이 확대되어야 한다. 호네트는 이를 포용Inklusion과 개인화Individualisierung라는 개념으로 설명한다.[17] 포용과 개인화라는 기준을 통해 한 사회의 도덕적 질이 평가될 수 있으며, 그 사회를 움직이는 운동도 규범적으로 평가될 수 있다는 것이다. 포용이란 권리체계가 그로부터 배제되거나 차별당하는 사람이 없도록 지속적으로 일반화되어야 한다는 것을 의미한다. 또한 개인화란 구체적 상황과 개인의 특수성이 적절하게 고려될 수 있도록 권리체계가 그 적용 맥락에 민감해질 필요가 있다는 것을 의미한다. 사회적 연대의 틀은 특정한 몇몇 활동만을 특권화하기보다는 상이한 개인들의 다양한 재능과 활동 모두를 공동의 삶을 살찌우는 공헌으로 해석하도록 다채롭고 포괄적인 가치체계로 발전되어야 한다. 또한 그런 기여들을 수직적으로 줄 세우기보다는 하나 같이 모두 사회에 대한 소중한 이바지로, 수평적으로 평가할 수 있게끔 가치체계 역시 평등화되어야 한다.

4) 무시와 분노의 사회적 동학

앞서도 언급했지만 사회철학적 기획으로서 인정이론은 규범적으로 정당화되고 경험적으로 뒷받침되어야 한다는 방법론적 요구를

---

17) Honneth, *Umverteilung oder Anerkennung?*, S.217ff.

충족시켜야 한다. 그리고 경험적으로 뒷받침되어야 한다는 것은 한편으로 이론의 정당화를 위해 사용되는 논거들이 간접적으로라도 경험과학적 연구를 통해 검증가능해야 한다는 것이며, 다른 한편으로는 그렇게 구성된 규범적 관점이 현실의 사회에 자신의 흔적을 갖고 있어야 한다는 요구였다. 그래야 비판은 단순한 불평이나 한탄을 넘어, 현실의 변화를 위한 기대를 가질 수 있다.

첫 번째의 방법론적 요구사항을 만족시키기 위해서 호네트는 토머스 홉스와 헤겔에서 출발해 칼 맑스, 장-폴 사르트르, 미드로 이어지는 이론사적 흐름만이 아니라 사회심리학, 정신분석학, 사회학, 역사학 등 경험과학의 성과를 교차적으로 사용해 자신의 이론을 구성하려고 끊임없이 노력했고, 노력 중이다.

두 번째의 방법론적 요구사항과 관련해서는 다시 두 단계로 답변이 가능하다. 우선은 우리의 인정관계와 기대를 구성하는 원칙(가령 법적·도덕적 평등과 개인의 업적이라는 원칙)이 실제로 현실 사회에서 작동하고 있으며, 제대로 작용하고 있지 못한 경우에도 비판의 토대로 활용되고 있음을 보여주려고 했다. 더 나아가 호네트는 인정투쟁이론이 사회의 규범적 원칙에 호소하는 다른 이론들보다 개인의 경험에 훨씬 밀접하게 다가서 있음을 장점으로 여긴다.[18] 이런 근접성은 인정투쟁이론이 개인의 정체성 형성에 부여하는 이론적 관심으로부터 도출된다. 정당하게 제기되는 인정요구가 묵살될 때, 당연한 것으로 여겨진 인정기대가 깨어질 때, 그런

---

18) 호네트, 「무시의 사회적 동학」, 120~125쪽.

부당한 경험은 행위자에게 감정적 흔적을 남기게 되며, 그런 부정적 감정들은 특정 조건 아래에서 인정투쟁의 동력이 된다.

물론 모든 사회운동이 도덕적으로 동기지워진 인정투쟁인 것은 아니다. 분명히 이해관심Interesse을 목표로 하는 투쟁이 있다. 그러나 어떤 투쟁이 물질적 목표를 갖고 있다고 해서 곧장 그 투쟁이 단지 이해관심을 위한 투쟁이 되는 것은 아니다. "사회적 갈등에서 행위를 이끄는 집단적 이해관심이 꼭 궁극적인 것이나 근원적인 것은 아니다. 오히려 그런 이해관심은 이미 앞서, 인정과 존중에 대한 규범적 요구를 포함하고 있는 도덕적 경험의 지평 안에서 구성된 것일 수 있다."[19]

예를 들어보자. 지나치게 적은 경제적 보상이 노동에 대한 경시로, 열악한 노동조건과 지나친 노동통제가 "인격을 모독"하는 것으로 경험되는 것은 흔한 일이다.[20] 노동자로, 인간으로 당연하게 기대된 인정이 거부될 때, 사람들은 수치심과 분노 같은 부정적 감정을 느끼게 된다. 이런 감정은 한낱 주관적 감정상태의 표현에 그치는 것이 아니다. 거기에는 인지적 잠재력이 들어가 있다. 행위자는 자신이 느낀 분노와 수치심에 대해 생각해봄으로써 그런 감정의 도덕적 내용을 파악할 수 있다. 이런 부정적 감정이 도덕적으로 부당한 대우, 정당한 인정요구의 무시에서 연유한다는 인식에 도

---

[19] 호네트, 『인정투쟁』, 271쪽. 인간 행위의 동기를 이해관심으로 축소해서 환원적으로 설명하려고 하는 합리적 선택이론 등이 지나치게 좁은 시야 때문에 보지 못하는 사실이 바로 이것이다. 인간 행위에서 어떻게든 이기적 이해관심을 찾아내야 만족하는 이런 이론들은 이론적 설명의 자기만족을 위해 존재하지 않는 이해관심까지 만들어낸다.

달하면, 그런 감정의 해소는 분명한 방향을 갖게 된다. 무시당한 사람은 부당한 대우에 항의하고, 무시된 요구를 관철시킴으로써 훼손된 자신의 정체성을 회복하려는 내적 충동을 느낀다.

이런 무시의 경험이 많은 사람들에게 공통된 경험이고 이 경험으로 생긴 부정적 감정의 규범적 내용이 정치적·도덕적 신념으로 정제되어 여러 사람들에게 공유될 때, 그런 부정적 감정은 인정투쟁을 위한 동기로 상승된다.[21] 정당한 인정요구를 관철시키고, 기존의 인정질서를 개혁하려는 도덕적으로 동기지워진 투쟁은 이렇게 시작된다. 이런 투쟁은 경제적 보상을 목적으로 하는 경우에도

---

20) 호네트는 자신의 주장을 뒷받침하기 위해 주로 에드워드 P. 톰슨과 배링턴 무어의 역사적 연구를 이용하고 있다. 그러나 여기서 제시되는 테제를 뒷받침하는 데 사용될 수 있는 한국의 연구성과들도 있다. 다음은 이랜드 노조의 조합원으로서 2007년 6월부터 1년 이상 지속된 이 노조의 파업투쟁을 함께 한 수납직원 조희숙 씨의 사례이다. "힘들게 일하는데 눈썹 칠하고 입술 칠하는 색까지 체크했어요. …… 만약 입술을 안 발랐거나 다른 색이면 점장이나 수납팀장이 와서 막 칠해줘요. …… 머리도 잔머리가 나오면 애네들이 무스를 머리에 발라줘요. 그런 게 정말 미쳐버리겠는 거예요. 사람을 사람으로 보지 않는 거죠. …… 이것은 인격을 모독하는 거잖아요"(권성현 외, 『우리의 소박한 꿈을 응원해 줘: 이랜드 노동자 이야기』, 후마니타스, 2008, 26~28쪽). 한편 구해근은 1970~80년대 한국 노동운동을 도덕적으로 동기부여된 인정투쟁으로 해석할 수 있는 많은 단서를 제공해주는 훌륭한 연구를 수행했다. 구해근, 『한국 노동계급의 형성』, 창작과비평사, 2002. 특히 이 책의 4장은 상당히 감동적이다.
21) 이랜드 노조의 또 다른 조합원 장은미 씨는 이렇게 얘기한다. "버틸 수 있는 한도까지는 이를 악물고 버티려고요. 없는 사람도 돈보다 중요한 게 있죠. 넌 돈이 있지만 나는 나만의 자존심이 있다. 그런 걸 보여 주고 싶었던 거예요. …… 우리도 이걸 겪지 않았으면 냉소적인 사람 중에 포함되었을 거예요"(『우리의 소박한 꿈을 응원해 줘』, 95쪽). 이선화 씨 역시 투쟁을 1년 넘게 계속할 수 있는 원동력이 무엇이냐는 질문에 비슷한 대답을 한다. "나 자신에 대한 자존감이라고 생각해요. 내가 나를 사랑하고 내가 나를 지키는 거요."(같은 책, 114쪽).

그것만을 목적으로 하지는 않는다. 또한 이해관심에 의해서만 동기지워진 것이 아니기 때문에 이런 투쟁에 나선다는 것 자체가 행위자의 정체성에 긍정적 영향을 미친다. 그래서 투쟁목표를 달성하지 못해도 그것이 곧장 투쟁 자체에 대한 후회로 이어지지 않는다. 오히려 많은 이들은 투쟁 중에 자기 정체성의 새로운 면을 경험하고, 새로운 것을 "느끼며," 새로운 인식과 신념에 이른다. 그리고 이것이 그 자체로 "성과"와 "보람"으로 여겨진다.[22]

한국의 근현대사는 도덕적으로 추동된 많은 투쟁을 알고 있다. 그 중에서도 1980년 5월 군부독재에 맞선 광주시민들의 투쟁은 가장 숭고한 투쟁 중 하나일 것이다. 그런 만큼 무시와 분노의 사회적 동학은 여기서 어느 투쟁에서보다 선명하게 관찰될 수 있다.[23] 당시 광주에 파견된 공수부대는 무서움과 공포심을 주어 시위대를 흩어지게 하려고 대검과 화염방사기 등 끔찍하게 폭력적이고 잔인한 진압방법을 사용했다. 이런 진압방법은 "개인의 이기심과 자기

---

22) "요구안을 100퍼센트 따 내는 게 문제가 아니라 살면서 내가 알지 못했던 거를 알게 되었다는 것. 정치도 그렇고 내 권리가 뭔가, 내 권리는 내가 목소리 내야 되는구나, 한두 가지가 아니죠. 삶에 대해 느끼는 게 많아요. 이게 성과죠"(이경옥), "회사가 미워서도 하지만 우리 아이들 때문에 하는 것도 있어요. …… 정말 이 사회가 애들이 꿈을 많이 가질 수 있는 사회, 열심히 하면 내 꿈이 이뤄지겠다, 열심히 한 만큼 대가를 받겠다, 그런 거를 아이들한테 물려주고 싶은 마음도 있어요"(정미화), "점점 생각이 바뀌어 가고 있는 거 같아요. 그게 보람이죠. 이 싸움을 이기든 지든 지금까지와는 다른 삶을 살 거 같아요"(윤수미), 『우리의 소박한 꿈을 응원해 줘』, 68, 70, 77쪽.
23) 이런 동학을 "공포와 분노의 논리"로 탁월하게 포착하고 있는 논의로는 다음을 참조하라. 최정운, 『오월의 사회과학』, 풀빛, 1999, 121∼135쪽. 이 책은 열정과 지성과 노력, 자료와 통찰이 결합된, 최고로 빼어난 5월 광주항쟁 연구서 중 하나이다. 특히 2장과 3장은 매우 감동적이기까지 하다.

보호 본능에 초점을 맞춘" 것으로서 처음에는 효력을 발휘한다. 끔찍한 폭력은 사람들에게 분노를 일으켰지만 동시에 겁에 질려 도망가게 했던 것이다. 그러나 도망간 사람들은 "자신이 부끄러워지기 시작했다. …… 항거할 수 없는 자신의 비굴함을 보고 …… 자신에게 이루 말할 수 없는 모멸감을 느꼈다." 비겁한 자신은 인간으로서 자격도 없다는 자신에 대한 수치와 분노. 이런 분노는 그것이 공수부대의 폭력에서 비롯됐다는 인식과 더불어 다시 공수부대를 향하게 된다. 인간으로서의 자존감을 회복하기 위해서 광주시민들은 "사선을 넘어 공수부대와 싸워야만 했던 운명이었다. 광주시민들이 목숨을 걸고 과감히 투쟁에 참여한 것은 인간의 존엄성, '인간임'을 회복하기 위해 이성으로 하여금 공포를 뚫고 과감히 분노를 분출하도록 내린 결단에 의한 것이었다."

그러나 그런 결단을 하고 나갔다가도 시민들은 공수부대의 잔인한 폭력 앞에 다시 겁을 먹고 도망친다. 다시 자기모멸의 감정이 자신을 사로잡고, 시민들은 이웃을 위해, 그리고 자신의 존엄성을 회복하기 위해 다시 도청 앞으로 나가기로 결심한다. 시위가 지속적으로 상승된 것이 아니라 흩어졌다가 다시 모이는 과정이 수차례 반복된 5·18 광주항쟁의 불연속적 패턴은 이런 내면의 자기극복 과정으로 설명될 수 있다.[24] "시민들은 이미 공포를 극복하고 참가했지만 구체적인 상황이 오면, 공수부대가 악을 쓰고 달려오면 급히 도망쳐야 했고 다시 마음을 가다듬고 나가야 했다. 그러나 이들은 포기하지 않았다. …… 인간이 되기 위해 각자 결의와 이성으로 공포를 극복한 시민들이 벌이는 항쟁이었다."

4. 인정과 분배 정의

정치철학에서는 10여 년 전부터 "인정의 정치"Politics of Recognition 혹은 "차이의 정치"Politics of Difference라는 개념이 차지하는 자리가 점점 더 커지고 있다. 인정의 정치는 물질적 재화의 분배에 집중하는 기존의 정의관이 여성과 소수자들의 차이와 정체성 인정에 대한 요구를 반영하지 못한다고 비판한 인종적·문화적·성적 소수자들의 운동을 통해서 등장했다. 이와 반대로 분배 정의를 강조하는 진영에서는 인정의 정치가 경제적 분배의 실질적 중요성을 간과하고 있다고 재비판해왔다. 이런 맥락에서 뉴욕에서 가르치고 있는 낸시 프레이저가 '인정'이라는 이론틀을 비판하고 나오면서, 그녀와 호네트 사이에 흥미로운 논쟁이 시작된다.

공교롭게도 호네트의 『인정투쟁』은 인정의 정치에 학문적 시민권을 부여한 찰스 테일러의 『문화다원주의와 인정의 정치』[25]와 같은 해인 1992년에 출판됐다. 두 책의 제목 모두에 들어 있는 '인정'이라는 낱말이 암시하듯이 호네트와 테일러는 그 문제의식에서

---

24) 5·18 광주항쟁을 설명하는 가장 흔한 도식이 과잉진압에 따른 과격시위의 상승작용이었다는 것이다. 이것은 편안하고 쉬운 양비양시론(兩非兩是論)의 일종이다. 그러나 이 편안한 도식은 5·18 광주항쟁의 불연속적 성격을 설명하지 못한다. 다른 한편 심지어는 광주항쟁 유족회에 의해서도 부분적으로 대변되는 견해, 즉 '야만적 증오감정,' '파괴본능'의 폭발로 광주시민들의 분노를 해석하는 것도 피상적이다. 그것은 오히려 인간성 회복을 위한 두려움을 무릅쓴 이성적 결단의 표현으로서의 분노였다. 이것 모두 최정운의 통찰이다.
25) Charles Taylor, *Multiculturalism and "The Politics of Recognition"*, Princeton: Princeton University Press, 1992.

상당한 공통점을 가지고 있다. 예를 들어 절차주의적 보편주의에 대한 유보, 물질적인 것으로 환원되지 않는 사회적·문화적 요소에 관심 등이 그것이다. 그러나 그에 못지않게 차이점도 두드러지는데, 무엇보다 테일러에게 인정이란 문화적·성적 정체성의 긍정이라는 의미로 좁게 설정되어 있다. 그리고 정체성도 문화적으로 이미 굳어져 있는 것으로 여겨진다. 이런 개념틀이 갖는 약점은 분명하다. 인종적·성적 소수자라는 이유로 부당하게 차별받으면 안 되는 것은 분명하지만, 그렇다고 그것이 그 자체로 평등대우를 넘어서는, 어떤 긍정적 가치평가에 대한 요구를 정당화하는 것은 아니기 때문이다.[26] 또한 우리는 쉽게 소수자들에 의한 인정의 정치만을 생각하지만, 다르다는 것이 곧 긍정적 가치평가에 대한 권리를 부여한다면 주류, 다수, 혹은 상층 엘리트들에 의한 억압적이고 공세적인 인정의 정치도 충분히 가능하며, 이것을 소수자들의 운동과 구분할 수 있는 규범적 토대는 사라지고 만다.

무엇보다 인정과 분배의 관계를 둘러싼 논의에서 중요한 것은, 인정을 문화적·성적 정체성에 대한 긍정으로 좁게 설정할 경우 분배 정의와 인정이 쉽게 양자택일의 문제가 된다는 것이다. 그래서 호네트는 인정 개념을 충분히 분화해서 사유해야 한다고 반복해 주장한다. 인정은 단순히 성적·문화적 차이의 긍정이 아니라 좋은

---

[26] 테일러에 대한 호네트의 비판으로는 다음을 참조하라. Honneth, *Umverteilung oder Anerkennung?*, S.114ff., 196ff., 200. 한편 테일러에 대한 프레이저의 비판도 참조하라. Nancy Fraser, "Rethinking of Recognition," *New Left Review*, vol.3, (May-June) 2000.

삶을 살기 위해 꼭 필요한 긍정적 자기관계를 위한 조건이다. 그리고 이런 조건에 세 가지 인정형식(사랑, 존중, 가치평가)이 상응한다. 이렇게 인정을 포괄적으로, 동시에 분화해서 사유할 때, 상호배타적인 문제들로 보이던 인정과 분배가, 인정이라는 하나의 이론적 틀 안에서 통합되어 고찰될 수 있다.[27]

호네트가 태어나서 자란 에센은 탄광과 공장이 많은 루르공업지역의 도시이다. 아버지가 의사였던 호네트는 걱정 없는 유년기를 보냈고, 중고등학교에 가서 광산노동자 가정의 친구들을 사귀면서부터야 비로소 일상의 곤궁을 배운다. 호네트는 당시를 회상하며 이렇게 말한다. "우리는 서로 창피함을 느꼈다. 한쪽은 자신들의 부유함을, 다른 한쪽은 그들의 가난을 부끄러워했다."[28] 아마도 이런 경험이 호네트로 하여금 노동과 분배의 문제를 계속해서 자신의 이론적 관심의 한 축으로 삼게 했는지도 모르겠다. 어쨌건 호네트는 체계와 생활세계의 분리를 주장한 하버마스에게 지속적으로 문제를 제기해왔다. 하버마스의 이론이 경제영역과 노동의 문제를 제대로 다루지 못한다는 계속되는 호네트의 비판, 그리고

---

27) 호네트와 프레이저의 이 수준 높은 논쟁을 한 권의 책으로 묶은 것이 바로 『분배냐 인정이냐?』(*Umverteilung oder Anerkennung?*)이다. 그런데 이 책의 제목은 사람들의 관심을 끌기에는 좋지만 이 논쟁의 성격을 정확하게 표현하고 있지 못하다. 호네트가 처음부터 분명히 하듯이, 이 논쟁은 둘 중 어느 것이 더 중요한가 하는 양자택일을 둘러싼 토론이 아니기 때문이다. 프레이저 역시 분배와 더불어 차이의 인정에 대한 중요성을 거듭해서 강조한다. 논쟁이 되는 것은 어떤 이론틀이 두 문제를 보다 포괄적으로 잘 다룰 수 있는가 하는 것이다.
28) "Frankfurter Gesichter: Axel Honneth," *Frankfurter Allgemeine Zeitung*, 12 August 2006.

이를 넘어서려는 지속적인 시도는 이 문제영역에 대한 호네트의 끈질긴 관심을 보여준다.[29]

프레이저는 분배와 인정이 정의를 구성하는 두 측면이지만 이 두 측면은 뚜렷이 구별되며, 따라서 두 문제를 적절하게 이해하기 위해서는 상호독립적인 두 관점이 필요하다는 "이원적 정의관"을 제시한다. 이와 달리 호네트는 이 두 문제가 모두 '인정'이라는 하나의 틀 안에서 보다 잘 파악될 수 있다고 주장한다. 호네트에 따르면 인정이라는 개념틀을 사용한다는 것이 결코 분배 정의를 경시한다거나 그 문제를 적절히 설명할 수 없다는 것을 의미하지는 않는다. 오히려 자신의 인정이론처럼 인정을 적절히 세 가지 형식으로 분화시켜 이해한다면 분배 문제를, 적어도 분배를 인정과 독립된 문제로 다루는 이론틀만큼 현실적으로 설명할 수 있으며, 무엇보다 분배를 둘러싼 갈등의 '규범적' 성격을 보다 적절하게 파악할 수 있다는 것이다.

호네트의 인정이론을 구성하는 세 번째 인정영역은 개인들의 재능과 업적이 공유된 가치기준에 따라 사회에 대한 기여로 평가되고 보상되는 가치평가 체계였다. 노동과 서비스, 그 보상이 이뤄

---

[29] 이와 관련해서는 다음을 참조하라. 악셀 호네트, 강병호 옮김, 「노동과 인정: 새로운 관계규정을 위한 시도」, 『시민과 세계』(제15호), 2009, 391~416쪽; *Kritik der Macht: Reflexionsstufen einer kritischen Gesellschaftstheorie*, Frankfurt/Main: Suhrkamp, 1986. 특히 9장. 최근 호네트가 페터 슬로터다이크에게 가한 논쟁적 비판은 그 논쟁의 구체적인 내용을 떠나 호네트의 사회민주주의적 심성을 잘 보여준다. Alxel Honneth, "Fataler Tiefsinn aus Karlsruhe," *Die Zeit*, 24 September 2009, S.60~61.

지는 경제영역(좁게는 노동시장)은 바로 이 세 번째 인정영역을 이루는 중요한 요소이다. 자본주의가 자연법칙과 같은 고유한 법칙을 따르고 있는지는 쉽게 결정할 수 있는 문제가 아니다. 그러나 자본주의 시장의 고유한 논리를 인정하더라도, 그것이 곧 자본주의 경제영역이 규범으로부터 자유로운 영역이라는 결론으로 이어지는 것은 아니다. 시장의 고유 논리와 나란히 수많은 문화적·규범적 가치들은 시장에서 활동하는 사람들의 행위와 상호교류를 규정한다. 이는 노동시장에서 보다 분명해진다. 사회적으로 꼭 필요하고 가치 있는 일은 무척 다양하다. 그러나 그 중에서 어떤 활동이 다른 활동과 비교할 때 얼마나 더 가치 있으며, 어떤 경제적 보상을 받을 만한지를 결정하는 것은 단순히 시장법칙 하나만으로 되지 않는다. 거기에는 현실의 문화적 가치체계도 큰 영향을 미친다. 그리고 이런 가치들은 분명 "이데올로기적 성격"을 띠고 있다.

역사적으로 볼 때 비서라는 직업이 이를 잘 예시해준다. 우리나라에서 한 조직의 사무총장이나 정부 부처의 차관 정도에 해당하는 '총괄비서' Generalsekretär, '국가비서' Staatssekretär라는 표현에 아직 그 흔적이 남아 있듯이, 비서라는 직업은 처음에는 사회적 지위가 무척 높은 남성의 일이었다. 오늘날에는 이 직업에 대한 평가와 보상이 많이 낮아졌는데, 그냥 낮아졌을 뿐만 아니라 이 직종의 여성화가 더불어 진행됐다. 이것은 노동시장이 문화적·성적 가치체계와 얼마나 밀접하게 연관되어 있는지를 잘 보여준다. 마찬가지로 일부 소위 전문경영인과 프로스포츠 선수가 챙기는 보통 사람의 상상력을 초월하는 천문학적 액수의 연봉과 일반 노동자가 받은 급여의 차이는 결코 경제적 논리만으로 설명되지 않는다. 거기에는 누구는, 어떤 직업은 엄청난 연봉을 받아도 된다는 혹은 받아야 한다는, 반대로 어떤 직업은 높은 보상을 받을 필요가 없고, 때로는 받아서도 안 된다는, 이데올로기적 가치체계가 작동하고 있다. 따라서 물질적 분배를 둘러싼 갈등은 적어도 상당 부분에서 문화적 가치체계의 해석을 둘러싼 겨루기가 된다.[30]

물론 그렇다고 해서 경제행위를 모두 인정이론적으로 해석할 수 있다는 것은 아니다. 인정이론은 경제이론이 아니다. 그러나 분배 정의가 쟁점이 되기 위해서는 현재의 경제체계와 분배상태를 사람들이 부당하다고 느껴야 한다. 이런 부당함에 대한 '느낌'은 결코 시장법칙으로 설명되지 않는다. 그 느낌이 시사하는 바는 오히려 노동시장이 문화적·규범적 가치체계에 힘입어 작동하고 있다는 것이다. 사람들은 자신의 사회적 기여가 적절하게 평가받지 못하고 있다고 느끼고, 이 부당함을 시정하기 위해 나서게 된다. 그들

---

30) 분배 투쟁이 가치체계의 해석 투쟁이 된다는 표현은 분배 문제를 너무 문화화하는 것처럼 들릴 수도 있다. 프레이저가 호네트에게 가하는 비판 중 하나가 바로 이것이기도 하다. 그러나 분배를 경제체계 고유의 문제로만 파악한다고 해보자. 분배가 시장 고유의 법칙에 의해 이뤄진다는 주장을 진지하게 받아들이는 사람이라면 분배를 위한 투쟁에 나서기 어렵다. 자본주의 시장 자체를 개혁하지 않는 한, 분배는 달라지기 힘들기 때문이다. 그렇다면 현실에서 매일 일어나는 분배 갈등은 그것을 이해하지 못한 사람들이 펼치는 난센스일까? 오히려 노동시장 자체가 그 안에 문화적·규범적 요소를 가지고 있으며, 따라서 사회적 기여에 대한 평가를 둘러싼 해석의 여지를 갖고 있다고 보는 것이 더 현실에 맞는 설명일 것이다(호네트, 「노동과 인정」, 414쪽). 경제적 불평등과 관련된 호네트의 논의를 더욱 설득력 있고 참신하게 해석한 책으로는 다음을 참조하라. Deranty, *Beyond Communication*, 특히 11장을 참조할 것.

은 어떤 활동이 얼마만큼 가치 있는지에 대한 지금까지의 해석을 문제시하며, 지금까지 평가절하 되어왔던 활동의 참된 가치를 주장한다. 이렇게 정의로운 분배를 위한 투쟁은 사회적 기여에 대한 평가를 둘러싸고 이뤄지는 인정투쟁이 된다. 그리고 이것은 정의로운 물질적 재화의 분배만이 아니라, 그 사회의 가치체계를 보다 다양화하고 평등화하는 데 기여한다.

더 읽을 만한 책들

더 읽을 만한 책들

1. 클로드 르포르의 주요 저작

『관료주의 비판의 요소들』(*Éléments d'une critique de la bureaucratie*, Genève/Paris: Droz, 1971)
1~2부에는 '사회주의적' 기원을 갖는 관료주의 국가와 당에 대한 비판적 성격의 글들(1948~58년)이, 3부에는 더 이론적인 분석을 가미한 이후의 글들이 있다. 르포르는 책의 뒤에 붙인 후기에서 비록 지나간 사건들에 대한 이야기이지만 당시 제기된 문제들은 충분히 현재적 의미를 갖는다고 강조한다. 3부에 덧붙은 글 중 하나인 「민주주의의 사회학을 위하여」는 제목에서도 알 수 있듯이 르포르의 새로운 작업방향과 과제를 제시하고 있기도 하다.

『역사의 형식들: 정치인류학 에세이』(*Les formes de l'histoire: Essais d'anthropologie politique*, Paris: Gallimard, 1978)
이 책에 모은 글들을 통해 르포르는 단수單數로서 역사를 말하는 것의 불가능성을 언급하며, 대문자 역사 Histoire 개념에 문제를 제기한다. 이런 문제제기는 법칙들에 의해 작동한다고 간주되어온 인류의 당위와 구조주의의 한계에 대한 문제제기이기도 하다. 그래서인지 르포르는 서문에서 이 책에 실린 글들을 통해 '비결정'에 권리를 부여했다고 말한다.

『민주주의적 발명: 전체주의적 지배의 한계』(*L'Invention démocratique: Les limites de la domination totalitaire*, Paris: Fayard, 1981)
르포르는 1956년 소련의 지배에 맞서 헝가리와 폴란드에서 벌어진 인민 봉기에 대한 글에서부터 주요하게는 전체주의 논쟁을 거치고 난 뒤 더 정교해지고 있는 전체주의 개념과 인권의 정치에 대한 글들을 모은 책이다. 르포르 스스로 말하고 있듯이 '정세' conjoncture의 흔적이 짙게 배여 있는 글들의 모음집인 동시에 정치철학의 의미를 발견해낼 수 있는 책이기도 하다.

『근대 사회의 정치적 형식: 관료주의, 민주주의, 전체주의』(*The Political Forms of Modern Society: Bureaucracy, Democracy, Totalitarianism*, ed. John B. Thompson, Cambridge: Polity, 1986)
초기와 후기 르포르의 핵심 논문들을 모두 볼 수 있는 영어판 선집. 『관료주의 비판의 요소들』에서 네 편(「트로츠키의 모순과 혁명적 문제」, 1948~49; 「스탈린 없는 스탈린주의: 새로운 단계의 소련」, 1956; 「관료주의란 무엇인가?」, 1960; 「새로움과 반복에서의 호소」, 1971), 『역사의 형식들』에서 두 편(「근대 사회에서 이데올로기의 기원에 관한 개요」, 1974; 「맑스: 역사에 대한 한 전망에서 또 다른 전망으로」, 1978), 『민주주의적 발명』에서 네 편(「신체의 이미지와 전체주의」, 1979; 「인간의 권리와 정치」, 1980; 「전체주의의 논리」, 1980; 「가능성의 한계를 밀어붙이기」, 1981) 모두 10편의 논문을 엄선해 수록해놓았다.

『정치적인 것에 관한 에세이: 19~20세기』(*Essais sur le politique: XIXe-XXe siècles*, Paris: Seuil, 1986)
르포르의 저작 중 '정치적인 것'이라는 개념의 의미를 가장 엄밀하게 규정하고 있는 책이라고 볼 수 있다. 물론 그간에 발표했던 글들을 모은 것이지만, 1978년의 글이 하나 있고 나머지는 1980년대에 쓰여진 글들이다. 근대 민주주의, 프랑스혁명, 자유, 그리고 정치신학의 문제 등을 다루고 있으며, '정치적인 것'을 통한 정치철학적 글쓰기를 하고 있는 책이다.

2. 알랭 바디우의 주요 저작

『주체의 이론』(*Théorie du sujet*, Paris: Seuil, 1982)
1968년 5월 이후 마오쩌둥주의자로서 정치활동에 주력하던 바디우는 이 책을 통해 새로운 방향을 모색한다. 본인의 말에 따르면 "변화된 세계정세에 맞춰 변증법을 개혁하려는 노력"이었던 이 책은 1970년대에 발표한 정치적 소책자들과는 매우 다른 모습으로, 이후 바디우가 개시한 이론적 작업의 윤곽을 보여주는 시발점이다. 수학, 시, 연극, 정신분석, 정치, 존재론이 뒤섞여 있는 이 책은 출판 당시에는 큰 반응을 얻지 못했지만, 현 시점에 돌이켜 읽어보면 바디우의 문제의식을 잘 이해하는 데 도움이 되는 책이다. 엄밀한 체계를 갖춘 『존재와 사건』이나 『세계의 논리』와 비교하면 다소 난삽하다는 느낌을 주지만, 그런 만큼 생각의 단초들이 날것으로 드러나 있기도 하다.

『존재와 사건』(*L'Être et l'Événement*, Paris: Seuil, 1988)
철학자로서 바디우의 이름을 프랑스 철학계에 각인시킨 결정적인 책. 바디우가 이전까지 해온 대부분의 작업을 집합론을 중심으로 하는 체계 속에 짜넣었다. 우리 시대의 철학적·정치적 문제의식에서 예술에 관한 성찰, 정신분석까지 하나의 이론체계에 아우르는 방대하고 치밀한 이론적 구축물이다. 『세계의 논리』와 함께 바디우 철학체계의 근간을 이루고 있으며, 그의 전 저작들을 제대로 이해하기 위해서는 반드시 통과해야 할 길목에 놓여 있는 책이다. 현실 정치에 관한 직접적인 언급은 많지 않지만, 이 책에서 세우고 있는 체계로부터 나오는 정치적 귀결은 대단히 혁명적이다.

『메타정치 개요』(*Abrégé de métapolitique*, Paris: Seuil, 1998)
『임시적 존재론의 짧은 논고』(*Court traité d'ontologie provisoire*, Paris: Seuil, 1998), 『반미학을 위한 소책자』(*Petit manuel d'inesthétique*, Paris: Seuil, 1998)와 더불어 『조건들』(*Conditions*, Paris: Seuil, 1992)의 뒤를 잇는 책. 『존

재와 사건』의 체계 속에서 정치가 어떤 위치를 차지하며, 다른 철학자들의 정치적 저작들을 어떻게 받아들이고 있는지 보여준다. 바디우의 정치적 동지이자 정치철학적으로 가장 큰 영향을 준 정치인류학자 실뱅 라자뤼스의 주저 『이름의 인류학』(*Anthropologie du nom*, Paris: Seuil, 1996)을 분석하는 3장이 가장 중요하지만, 그 외에도 한나 아렌트와 자크 랑시에르에 대한 비판, 민주주의라는 개념에 대한 고찰 등 이론적으로 묵직한 글이 많다.

『세계의 논리: 존재와 사건 2』(*Logiques des mondes: L'Être et l'Événement*, 2, Paris: Seuil, 2006)
『존재와 사건』이 존재라는 추상적 문제를 다루는 데 반해 『세계의 논리』는 우리 눈앞에 실제로 나타나는 현상에 더 가까운 문제를 다루고 있다. 바디우는 『존재와 사건』과 이 책의 관계를 G. W. F. 헤겔의 『대논리학』과 『정신현상학』의 관계에 해당한다고 말하고 있으며, 영미권의 탁월한 바디우 연구자 브루노 보스틸즈는 이 책을 "『존재와 사건』을 틀로 다시 찍어낸 『주체의 이론』"이라고 평가하기도 한다. 수학이론(특히 범주론)을 바탕으로 하고 있다는 점은 『존재와 사건』과 같으나 이 책에는 더욱 풍부한 실제 사례들이 등장하며, 구체적인 정치 문제도 많이 다뤄지고 있다. 반드시 읽어야 할 책.

『정황 5: 공산주의 가설』(*Circonstances 5: L'hypothèse communiste*, Paris: Nouvelles Éditions Lignes, 2009)
2003년부터 이어진 '정황 연작'은 동시대의 정치적 쟁점에 대한 바디우 자신의 입장을 다룬 정치평론집으로서 다른 저작들에 비해 쉽게 읽을 수 있다. 연작의 5권이자 최근작인 이 책의 부제 '공산주의 가설'은 바디우가 프랑스혁명 이래의 모든 혁명적 정치를 움직인 것에 붙인 이름이다. 사회주의 실험이 실패로 끝난 현재 이 가설은 역사에 의해 기각됐다는 것이 보수주의자들의 주장인데, 바디우는 파리코뮌, 문화대혁명, 1968년 5월을 통해 이 주장을 반박하며 공산주의라는 개념을 재정의해 부활시키려는 야심찬 시도를 한다.

3. 자크 랑시에르의 주요 저작

『프롤레타리아트의 밤: 노동자들의 꿈의 문서고』(*La nuit des prolétaires: Archives du rêve ouvrier*, Paris: Fayard, 1981; Hachette, 1997)
앙리 드 생-시몽, 루이-가브리엘 고니 등의 사회주의자들이나 노동자들의 다양한 글·잡지·문학이라는 사료로부터 기존에는 보이지 않았던 하나의 '역사,' 예전에는 드러나지 않았던 어떤 '혁명'의 과정을 효과적으로 보여주는 책. '밤'에 이뤄지는 '문학적' 글쓰기라는 행위를 통한 프롤레타리아트의 주체화 과정과 해방의 새로운 의미를 탐색하고 있다.

『불화: 정치와 철학』(*La mésentente: Politique et philosophie*, Paris: Galilée, 1995)
정치에 관한 랑시에르의 사유를 가장 잘 드러내주고 있는 대표적 저서. 플라톤의 『국가』와 아리스토텔레스의 『정치학』 등 정치학의 '고전들'에 대한 독해, 그리고 그 속에서 발견되는 '로고스'나 '데모스' 등 역시나 가장 '고전적인' 정치학 개념들에 대한 재해석을 통해 치안과 정치의 의미 구분, 불화를 통한 '합리성'의 재정의, 여러 정치철학의 양상과 향방, 합의와 불일치의 관점에서 본 민주주의의 의미 등을 탐색하고 있다. 감각적인 것의 나눔으로서의 정치의 과정, 그리고 그런 정치 안에서 근본적이고 핵심적인 위치를 차지하는 불화와 불일치의 개념이 중요하게 다뤄진다.

『정치적인 것의 가장자리에서』(*Aux bords du politique*, Paris: La Fabrique, 1998; Gallimard, 2004)
『불화』에서 집대성된 랑시에르의 정치적 사유가 어떤 방식으로 변주되며 발전되어왔는지를 보여주는 책. 평등, 민주주의, 공동체, 주체화 과정 등 다양한 주제를 검토하면서 정치 자체의 가능성과 조건을 문제시한다. 특히 「정치에 대한 열 가지 테제」는 역사적으로 칼 맑스의 「포이어바흐에 대하여」와 발터 벤야민의 「역사의 개념에 대하여」의 연장선상에서 '정치철학적 테제'의 형식을 이어받으며 랑시에르 정치철학의 핵심 내용을 단적으로 요약해준다.

『감성의 분할: 미학과 정치』(*Le partage du sensible: Esthétique et politique*, Paris: La Fabrique, 2000)
감성학/미학과 정치의 관계라는 랑시에르의 핵심 주제를 가장 집약적으로 담고 있는 책. 정치는 특정한 질서나 체제가 분배하고 할당하는 감각적인 것들의 시공간을 바꾼다는 의미에서 '감성적/미학적' 전복의 과정을 포함한다. 바로 이런 의미에서 '감각적인 것의 나눔'이라는 개념은 '정치'를 감성학적/미학적 분할의 과정에 의거해 파악할 것을 요구하며 해방과 혁명의 의미 역시 그런 관점에서 새롭게 정의하고 수행할 것을 요구한다.

『문학의 정치』(*Politique de la littérature*, Paris: Galilée, 2007)
자신에게 속해 있지 않은 '밤'이라는 시간을 문학에 사용하는 노동자의 글쓰기가 그 스스로를 말하고 글 쓰는 존재로 등장시킴으로써 감각적인 것의 분배를 문제시했듯이, '문학의 정치'라는 말이 가능해지는 것도 문학이 감각적인 것의 나눔에 참여하고 개입하는 정치의 방식이라는 의미에서이다. 따라서 랑시에르의 논의는 참여문학론이나 문학사회학과는 거리를 두는, 문학에 관한 미학-정치적 독법이다. '동일화의 체제'라는 미학-정치적 관점에서, 문학은 누구나 작가가 되고 독자가 되는 새로운 글쓰기 체제의 등장을 의미한다.

4. 가라타니 고진의 주요 저작

『트랜스크리틱: 칸트와 맑스』(『トランスクリティーク: カントとマルクス』, 東京: 批評空間, 2001; 岩波書店, 2004)
가라타니 스스로도 심혈을 기울였다고 말하는 저작으로, 가라타니를 세계적인 사상가의 반열에 오르게 한 책이다. 오늘날 우리가 지젝을 통해 헤겔을 다시 읽게 됐다면, 칸트는 가라타니에 의해 비로소 현대적 사상가로서 부활했다고 말할 수 있다. 물론 이 책의 2/3는 맑스에 대한 독창적인 해석(아나키스트로서의 맑스)에 할애되어 있다. 그러나 그 같은 해석이 칸트를 통해서야 비로소 가능했다는 점에서 이 책은 단순히 칸트 연구서라기보다는 칸트의 비판을 실천적으로 실행한 거의 유일무이한 텍스트라고 해도 좋다.

『네이션과 미학』(『ネーションと美学』, 東京: 岩波書店, 2004)
가라타니의 내셔널리즘론을 집대성한 책. 가라타니의 내셔널리즘론이 여타 다른 논의와 비교해 특징적인 것은 민족주의(그리고 그것이 확장된 제국주의)의 문제를 미학의 문제로서 이해하고 있다는 점이다. 가라타니가 예술이론가들이나 언어학자들이 이 '식민지라는 문제'를 어떻게 바라봤는가를 세밀하게 검토한 것은 바로 이 때문이다. 참고로 이 책에는 「죽음과 내셔널리즘: 칸트와 프로이트」라는 문제적인 논문이 수록되어 있다. 『세계공화국으로』와 더불어 오늘날의 가라타니를 이해하기 위해서는 놓쳐서는 안 되는 글이다.

『역사와 반복』(『歴史と反復』, 東京: 岩波書店, 2004)
이 책을 읽는 방법은 크게 두 가지이다. 하나는 가라타니가 미시마 유키오, 오에 겐자부로, 무라카미 하루키, 나카가미 겐지 등과 대결한 후 도달하게 되는 '근대문학의 종언'을 문제 삼는 방법이고(비평가로서의 가라타니), 다른 하나는 맑스의 『루이 보나파르트의 브뤼메르 18일』을 매개삼아 '종언'이라는 헤겔적 문제와 대결해가는 과정(사상가로서의 가라타니)을 따라가는 방법이다. 하지만 이 두 가지는 결국 하나로 합쳐질 수밖에 없는데, 왜냐하면 모든 '종언'이란 '역사'에서 일어나는 '반복'의 한 과정에 지나지 않기 때문이다.

『세계공화국으로: 자본-네이션-국가를 넘어서』(『世界共和国へ: 資本=ネーション=国家を超えて』, 東京: 岩波書店, 2006)

『트랜스크리틱』에서 시작된 후기 가라타니의 사상이 활짝 꽃을 핀 저작. 아마도 이후의 저작은 이 책을 보충(주석)하는 형태를 취하게 될 것이다. 그만큼 이 책은 발효를 기다리는 아이디어로 가득 차 있다. 본래 『트랜스크리틱』의 요약본으로 기획된 책이지만, 결과적으로 그것을 뛰어넘는 책이 됐다. 무엇보다도 논지의 명료함을 통해 일반대중까지 독자로 만들었다는 점에서 높이 평가할 수 있으며, '생산양식에서 교환양식으로의 전환'과 '국가에서 세계공화국으로'라는 명제는 이론을 뛰어넘는 실천적 전망까지 제시하고 있다는 점에서 가라타니 식 『공산당선언』이라고 말할 수 있다.

『가라타니 고진, 정치를 말하다』(『柄谷行人 政治を語る』[聞き手 小嵐九八郞], 東京: 図書新聞, 2009)
가라타니 사상의 전체적인 면모를 알 수 있는 최신의, 최상의 대담집. 1960년대 '정치의 계절'(안보투쟁과 전공투운동)에 청년 가라타니가 어떤 생각을 하고 살았는지부터 시작해, 이후 문학비평가가 되어 활동하다가 미국으로 건너간 경위(폴 드 만과의 만남 등), 귀국 후 문학을 버리고 사상가의 길을 걷게 된 사정, 그리고 NAM의 전개와 실패 등이 흥미롭게 이야기되고 있다. 그러나 이 책의 강점은 무엇보다도 가라타니라는 인물의 개인사보다는 그의 사상적 여정에 집중하고 있다는 점이다. 특히 후기 사상과 관련해서는 더할 나위 없이 친절한 설명이 이뤄지고 있다.

5. 에티엔 발리바르의 주요 저작

『인종, 국민/민족, 계급: 애매한 동일성들』(*Race, Nation, Classe: les identités ambiguës*, avec Immanuel Wallerstein, Paris: La Découverte, 1988)
『프롤레타리아 독재에 관하여』(1976) 이후 적어도 현재까진 공식적으로 가장 많은 언어(7개)로 번역된 책으로, 1990년대 이후 프랑스 이외의 나라들에서 발리바르가 미치는 영향력의 원천이 된다. 민족주의, 인본주의, 심지어 '계급의식' 등 근대 정치의 주요 이념들이 인종주의와 맺고 있는 내재적 관계를 충격적으로 논증한다. 과거와 현재의 민족주의·인종주의 형태라는 정치적 쟁점을 다루지만, 발리바르 스스로 밝히듯이 '주체의 구축'이라는 철학적 성찰의 조건이자 결과 역할을 한다. 공저자인 이매뉴얼 월러스틴의 세계체계 분석과 만나는 지점과 헤어지는 지점도 이 책의 관전 포인트.

『민주주의의 경계들』(*Les frontières de la démocratie*, Paris: La Découverte, 1992)
프랑스 미테랑 정부의 등장에서 동유럽 사회주의의 몰락까지 10년간(1981~91년)의 격변기에 쓴 글들을 묶었다. 발리바르가 쓴 가장 직접적으로 정치적인 책 중 하나인데, 역설적이게도 이 때문에 가장 번역되지 않은 책이기도 하다. 특히 1부(여기에는 발리바르가 20년간 몸담은 프랑스공산당에서 출당당한 직접적 계기가 된 글도 있다)에 수록된 프랑스 정세에 직접 개입하는 글들은 단 한 편도 영어로 번역되지 않았다. 흔히 추상적이라고 여기는 발리바르의 1980년대 이후 작업이 얼마나 구체적이고 정치적인 형세와 쟁점 속에서 이뤄지는지 알기 위해서는 반드시 읽어야 할 책.

『대중들의 공포: 맑스 전과 후의 정치와 철학』(*La crainte des masses: Politique et philosophie avant et après Marx*, Paris: Galilée, 1997)
『민주주의의 경계들』이 가장 정치적인 책 중 하나라면, 『대중들의 공포』는 가장 철학적인 책 중 하나이다. 이 책의 각 부는 연관되면서도 서로 독립적이며, 발리바르의 이전 작업과 이후 작업의 매듭 노릇을 한다. 예컨대 (서론과 결론 격인) 1부와 5부는 정치와 보편성 개념에 대한 철학적 세공을, 2부는 '철학적 인간학'을 통해 본 근대 정치 이념의 계보학을, 이 책의 중심을 이루는 3부는 (『맑스의 철학』과 함께) 발리바르의 30년 맑스 독해의 잠정적 결산을, 마지막으로 4부는 세계화와 유럽통합, 극단적 폭력 등 동시대 정세에 대한 철학적 반성을 다루는데, 각각은 발리바르가 이 책 이전과 이후에 진행한 작업의, 얽혀 있지만 서로 환원할 수 없는 계열들의 일부를 이룬다.

『정치체에 대한 권리: 민주주의에서 문화와 정치』(*Droit de cité: Culture et politique en démocratie*, Paris: l'Aube, 1998; PUF, 2002)
1990년대 중반부터 2000년대 초반까지 프랑스 정세에 개입할 목적으로 쓴 글들을 모았으며, 여러 면에서 『민주주의의 경계들』 속편 격의 책이다. 세계화가 본격화되면서 왜 파시즘이 부활하고 이주자가 주요 희생양이 되는지 그 구조적 조건을 분석하고, 파시즘에 맞서 이주자와 정주자 모두의 권리를 진전시킬 수 있는 시민권 기획을 탐색한다. 발리바르의 최근 작업을 규정하는 실천적·정치적 쟁점과 문제의식의 발단을 파악하는 데 가장 좋은 책.

『우리, 유럽의 시민들?: 국경/경계, 국가, 인민』(*Nous, citoyens d'Europe?: Les frontières, l'Etat, le peuple*, Paris: La Découverte, 2001)
『정치체에 대한 권리』의 문제의식을 심화한 책. 세계화와 유럽통합이라는 정세 속에서 국민/민족, 이주, 공동체, 국경/경계, 폭력, 국가, 주권, 인민, 시민권, 민주주의 등 실로 근대 정치의 근간을 이루는 개념들이 어떤 곤란과 위기, 변화를 겪는지 구체적으로 분석한다. 또한 이 개념들의 구성원리와 그 구성을 규정짓던 조건으로 거슬러 올라가 개념들의 뿌리 자체에 내재한 모순을 반성하고 이를 보다 민주적인 방식으로 작동시킬 수 있는 가능성을 탐색한다.

6. 조르조 아감벤의 주요 저작

『유아기와 역사: 경험의 파괴와 역사의 기원』(*Infanzia e storia: Distruzione dell'esperienza e origine della storia*, Torino: Einaudi, 1978; 2001)
"나는 말한다"가 무슨 뜻인가라는 물음을 중심으로 하이데거의 영향 아래에서 언어(활동)와 존재의 관계를 분석하고 있는 책. 『열림: 인간과 동물』(*L'aperto: L'uomo e l'animale*, Torino: Bollati Boringhieri, 2002)에 이르기까지 지속적으로 탐구되는 이 물음을 통해 아감벤이 제시하는 '언어경험'('말하고 있다는 사실' 자체에 대한 경험, 순수한 자기지시로서의 언어활동), 그리고 '유아기'(인간 성장의 한 단계가 아니라 그 어원에 충실한 '말하지 못함/말할 수 없음' in-fans이라는 조건 자체) 개념은 이후 아감벤의 정치적 기획을 이해하는 데 중요하다.

『목적 없는 수단: 정치에 관한 11개의 노트』(*Moyens sans fins: Notes sur la politique*, Paris: Rivages, 1995; *Mezzi senza fine: Note sulla politica*, Torino: Bollati Boringhieri, 1996)

현실 사회주의의 몰락 전후로 5년여에 걸쳐 발표한 논문을 모은 이 책은 아감벤 스스로 말하듯이 『주권권력과 벌거벗은 생명』이라는 걸출한 결실을 낳은 '열려 있는 실험실'로서 아감벤의 정치적 사유가 농축되어 있는 책이다. 특히 「정치에 관한 노트」는 미학자에서 정치철학자로의 '전회'를 알리는 일종의 출사표로서, 이 전회의 역사적 배경(그리고 이론적 문제의식)뿐만 아니라 자신의 초기 주요 개념 중의 하나였던 '언어경험'이 자신의 정치적 사유와 어떻게 연관을 맺고 있는지를 보여주기도 한다.

『주권권력과 벌거벗은 생명』(*Homo Sacer: Il potere sovrano e la nuda vita*, Torino: Giulio Einaudi Editore, 1995)

주권권력이 어떻게 생명권력으로 변모하게 됐는가에 대한 미셸 푸코의 테제를 비판적으로 재해석한 이 책은 정치철학자로서의 아감벤을 전 세계에 알린 대표작이다. 특히 '호모 사케르'라는 수수께끼 같은 형상을 중심에 두고 자신이 그동안 산발적으로 설명해왔던 주권의 역설, 예외상태, 포함적 배제, 벌거벗은 생명 등의 개념을 일목요연하게 정리하고 있다. 끝까지 읽는 것을 포기하지 않으려면 각각 개념사와 사례분석에 해당하는 2부와 3부를 먼저 읽고 이론의 추상화가 높은 1부를 나중에 읽는 게 좋을 것이다.

『예외상태』(*Stato di eccezione*, Torino: Bollati Boringhieri, 2003)
『주권권력과 벌거벗은 생명』이 주권권력의 본질은 호모 사케르 같은 벌거벗은 생명을 산출하는 데 있음을 분석했다면, 『예외상태』는 삶을 벌거벗은 생명으로 환원시키는 주권권력과 법치의 통치패러다임인 '예외상태'의 계보학을 보여준다. 주목할 만한 것은 칼 슈미트에 관한 미묘한 입장 변동인데, 아감벤은 발터 벤야민을 적극 인용하며 슈미트가 예외의 권력을 법질서 쪽으로 끌고 가 재갈을 물리려고 한다면, 벤야민은 허구의 예외상태와 진정한 예외상태를 구분함으로써 예외의 권력을 넘어서는 새로운 정치를 제시한다고 말한다.

『남겨진 시간: 로마인들에게 보낸 편지에 관한 강의』(*Il tempo che resta: Un commento alla Lettera ai Romani*, Torino: Bollati Boringhieri, 2000)
표면상 이 책의 주인공은 사도 바울이지만 진정한 주인공은 벤야민이다. 왜냐하면 이 책은 발터 벤야민의 '역사철학 테제' 전반을 논의의 밑바탕에 깔고 있기 때문이다. 또한 사도 바울을 "급진적인 분리의 주창자"로 제시하는 이 책은 "~이지만 ~이 아닌 것처럼 행동하기"야말로 새로운 정체성을 획득하는 주체화 과정의 논리라고 주장한다는 점에서, 사도 바울을 "~이고 ~이다"를 실천한 "보편성의 정초자"로 해석한 알랭 바디우에 대한 비판이기도 하다.

7. 샹탈 무페의 주요 저작

『헤게모니와 사회주의 전략』(*Hegemony and Socialist Strategy: Towards a Radical Democratic Politics*, with Ernesto Laclau, London: Verso, 1985; 2nd ed., 2001)
방법론적으로 정치를 경제에 종속시키지 않고 그 자체로 다룸으로써 포스트 맑스주의 논쟁을 촉발시킨 주요 저작. 본질주의가 유효할 수 있는 근대적 조건 자체의 위기를 토대로 삼는 헤게모니 개념과 담론 이론을 정교화해 급진적인 정치철학의 가능성을 사유한 대표작으로 평가받는다. 저자들은 민주주의, 구체적으로 말해서 서유럽의 탈산업화된 자유민주주의를 내재적으로 비판하며 변혁할 수 있는 급진민주주의 정치의 기획을 제시하고 있다.

『정치적인 것의 귀환』(*The Return of the Political*, London: Verso, 1993)
맑스주의와 포스트맑스주의 논쟁을 넘어서 경합적 다원주의를 급진민주주의 정치철학의 핵심 개념으로 제시한 저작. 『헤게모니와 사회주의 전략』에서 전개한 맑스주의 정치학의 경제주의에 대한 비판이 이 책에서는 근대 계몽주의 정치철학 전반에 대한 비판과 함께 자유주의와 공동체주의 논쟁에 대한 개입으로 확장된다. 특히 근대 자유주의의 개인주의적이고 보편주의적인 정치학에 대한 가장 철저한 비판자로서 칼 슈미트의 지위를 복원시킨 주요 저작 중 하나로 손꼽힌다. 이 책에서 무페는 슈미트의 정치적인 것의 개념에 기대어 친구의 승리가 아닌 적의 붕괴에 힘입어 도래한 역사의 종언이라는 위기상황에 대한 급진주의적 대안으로서, 친구와 적의 파괴적 적대관계가 아닌 반대자들간의 완화된 적대관계를 전제하는 경합적 다원주의의 정당성을 주장한다.

『칼 슈미트의 도전』(*The Challenge of Carl Schmitt*, ed. Chantal Mouffe, London: Verso, 1999)
무페가 편집한 이 책은 칼 슈미트를 자유민주주의의 적이 아니라 지적으로 매우 뛰어난 반대자로 규정한다. 슈미트는 나치에 부역했다는 과오에도 불구하고 자유민주주의로부터 배제되어야 할 대상이 아니라 끊임없이 자유민주주의가 자신을 이해하기 위해 대립해야 할 친구라는 것이다. 철학에서부터 정치학, 법철학, 헌법학에 이르기까지 다양한 분야에서 활동하는 진보적 성향의 학자들이 여러 주제로 쓴 슈미트 관련 논문들이 수록되어 있다.

『민주주의의 역설』(*The Democratic Paradox*, London: Verso, 2000)
서구 자유민주주의 정치와 제도의 역설적인 본성을 밝힌 책. 칼 슈미트를 자유주의와 민주주의의 화해불가능성을 지적한 이론가로 재해석하면서 무페는 자유주의의 이상인 인권과 민주주의의 원리인 인민주권 중 어느 하나만으로는 근대 자유민주주의가 성립될 수 없는 것이지만, 양자의 긴장관계 없이는 자유민주주의의 혁신 역시 불가능하다고 주장한다. 여기서 경합적 다원주의는 경제적 민주주의 이론이나 심의민주주의 이론의 합리적 합의에 대한 맹목적 강박과 그에 따른 위험성을 극복할 수 있는 대안으로 제시된다.

『정치적인 것에 관하여』(On the Political, Abingdon : Routledge, 2005) 경합적 다원주의의 관점에서 전지구적 차원의 급진적 이론과 실천에 관한 논평을 시도한 책.『정치적인 것의 귀환』이래로 발전시킨 경합적 다원주의의 논점을 요약하고, 이를 유럽적 수준에서는 앤소니 기든스와 울리히 벡의 '성찰적 근대화'와 유럽 각국에서의 우익 포퓰리즘에 대한 비판에 적용한다. 또한 민주주의에 대한 신자유주의적 축소 현상으로서의 탈정치화 경향에 대한 비판을 토대로, 바람직한 전지구적 질서를 세계시민주의적이거나 단극적인 것으로 이해하는 입장들에 대해서 경합주의적이고 다극적인 세계질서의 필연성과 당위성을 주장한다.

8. 악셀 호네트의 주요 저작

『권력비판: 비판적 사회이론의 반성단계』(Kritik der Macht : Reflexionsstufen einer kritischen Gesellschaftstheorie, Frankfurt/Main : Suhrkamp, 1985) 흔히 많은 연구자들에 의해서 서로 대립된다고만 생각되어왔던 프랑크푸르트 학파와 미셸 푸코의 작업 심층에 이론적 유사성이 있음을 밝힌 독창적 연구서. 호네트는 푸코의 권력이론과 위르겐 하버마스의 의사소통이론을, 막스 호르크하이머와 테오도르 아도르노가 '계몽의 변증법'이라고 분석한 문명화 과정을 새롭게 해석하려는 두 가지 경쟁적 시도로 이해한다. 그러면서 보다 만족스런 비판적 사회이론을 위해서는 푸코의 투쟁 모델과 하버마스의 '상호이해' 모델이 서로 매개될 필요가 있음을 시사한다.

『인정투쟁: 사회적 갈등의 도덕적 형식론』(*Kampf um Anerkennung: Zur moralischen Grammatik sozialer Konflikte*, Frankfurt/Main: Suhrkamp, 1992)
찰스 테일러, 폴 리쾨르 등으로부터 "획기적 연구"라는 높은 평가를 받으며, 호네트를 실천철학 분야의 대표적 이론가에 올려놓은 호네트의 주저. 호네트가 발표한 무수한 책들 중 단 한 권만 읽어야 한다면 반드시 이 책을 읽어야 할 것이다. 초창기에 호네트가 펼쳐 보인 생각은 결국 『인정투쟁』으로 수렴됐고, 이후의 사상 역시 이 책으로부터 펼쳐졌기 때문이다.

『정의의 타자: 실천철학 논문집』(*Das Andere der Gerechtigkeit: Aufsätze zur praktischen Philosophie*, Frankfurt/Main: Suhrkamp, 2000)
규범적으로 정당화되고 경험적으로 뒷받침되는 사회비판이론을 추구하는 호네트의 이론적 기획은 방법론적으로는 철학과 사회과학의 창조적 결합을 통해 달성된다. 그리고 이렇게 구성된 사회철학은 거꾸로 다시 개별적인 철학적·경험과학적 논의에 영향을 미친다. 호네트는 이 논문집에서 자신의 인정투쟁이론이 윤리학과 정치철학 등 실천철학 전반에 걸쳐 어떤 함축을 가질 수 있는지를 꼼꼼하고 폭넓게 보여주고 있다.

『분배냐 인정이냐?: 정치철학적 논쟁』(*Umverteilung oder Anerkennung?: Eine politisch-philosophische Kontroverse*, mit Nancy Fraser, Frankfurt/Main: Suhrkamp, 2003)
물질적 재화의 분배 정의와 성적·문화적·인종적 차이에 대한 인정. 현대 정치철학의 주요 화두인 이 두 주제가 어떻게 이론적·실천적으로 더 설득력 있고 효과적이게 개념화될 수 있는가를 두고 프레이저와 주고받은 논쟁. 프레이저는 '이원적 정의론'을 제안하는 반면, 호네트는 인정 개념틀 안에서 두 문제가 통합적으로 사유될 수 있다고 주장한다.

『물화: 인정이론적 탐구』(*Verdinglichung: Eine anerkennungstheoretische Studie*, Frankfurt/Main, 2005)
게오르그 루카치에 의해 주조된 물화 개념은 20세기 전반의 문화·사회비판을 주도한 모티브였다. 그러나 이 개념에는 특정한 존재론적 가정이 전제되어 있고, 그 가정은 점점 더 받아들여지기 어려운 것이 됐다. 호네트는 물화를 '인정 망각'으로 재정식화하면서, 물화 개념의 합리적 핵심을 인정이론의 측면에서 되살리고자 시도한다. 이 책에서도 철학적 통찰과 경험과학적 지식을 창조적으로 결합하는 호네트의 솜씨가 유감없이 발휘된다.

글쓴이 소개 (논문 수록순)

홍태영 | 국방대학교 국제관계학부 교수. 파리사회과학고등연구원에서 정치학 박사학위를 받았다. 현재 정치사상과 유럽 정치에 관심을 두고 국민국가의 형성과 발전을 연구 중이다. 지은 책으로 『국민국가의 정치학: 프랑스 민주주의의 정치철학과 역사』(2008), 『몽테스키외 & 토크빌: 개인이 아닌 시민으로 살기』(2006), 『제3의 길과 신자유주의』(공저/2006) 등이 있다.

장태순 | 파리8대학교 철학과 박사과정. 현재 1990년대 이후의 몇몇 영화에서 나타나는 시간 개념을 철학적으로 살펴보는 박사학위 논문을 준비 중이다. 프랑스 현대철학과 예술철학에 주로 관심을 가지고 있다. 알랭 바디우의 『비미학 소책자』(*Petit manuel d'inesthétique*, 1998)를 번역 중이다.

최정우 | 서울대학교 불어불문학과 석사. 록밴드 Renata Suicide의 보컬 겸 기타리스트이자 작곡가로 활동하며 월간 『한국연극』, 계간 『자음과 모음』 등에 평론을 기고 중이다. 현재 프랑수아 도스의 『질 들뢰즈와 펠릭스 가타리』(*Gilles Deleuze et Félix Guattari: Biographie croisée*, 2006)를 번역 중이다.

조영일 | 문학평론가. 서강대학교 국어국문학과 박사과정을 수료했으며, 현재 '사상가' 가라타니 고진을 소개하는 단행본을 준비 중이다. 지은 책으로 『한국

문학과 그 적들』(2009), 『가라타니 고진과 한국문학』(2008)이 있으며, 옮긴 책으로 『네이션과 미학』(2009), 『역사와 반복』(2008), 『세계공화국으로』(2007), 『근대문학의 종언』(2006), 『언어와 비극』(2004) 등이 있다.

장진범 | 민중의집 운영위원. 사회진보연대 편집실에서 일하며 기관지 『사회운동』에 에티엔 발리바르의 작업을 비롯한 현대 정치철학 관련 논문들을 번역했다. 현재 헤르만 판 휜스테렌의 『시민권의 이론』(*A Theory of Citizenship: Organizing Plurality in Contemporary Democracies*, 1998)을 번역 중이다.

양창렬 | 파리1대학교 철학과 박사과정. 현재 '에피쿠로스의 운명 비판'이라는 주제로 박사학위 논문을 준비 중이다. 지은 책으로 『공존의 기술: 방리유, 프랑스 공화주의의 이면』(공저/2007)이 있고, 옮긴 책으로 『목적 없는 수단: 정치에 관한 11개의 노트』(공역/2009), 『무지한 스승: 지적 해방에 대한 다섯 가지 교훈』(2008), 『정치적인 것의 가장자리에서』(2008) 등이 있다.

홍철기 | 서울대학교 정치학과 박사과정. 현재 '박정희 시대의 헌법사상사'에 대한 연구로 박사학위 논문을 준비 중이다. 칼 슈미트와 조르조 아감벤 등에 관한 논문을 발표했으며, 옮긴 책으로 『우리는 결코 근대인이었던 적이 없다: 대칭적 인류학을 위하여』(2009)가 있다.

강병호 | 프랑크푸르트대학교 괴테대학교 철학과 박사과정. 악셀 호네트의 지도를 받으며, 칸트의 존중(Achtung) 개념을 현대 실천철학의 맥락에서 새롭게 조명하는 박사학위 논문을 쓰고 있다. 최근 「하버마스에게서 가치와 규범: 도덕적 토의의 자기(自起)동학에 관하여」(*Deutsche Zeitschrift für Philosophie*, vol.57, no.6, 2009, S. 861~875)라는 논문을 발표했다. 옮긴 책으로 『물화: 인정(認定)이론적 탐구』(2006)가 있다.

찾아보기

ㄱ

가라타니(柄谷行人) 119~165
 교환 X=어소시에이션(交換 X=アソシエーション) 126~153, 160
 구성적 이념(構成的理念) 144~146
 규제적 이념(統整的理念) 144~146, 153, 159
 NAM(New Associationist Movement) 120, 148~153, 332
 『네이션과 미학』(『ネーションと美学』) 331
 대항운동(対抗運動) 126, 127, 144, 146~148
 보편종교(普遍宗教) 128, 129, 142~145
 생산-소비하는 프롤레타리아트(生産=消費するプロレタリアート) 146~148
 세계공화국(世界共和国) 126, 153~161, 164
 『세계공화국으로』(『世界共和国へ』) 132, 331, 332
 소비자로서의 대항(消費者としての対抗) 147, 148
 시차(視差) 123~125
 『역사와 반복』(『歴史と反復』) 331
 자본-네이션-국가(資本=ネーション=国家) 153~161, 165
 재분배(再分配) 127, 128, 130
 「죽음과 내셔널리즘」(死とナショナリズム: カントとフロイト) 153~157
 트랜스크리틱(トランスクリティーク) 122~125, 160
 『트랜스크리틱』(『トランスクリティーク』) 124, 126, 148, 149, 154, 330, 332
 평화헌법(平和憲法) 154, 156
 호수(互酬) 127~141
 호수적 공동체 → '교환 X=어소시에이션' 항목 참조
국민/민족국가(nation-state) 50, 126, 180~186, 191, 204, 226~228
그람시(Antonio Gramsci) 255, 259
헤게모니(hegemony) 259, 260, 271~273, 278~281

ㄴ·ㄷ

나카가미(中上健次) 164, 165
낭시(Jean-Luc Nancy) 232
네그리(Antonio Negri) 263n, 279n
노직(Robert Nozick) 5
니체(Friedrich Nietzsche) 254, 267
데리다(Jacques Derrida) 5, 112, 231, 232, 237, 269n, 278n

데카르트(René Descartes)　80, 123, 124
도편추방(ostracism)　276
뒤르켐(Émile Durkheim)　138, 139
드브레(Régis Debray)　86
들뢰즈(Gilles Deleuze)　5, 54, 58, 66n, 94n, 110n, 233n

ㄹ

라자뤼스(Sylvain Lazarus)　54, 328
　『이름의 인류학』(Anthropologie du nom)　328
라클라우(Ernesto Laclau)　112, 250, 251, 259n, 272, 273
랑시에르(Jacques Rancière)　9, 18, 83~117, 274, 275, 328
　감각적인 것의 나눔(le partage du sensible)　88~93, 99~101, 112, 115, 116, 329, 330
　『감성의 분할』(Le partage du sensible)　90, 93, 96, 330
　감성적/미학적 혁명(la révolution esthétique)　112
　『프롤레타리아트의 밤』(La nuit des prolétaires)　84, 87, 88, 103, 329
　몫을 갖지 않은/못한 자(sans-part)　100~104, 107
　『문학의 정치』(Politique de la littérature)　330
　『민주주의에 대한 증오』(La haine de la démocratie)　90, 112
　『불화』(La mésentente)　90, 91, 112, 329
　셈되지 않은/못한 자(incompté)　101, 107
　아무개(n'importe qui)　100, 102, 103, 108
　예술의 미학적 체제(le régime esthétique des arts)　96~98
　예술의 재현적 체제(le régime représentatif de l'art)　96
　이미지들의 윤리적 체제(le régime éthique des images)　96, 97
　자리바꿈(déplacement)　99, 110
　정치의 논리(la logique politique)　99, 100, 107
　『정치적인 것의 가장자리에서』(Aux bords du politique)　112, 329
　주체화(subjectivation)　85, 87, 100, 103~105, 109~113, 117, 329
　치안의 논리(la logique policière)　99, 107
　탈정체화(désidentification)　109
　해방(émancipation)　85~88, 93, 96~100, 103, 112, 113, 116, 329
레닌(Vladimir Ilyich Lenin)　25, 63n, 73, 159
레비-스트로스(Claude Lévi-Strauss)　22, 133, 136, 138
　『친족의 기본구조』(Les Structures élémentaires de la parenté)　133
로장발롱(Pierre Rosanvallon)　19, 20, 34n
롤즈(John Rawls)　5, 177, 263n, 269n
르포르(Claude Lefort)　9, 15~51, 268, 271, 272, 278n
　『관료주의 비판의 요소들』(Éléments d'une critique de la bureaucratie)　325, 326
　국가자본주의(capitalisme d'État)　24
　권력의 결정-형체화(détermination-figuration de pouvoir)　34

『민주주의적 발명』(*L'Invention démocratique*) 39, 326
민주주의혁명(la Révolution de la démocratie) 17n, 35~39, 40, 43, 44, 48n, 268, 271, 278n
비결정의 사유(pensée de l'indétermination) 26, 29, 38, 42, 48n, 325
(비)인격적 권력(pouvoir (im)personnel) 36, 37, 44
빈 공간(lieu vide) 18, 26, 36~38, 42, 43, 48
사회의 분리/분할(la séparation/division de la société) 27~29, 40
사회적 장(champ social) 30~32
사회적인 것(le social) 22~25, 27, 29, 31, 39, 42, 44
『사회주의냐 야만이냐』(*Socialisme ou Barbarie*) 16, 22~24, 40
상징적인 것(le symbolique) 30~34, 36~39, 44
실재적인 것(le réel) 37~39, 44
『역사의 형식들』(*Les formes de l'histoire*) 325, 326
의식철학(philosophie de la conscience) 26, 27
일인 통치자(Egocrate) 42, 43
일자/하나로서의 인민(peuple-Un) 42, 44
정치(과)학(science politique) 33
정치사(l'histoire politique) 19, 34, 35
『정치적인 것에 관한 에세이』(*Essais sur le politique*) 326
리오타르(Jean-François Lyotard) 5, 93~95

ㅁ

마샬(Thomas Humphrey Marshall) 181, 306
마키아벨리(Niccolò Machiavelli) 16, 25, 27~30, 40, 49, 183n, 200
『군주론』(*Il Principe*) 29n
『로마사 논고』(*Discorsi sopra la prima deca di Tito Livio*) 29n, 183n
비르투(virtù) 27, 29n
맑스(Karl Marx) 22, 29, 30, 114, 124, 142, 169, 170, 172, 175n, 311, 331, 333
「유대인 문제에 관하여」("Zur Judenfrage") 48n
『자본』(*Das Kapital*) 84, 250
매킨타이어(Alasdair MacIntyre) 5
메를로-퐁티(Maurice Merleau-Ponty) 16, 21~23, 25, 26, 33n, 47n
모랭(Edgar Morin) 25, 26
모스(Marcel Mauss) 23, 132, 133, 136, 138, 141
『증여론』(*Essai sur le don*) 132
총체적인 사회적 사실(fait social total) 23
하우(hau) 138~141
무페(Chantal Mouffe) 9, 17n, 112, 249~281
갈등적인 합의(conflictual consensus) 269
경쟁자(competitor) 265, 266
경합적 다원주의(agonistic pluralism) 251~256, 263~273, 277, 280, 281
경합적 존중(agonistic respect) 267
공통의 상징 공간(common symbolic space) 265, 268, 277

과잉정치화(overpoliticization) 267
극우/우익 포퓰리즘(extreme-/right wing Populism) 255, 264, 266, 270, 338
등가의 논리(logic of equivalence) 272, 273
민(demos) 261, 262
민주적 투쟁(democratic struggle) 272, 273
『민주주의의 역설』(*The Democratic Paradox*) 337, 338
민중적 투쟁(popular struggle) 272, 273
적(enemy)과 반대자(adversary)의 구분 263~269
적대의 근절불가능성(ineradicability of antagonism) 256~263, 266
『정치적인 것에 관하여』(*On the Political*) 338
『정치적인 것의 귀환』(*The Return of the Political*) 251, 337, 338
차이의 논리(logic of difference) 272
『칼 슈미트의 도전』(*The Challenge of Carl Schmitt*) 337
탈정치화(depoliticization) 255, 266, 280
탈토대주의(post-foundationalism) 253, 254
통치자와 피치자의 동일성(identity of the governing and the governed) 261, 262, 278~280
포스트-정치(post-politics) 255, 273, 277
『헤게모니와 사회주의 전략』(*Hegemony and the Socialist Strategy*) 250, 251, 259, 336, 337

미드(George Herbert Mead) 295n, 311
민주주의(démocratie/democracy)
  갈등적 민주주의(démocratie conflictuelle)〔발리바르〕 182~184
  경합적 민주화(agonistic democratization)로서의~〔무페〕 262~273
  민주적 전제정(despotisme démocratique)〔토크빌〕 35n
  불일치 과정(processus dissensuel) 으로서의~〔랑시에르〕 107~113
  사회의 형태(forme de société)로서의~〔르포르〕 35~39
  상징(emblème)으로서의~〔바디우〕 70~73
  정치적 통일체(politische Einheit)로서의~〔슈미트〕 8, 9, 261

ㅂ
바디우(Alain Badiou) 9, 53~81, 336
  『공산주의 가설』(*L'hypothèse communiste*) 328
  노동자의 형상(figure ouvrière) 74
  『메타정치 개요』(*Abrégé de métapolitique*) 327, 328
  "민주주의는 생각하지 않는다" (Démocratie ne pense pas) 71, 72
  사건(événement) 57~59, 62~69, 76
  사건의 자리(site événementiel) 76, 77
  상황/세계(situation/monde) 56n
  『세계의 논리』(*Logiques des mondes*) 64, 68, 328
  실행 중인 사유(pensée en acte) 78, 79

"여기 살면 여기 사람"(On est ici, on est d'ici) 76, 77
유적/산출적 절차들(procédures génériques: 시poème, 수학 mathème, 정치politique, 사랑 amour) 61, 75n
자리(site) 76n
점(point) 67
『정치적 거리』(La distance politique) 77n
정치조직(Organisation politique) 54, 77n
『존재와 사건』(L'Être et l'Événement) 55, 327, 328
주체(sujet) 62~64, 79~81
『주체의 이론』(Théorie du sujet) 327
진리(vérité) 59~69, 71, 76, 78
충실성(fidélité) 63, 64
탐색(enquête) 63
평등(égalité) 59, 77~79
해방의 정치(politique d'émancipation) 69~79
바우만(Zygmunt Baumann) 192n
바움가르텐(Alexander Gottlieb Baumgarten) 90
바타이유(Georges Bataille) 136, 137
바흐친(Mikhail Bakhtin) 108
발리바르(Étienne Balibar) 8, 9, 18, 47n, 113, 167~209
관개체성(transindividualité) 175
국경/경계의 번역(traduire les frontières) 204~208
『대중들의 공포』(La crainte des masses) 333
마키아벨리의 정리(théorème de Machiavel) 180~186

물질적 구성/헌정(material constitution) 183, 186
『민주주의의 경계들』(Les frontières de la démocratie) 333, 334
불안전(insécurité) 189~191
세계정치(cosmopolitique) 197~208
세계화(mondialisation) 181, 184, 186, 191~196
신자유주의(néolibéralisme) 181, 184, 186~191, 195
아렌트의 정리(Théorème d'Arendt) 173~176
『우리, 유럽의 시민들?』(Nous, citoyens d'Europe?) 334
이론적 아나키즘(anarchisme théorique) 171~176
『인종, 국민/민족, 계급』(Race, Nation, Classe) 332, 333
정치체에 대한 권리(droit de cité) 201~204
『정치체에 대한 권리』(Droit de cité) 334
평등(한)자유(égaliberté)
형식적 구성/헌정(formal constitution)
베버(Max Weber) 140
벤야민(Walter Benjamin) 212, 213, 221, 233~235, 240~246, 336
공부(Studium) 243, 245
반전(Umkehr) 243~244
순수언어(die reine Sprache) 221,
지금시간(Jetztzeit) 240~245
부르디외(Pierre Bourdieu) 93, 94, 97, 98
부르크하르트(Jacob Burckhardt) 254
부버(Martin Buber) 140, 141

브레히트(Bertolt Brecht) 99
　소격효과(Verfremdungseffekt) 99
블로흐(Ernst Bloch) 246

ㅅ

사르트르(Jean-Paul Sartre) 21, 23, 311
　『현대』(Les Temps modernes) 21~23
살린스(Marshall Sahlins) 130~132
　균형적 호수성(balanced reciprocity) 130~132
　부정적 호수성(negative reciprocity) 130, 132
　일반적 호수성(generalized reciprocity) 130, 132
샌들(Michael Sandel) 5
솔제니친(Aleksandr Solzhenitsyn) 42n
　『수용소 군도』(The Gulag Archipelago) 42n
숄렘(Gershom Scholem) 232~235, 243, 246
　지연 속에서 살아가는 삶(Leben im Aufschub) 238
슈미트(Carl Schmitt) 7~10, 17n, 112, 215, 225, 230, 233, 255~268, 279n, 336, 337
　노모스(nomos) 215, 225
　억제하는 자(Katechon) 268n
　장소확정(Ortung) 215, 231, 232
스트라우스(Leo Strauss) 5, 275n
스피노자(Benedict de Spinoza) 7, 175n, 179
시민권(citizenship/citoyenneté) 168, 171, 172, 174, 176, 177, 179~188, 191, 195~204, 208, 334

　공동체 없는 시민권(citoyenneté sans communauté) 198~204
　관국민적 시민권(citoyenneté transnationale) 203
　미완의 시민권(imperfect citizenship) 199~201
　시민적 공화주의(civic republicanism) 258
　사회적 시민권(social citizenship) 180~189, 195~198
10월 혁명(La révolution d'Octobre/ October revolution) 59, 63n, 73, 159

ㅇ

아감벤(Giorgio Agamben)
　『남겨진 시간』(Il tempo che resta) 240, 336
　말한다는 사실(factum loquendi) 220~222, 240n, 335
　『목적 없는 수단』(Mezzi senza fine) 215, 335
　무위(inoperosità) 245
　벌거벗은 생명(nuda vita) 214, 224~226, 228, 233, 238, 336
　비오스(bios) 223, 224, 226~228
　사유의 경험(L'esperienza del pensiero) 222
　생존(sopravvivenza) 227, 228
　수용(espropriazione) 219
　언어경험(Experimentum linguae) 216, 221, 222, 335
　언어활동(linguaggio) 215~222, 225, 228, 241, 335
　『언어활동과 죽음』(Il linguaggio e la morte) 214, 216
　예외상태(stato di eccezione) 214,

224~227, 230~233, 235, 236, 238, 240, 245, 335, 336
『예외상태』(Stato di eccezione) 336
『유아기와 역사』(Infanzia e storia) 216, 240, 334, 335
잠재성/역량(potenza) 221, 222, 225, 239, 240, 243n
장치(dispositivo) 226
조에(zoē) 223~229
주권권력(potere sovrano) 223~226
『주권권력과 벌거벗은 생명』(Il potere sovrano e la nuda vita) 213, 215, 223~225, 335, 336
포함적 배제(esclusione inclusiva) 215, 216, 219, 222, 224, 226, 227, 236, 238, 240, 335
호모 사케르(homo sacer) 212~215, 217, 227, 335, 336
아도르노(Theodor Adorno) 49, 286, 288n, 338
아렌트(Hannah Arendt) 5, 17n, 40, 42n, 173, 174, 176, 177, 179, 202n, 254, 258, 269n, 275n, 279n, 328
『전체주의의 기원』(The Origins of Totalitarianism) 42n, 174
아롱(Raymond Aron) 16, 25, 42n
아리스토텔레스(Aristoteles) 6, 7, 97, 179n, 217, 219, 220, 329
『시학』(Peri poiētikēs) 97
『정치학』(Politika) 6, 329
알튀세르(Louis Althusser) 5, 42n, 54, 84, 99, 113, 168, 169, 250
인권(droits de l'homme) 104~106, 109, 174~177, 338
「인간과 시민의 권리선언」("Déclaration des droits de l'Homme et du citoyen") 45, 178
인권의 정치(politique des droits de l'homme) 18, 44~48, 326
저항권(right of revolution/rebellion) 8, 176n

ㅈ

적대(antagonism) 9, 10, 109, 133, 153, 155~157, 183, 190, 251~265, 280
공적(公敵)과 사적(私敵) 265n
내분/내란(stasis) 9, 10
이방인(stranger) 9, 193~195
전쟁(polemos) 9, 267~268n
전체주의(Totalitarisme) 24n, 25, 30, 39~44, 47n, 49, 177, 187, 275, 279, 326
정치(Politik/la politique/politics) 5, 6, 9, 10, 17, 26~28, 33, 41, 49, 55~65, 70, 73~75, 79, 87, 89, 99, 113~115, 170, 174~180, 182~186, 190, 204, 208, 222~224, 251~259, 273~275, 278, 316~322, 332,
극(ultra)-정치 267n
메타(méta)-정치 111
반(anti-)정치 5, 190, 191, 266, 267, 274~277
원(archi)-정치 111
초(para)-정치 111
정치적인 것(das Politische/le politique/the political) 9, 10, 17, 18, 26, 30~34, 42, 50, 51, 109~113, 255~263, 266, 267n, 275n, 337, 338
조정래(趙廷來) 162, 164

지젝(Slavoj Žižek) 18, 65, 227, 255n, 267n, 273, 274,

ㅊ·ㅋ
촛불시위 5, 17, 103
카스텔(Robert Castel) 182n
카스토리아디스(Cornelius Castoriadis) 16, 22, 24n, 26, 44n
카치아리(Massimo Cacciari) 232, 237
카프카(Franz Kafka) 213, 229, 230, 232~235, 238~240, 243~247
「법 앞에서」("Vor dem Gesetz") 213, 229~239
『성』(Das Schloß) 213, 236
『소송』(Der Prozeß) 236
요제프 K(Josef K) 213, 230, 236
칸토로비치(Ernst Hartwig Kantorowicz) 36n
칸트(Immanuel Kant) 81, 90, 91, 94~98, 121, 123, 124, 144, 145, 153~156, 158, 221, 232, 269n, 270, 297, 301, 331
비[반]사회적 사회성(ungesellige Geselligkeit) 155~158
상상력(Einbildungskraft) 94n
『순수이성 비판』(Kritik der reinen Vernunft) 91, 123, 145
숭고(erhabenen/sublime) 94~96
『시령자의 꿈』(Träume eines Geistersehers) 123
초월론적 가상(transzendentalen Schein) 143~145
『판단력 비판』(Kritik der Urteilskraft) 95, 97
크라우스(Karl Kraus) 242
클라스트르(Pierre Clastres) 134~136, 163

국가에 대항하는 사회(La Société contre l'État) 134

ㅌ·ㅍ
테일러(Charles Taylor) 5, 293n, 316, 317
『다문화주의와 인정의 정치』(Multiculturalism and "The Politics of Recognition") 316
토크빌(Alexis de Tocqueville) 17n, 35, 38, 47n, 49
통치성(gouvernementalité) 8, 9, 100~102, 193~196, 261~263, 275, 279
트로츠키(Leon Trotsky) 16, 21, 25
『배반당한 혁명』(La Révolution trahie) 40
파리사회과학고등연구원(Ecole des Hautes Etudes en Sciences Sociales) 16, 20
파스키노(Pasquale Pasquino) 253n
파인버그(Joel Feinberg) 297~299
파크스(Rosa Parks) 107
포틀래치(potlatch) 23, 133, 134, 136~138
폭군살해(tyrannicide) 276
폭력(violence) 8, 101, 139, 186~191, 201, 226, 255n, 265n, 314
폴라니(Karl Polanyi) 130, 132
푸코(Michel Foucault) 5, 11, 92, 223, 224, 254, 335, 338
생명권력(biopouvoir) 223~229
퓌레(François Furet) 19, 20, 49, 50, 177
프랑스혁명(La Révolution française) 19, 20, 34n, 47n, 68n, 177, 178, 185, 190n, 269n, 278n, 326

프랑크푸르트학파(Frankfurter Schule) 286~289, 338
프레이저(Nancy Fraser) 316~322
프로이트(Sigmund Freud) 154~157
『문화 속의 불만』(Das Unbehagen in der Kultur) 154
플라톤(Platon) 9, 96, 103, 329

ㅎ

하버마스(Jürgen Habermas) 263n, 269n, 284, 286, 318, 338
하이데거(Martin Heidegger) 7, 212, 213, 257
헤겔(Georg Wilhelm Friedrich Hegel) 29, 158n, 286, 295n, 311, 331,
호네트(Axel Honneth) 283~322
  개인화(Individualisierung) 308~310
  『권력비판』(Kritik der Macht) 284, 338
  권리와 존중(Rechte und Achtung) 294, 296~299, 301, 302, 304, 318
  무시(Missachtung) 295, 303, 310~316
  『분배냐 인정이냐?』(Umverteilung oder Anerkennung?) 316~322, 339
  사랑과 보살핌(Liebe und Fürsorge) 294~296, 299, 301, 302, 318
  사회적 가치평가(soziale Wertschätzung) 294, 299~302, 304, 305, 317~321
  사회적인 것의 병리학(Pathologien des Sozialen) 289~292
  사회철학(Sozialphilosophie) 287~289, 339
  의미초과(semantischer Überschuss) 306, 307
  인정의 정치(Politics of Recognition) 293n, 316~318
  인정투쟁(Kampf um Anerkennung) 286, 292~300, 311~315
  『인정투쟁』(Kampf um Anerkennung) 284, 316, 339
  자기신뢰(Selbstvertrauen) 294~296, 298, 300. 301
  자기존중(Selbstachtung) 294, 296, 297, 300, 301
  자신에 대한 가치평가(Selbstschätzung) 294, 299~301
  『정의의 타자』(Das Andere der Gerechtigkeit) 339
  포용(Inklusion) 308~310
호르크하이머(Max Horkheimer) 286, 288n, 338
홉스(Thomas Hobbes) 27, 155n, 158n, 175n, 252, 253, 262n, 311
후쿠야마(Francis Fukuyama) 112
휜스테렌(Herman Van Gunsteren) 199~201
  운명공동체(community of fate) 199~201

초판 1쇄 인쇄 | 2010년 1월 18일
초판 1쇄 발행 | 2010년 1월 25일

지은이 | 홍태영, 장태순, 최정우, 조영일, 장진범, 양창렬, 홍철기, 강병호
편　집 | 이재원
마케팅 | 인현주
표　지 | Studio 筆夢
본　문 | DESIGN+BAG

펴낸곳 | 도서출판 난장 등록번호 제307-2007-34호
펴낸이 | 이재원
기　획 | 김남시, 김상운, 양창렬, 이현우
주　소 | (121-841) 서울시 마포구 서교동 458-15 하이뷰오피스텔 501호
연락처 | (전화) 02-334-7485 (팩스) 02-334-7486
블로그 | blog.naver.com/virilio73
이메일 | nanjang07@naver.com

책값은 뒤표지에 있습니다. 잘못 만들어진 책은 구입하신 서점에서 바꿔드립니다.
ISBN 978-89-961268-7-4 03100

이 도서의 국립중앙도서관 출판시도서목록(CIP)은
e-CIP 홈페이지(http://www.nl.go.kr/ecip)에서 이용하실 수 있습니다.
(CIP제어번호: CIP2009003771)